Der Tech-Krieg

Wolfgang Hirn studierte Volkswirtschaftslehre und Politische Wissenschaften in Tübingen. Nach Stationen als Wirtschaftsredakteur arbeitete er viele Jahre als Reporter beim *manager magazin*. Seit 1986 reist er regelmäßig nach China, ist Autor des Bestsellers *Herausforderung China* (2005) und veröffentlichte bei Campus die Bücher *Chinas Bosse* (2018) und *Shenzhen* (2020). Er ist Kopf des Infoportals CHINAHIRN (www.chinahirn.de) und lebt in Berlin.

Wolfgang Hirn

DER TECH-KRIEG

China gegen USA –
Und wo bleibt Europa?

Campus Verlag
Frankfurt/New York

MIX
Papier aus verantwortungsvollen Quellen
FSC® C089473

ISBN 978-3-593-51874-9 Print
ISBN 978-3-593-45717-8 E-Book (PDF)
ISBN 978-3-593-45716-1 E-Book (EPUB)

Umschlaggestaltung: Guido Klütsch, Köln
Umschlagmotiv: © Shutterstock/ReVelStockArt
Redaktion: Anne Büntig
Satz: DeinSatz Marburg | mg
Gesetzt aus der Scala und der Bould
Druck und Bindung: Beltz Grafische Betriebe GmbH, Bad Langensalza
Beltz Grafische Betriebe ist ein klimaneutrales Unternehmen
(ID 15985-2104-1001).
Printed in Germany

www.campus.de

INHALT

EINLEITUNG

»Der Technologiekrieg zwischen den beiden Supermächten China und USA wird die entscheidende Auseinandersetzung des 21. Jahrhunderts werden.«

Stephen S. Roach, Ex-Investmentbanker und jetzt Fellow an der Yale University

Der 7. Oktober 2022 war ein Tag, der die Welt veränderte – und fast keiner hat es hierzulande gemerkt. In der *Tagesschau* wurde nicht darüber berichtet, und in den Printmedien fand das Ereignis nur – wenn überhaupt – als Randnotiz statt. In China hingegen verfolgte man aufmerksam, was an jenem Oktoberfreitag im fernen Washington per Dekret verkündet wurde: Die USA werden keine hochwertigen Chips mehr an China liefern, und sie würden mit all ihrer Macht verhindern, dass dies andere Nationen tun.

Das war eine Kriegserklärung der Vereinigten Staaten an die Volksrepublik China. Keine Kriegserklärung im klassischen militärischen Sinne, sondern eine moderne, eine zeitgemäße. In diesem Krieg kommen keine Gewehre, keine Panzer, keine Flugzeuge und keine Bomben zum Einsatz und deswegen auch keine Menschen zu Schaden. Die Waffen in diesem Konflikt sind andere, denn wir befinden uns im Zeitalter der Geoökonomie. Die Waffen, mit denen man andere treffen will, sind wirtschaftlicher und technologischer Natur. Sanktionen, Export- und Investitionsverbote sind alles Instrumente aus dem Arsenal des Protektionismus. Und eben an diesem 7. Oktober griffen die USA ganz tief in diesen Instrumentenkasten. Spätestens nach jenem Tag war klar: Die USA wollen mit aller Macht verhindern, dass China weiter technologisch aufholt und sie womöglich überholt.

USA gegen China – das ist *der* Konflikt in der ersten Hälfte dieses Jahrhunderts, wenn nicht gar darüber hinaus. Auch wenn manche Beobachter mit dem Vergleich zögern: Für mich ist diese Auseinandersetzung zwischen den beiden Supermächten ein neuer, ein zweiter Kalter Krieg. Wie der erste Kalte Krieg zwischen den USA und der Sowjetunion, bei dem es um Kapitalismus versus Kommunismus ging, wird auch sein Nachfolger gerne ideologisch aufgeladen: Demokratie versus Autoritarismus. Aber das ist nur eine vordergründige Etikettierung.

Den USA geht es bei der Auseinandersetzung mit China nicht um die Verteidigung westlicher Werte (wie soll ein Trump, der den Konflikt mit China schürte, glaubhaft demokratische Werte verkörpern?). Nein, es geht um Macht, um die Weltmacht, um die globale Nummer eins. Und diese Poleposition beanspruchen die USA nach dem Ende des gewonnenen ersten Kalten Krieges für sich, als sei das ein Naturgesetz oder gottgegeben. Die USA sehen sich als führende Wirtschafts-, Technologie- und Militärmacht, und das soll – *God Bless America* – gefälligst auch so bleiben.

Diesen Anspruch formuliert die US-amerikanische Führung auch ganz deutlich. Da klingen Donald Trump und Joe Biden gar nicht so unterschiedlich. Der eine sagt ganz simpel: »Make America Great Again.« Der andere weniger plump und etwas differenzierter, aber doch voller Selbstbewusstsein in einem Artikel für *Foreign Affairs*: »Es gibt keinen Grund, warum wir hinter China oder irgendjemand anderem zurückfallen sollten, wenn es um saubere Energie, Quantencomputing, künstliche Intelligenz, 5G, Hochgeschwindigkeitszüge oder den Wettlauf um die Ausrottung von Krebs, wie wir ihn kennen, geht. Wir haben die besten Forschungsuniversitäten der Welt. Wir haben eine starke Tradition der Rechtsstaatlichkeit. Und was am wichtigsten ist: Wir haben eine außergewöhnliche Zahl von Arbeitern und Innovatoren, die unser Land nie im Stich gelassen haben.«[1]

Biden stellt ganz bewusst die Technologie in den Mittelpunkt seines Überlegenheitsdenkens. Denn sie entscheidet über die Stärke eines Landes. Nur sie ermöglicht eine wettbewerbsfähige Wirtschaft und ein starkes Militär. Bislang waren die USA der nahezu unangefochtene globale Technologieführer. Aber nun schickt sich China an, zu Beginn der vierten industriellen Revolution diese amerikanische Vormachtstellung infrage zu stellen.

Wenn man die vielen Studien amerikanischer Thinktanks liest oder den Reden amerikanischer Politiker zuhört, hat man den Eindruck, dass sie alle nur noch auf den Zweikampf China versus USA fixiert sind. Europa findet in ihren Augen kaum mehr statt, und wenn dann nur noch als nützlicher Kombattant oder bestenfalls als Juniorpartner der USA, der mithelfen soll, Chinas Einfluss einzuhegen.

Europa spielt in diesem Tech-Krieg zwischen China und den USA in der Tat nur eine zuschauende Rolle, auch weil wir Europäer von falschen Voraussetzungen ausgehen. So haben viele in Europa – vor allem in der Politik – ein antiquiertes China-Bild. Viele denken immer noch, China sei das Land der Kopierer, China sei das böse Land, das unsere Technologie klaut, wie EU-Kommissionspräsidentin Ursula von der Leyen immer wieder gerne betont.

Dieses China-Bild spiegelt sich in einem falschen Selbstbild. Wir schätzen die Chinesen zu schlecht ein und uns zu gut. Viele in der Politik glauben, wir Deutschen und Europäer seien immer noch in vielen Bereichen führend oder könnten mit ein paar Milliarden Euro hier und ein paar EU-Programmen dort wieder an die Spitze zurückkommen. »Deutschland gehört zu den führenden Innovationsnationen und attraktivsten Wissenschaftsstandorten weltweit«[2] steht in der Hightech-Strategie 2025 der Bundesregierung. Wie weltfremd ist ein Bundeskanzler Olaf Scholz, der allen Ernstes behauptet, Deutschland habe »die besten Voraussetzungen dafür, dass wir auch in 10, 20 und 30 Jahren technologisch in der Spitzenliga spielen«[3]? Oder eine Forschungsministerin Bettina Stark-Watzinger, die forsch verkündet: »Wir müssen unsere Technologieführerschaft verteidigen.«[4] Sorry, welche Führerschaft? Wo liegt Deutschland vorn? Wo Europa?

Europas Wirtschaft ist da selbstkritischer. »Die Wettbewerbsfähigkeit unseres Kontinents ist geschwunden« heißt es in einem Papier des European Round Table for Industry (ERT), dem 60 Topmanager europäischer Konzerne angehören. Realitätsnah stellen sie fest: »Die USA, China und andere haben die EU bei vielen Indikatoren bereits überholt.«[5] Das gilt bei Innovationen in den neuen Technologiefeldern, aber auch bei Patenten und Talenten (siehe die Kapitel 9 und 10).

Diesen Befund bestätigt eine Untersuchung des Australian Strategic Policy Institute (ASPI), das den *Critical Technology Tracker* herausgibt. Darin wird untersucht, welches Landes in welchen Technologien führend ist. Das Ergebnis: In 37 der 44 analysierten Technologien ist China vorn, in 7 die USA, Europa in keiner.[6] Nun kann man natürlich an der Methode rummäkeln. Aber tendenziell liegen die fernen Australier richtig. Das ergab die Recherche zu diesem Buch, bei dem ich mich auf die technologische Auseinandersetzung zwischen China und den USA und die Rolle Europas konzentriert habe. Die zweifellos vorhandenen Erfolge von Ländern wie Indien, Israel, Japan, Kanada, Russland oder Südkorea habe ich deshalb nur am Rande erwähnt.

Ich habe alle wichtigen Zukunftstechnologien unter die Lupe genommen und jeder ein eigenes Kapitel gewidmet – von Künstlicher Intelligenz bis Quantentechnologie, von Chips bis 5G, von Biotech bis Raumfahrt (siehe die Kapitel 2 bis 8). Tendenziell muss ich leider feststellen: Europa verliert gegenüber den beiden Supermächten China und USA immer mehr an Boden. Und weil sich China und USA in ihrem Kampf um die technologische Vorherrschaft gegenseitig pushen, wird der Abstand Europas eher noch größer.

Ja, wir haben in Europa und speziell in Deutschland traditionell eine gute Grundlagenforschung. Aber bei der Umsetzung in marktfähige Produkte hapert es. Das war früher schon so und ist heute immer noch ein Problem. Da sind die USA und China einfach besser und schneller. In beiden Ländern herrscht ein *entrepreneurial spirit*, der dort auf weniger bürokratische Hindernisse und gleichzeitig auf bereitwillige Geldgeber stößt. Und beide Länder verfolgen sehr unterschiedliche, aber gleichwohl erfolgreiche industriepolitische Ansätze (siehe Kapitel 12).

Wenn ich über den Niedergang oder bestenfalls die Stagnation Europas schreibe, soll das nicht sarkastisch oder resignierend klingen. Im Gegenteil: Ich wünsche mir ein technologisch, wirtschaftlich und damit auch politisch starkes Europa. Ich habe drei Jahre meines Lebens in Brüssel verbracht. In dieser Zeit bin ich zum bewussten Europäer geworden. Ich bin ein großer Anhänger und Verfechter der europäischen Idee. Dieses europäische Identitätsgefühl verstärkte sich noch, als ich ein paar Jahre später für ein Jahr mitten in New York lebte und arbeitete. Da wurde mir klar, dass Europäer und Amerikaner unterschiedlich ticken – in ganz alltäglich-banalen Dingen. Zum Beispiel kann man in Europa nach einem Abendessen einfach sitzen bleiben und wird nicht mit der Killerfrage »Anything else?« zum Gehen aufgefordert. Außerdem besitzt dieses Europa, mein Europa, im Gegensatz zu den USA eine reiche Geschichte und Kultur, vor allem eine Geschichte, die reich an Entdeckungen und Innovationen ist.

Diese persönlichen Reminiszenzen vorausgeschickt, plädiere ich für ein starkes Europa, das auch gegenüber den USA selbstbewusst auftritt, das seine Interessen definiert und artikuliert. Und diese Interessen sind nicht immer identisch mit denen der USA. Wer so etwas schreibt und sagt, dem wird sofort vorgeworfen, er plädiere für eine Äquidistanz Europas zu China und den USA. Das verbuche ich unter Polemik. Natürlich ist mir klar, dass wir Europäer uns in einer Wertegemeinschaft mit zumindest dem Bidenschen Amerika befinden und dass China ein autoritärer Staat ist.

Aber ich bin skeptisch, ob dieser heterogene Staatenbund namens EU fähig und auch willens ist, gegenüber den mächtigen Nationalstaaten China und USA aufzuholen. Denn es fehlt in erster Linie an Einsicht. Um zu dem von mir gewünschten wiedererstarkten Europa zu gelangen, müssen sich die europäischen Politiker – ob in Brüssel oder den nationalen Hauptstädten – erst mal klar werden, wo dieses Europa technologisch steht, nämlich hinter China und den USA. An dieser Erkenntnis mangelt es in einer Mischung aus Nicht-Sehen-Wollen und Nicht-Wissen. Diesem Defizit möchte ich mit diesem Buch entgegentreten.

Der französische Journalist und Politiker Jean-Jacques Servan-Schreiber – auch unter JJSS bekannt – schrieb 1968 den Bestseller *Die amerikanische Herausforderung.* Ich habe ihn in Vorbereitung zu diesem Buch nochmals gelesen und einige Parallelen zur heutigen Zeit entdeckt. JJSS machte sich damals Sorgen um Europa, das im Wettstreit mit den USA nicht mehr mithalten könne. Jetzt sind wir Europäer wieder in so einer Situation – allerdings mit dem Unterschied, dass Europa diesmal gleich zwei großen technologischen Kontrahenten gegenübersteht: China und den USA.

Ich mache mir deshalb Sorgen, vielleicht größere als JJSS damals. Deshalb soll – wie sein Buch damals – auch dieses ein Weckruf sein. Denn es ist höchste Zeit für ein Buch über die amerikanisch-chinesische Herausforderung. Jetzt ist es da. Und es liegt in Ihren Händen, um gelesen zu werden, und es liegt in den Händen der deutschen und europäischen Politiker, um auf diese einzigartige doppelte Herausforderung angemessen zu reagieren.

Wolfgang Hirn, Berlin im Dezember 2023

KAPITEL 1

DER TECH-KRIEG

Die Gefechtslage

»Den USA steht nun mit China ein wirtschaftlicher und militärischer Konkurrent gegenüber, der aggressiv versucht, unseren Vorsprung bei neuen Technologien zu verringern.«

Eric Schmidt, ehemaliger Google-Chef, jetzt Berater der US-Regierung

Die Geschichte der Beziehungen zwischen den Vereinigten Staaten von Amerika und der Volksrepublik China ist eine sehr wechselhafte. Lange Zeit nahmen die USA China nicht so richtig ernst, weil sie dem kommunistischen Land weit überlegen waren. In den 1950er Jahren war China wirtschaftlich schwach, technologisch rückständig und militärisch eher ein Papiertiger. Danach folgten in China der »Große Sprung nach vorn« und die Kulturrevolution. Beides warf das Land noch weiter zurück. Doch mitten in diesem Niedergang während der Kulturrevolution entdeckten die USA China neu – aus geostrategischen Motiven.

Die USA befanden sich damals im Kalten Krieg mit der Sowjetunion. China war im ideologischen Zwist mit der UdSSR und lieferte sich gar ein Scharmützel mit ihr am Grenzfluss Ussuri. Angesichts dieser Gemengelage dachten die Strategen um Sicherheitsberater Henry Kissinger: Der Feind meines Feindes ist mein Freund. Also knüpfte Kissinger unter abenteuerlichen Bedingungen – er täuschte bei einem Besuch in Pakistan Übelkeit vor und flog in der Nacht zum 9. Juli 1971 mit Schlapphut und Sonnenbrille von Rawalpindi nach Beijing – die ersten Bande mit dem Mao-Regime. Zwei Tage lang konferierte er mit Ministerpräsident Zhou Enlai. »Eureka«, telegraphierte Kissinger anschließend an seinen Präsidenten Richard Nixon, »wir haben den Grundstein für Sie und Mao gelegt, eine neue Seite in der Geschichte aufzuschlagen.«[1]

Im Februar 1972 reiste Nixon dann nach China und traf dort auch Mao. Damals wurde die Aufnahme diplomatischer Beziehungen vorbereitet, die schließlich 1979 vollzogen wurde. In der Folgezeit plätscherten die Beziehungen so dahin. Bis zum Ende der Sowjetunion war China noch ein nützlicher »Verbündeter«, danach war China vor allem wirtschaftlich relevant. Die USA sahen China, die Fabrik der Welt, erst als billigen Produktionsstandort und etwas später dann auch als Absatzmarkt. Aber als Wettbewerber oder gar technologischen Herausforderer sah man China lange Zeit nicht. Man drängte China sogar 2001 in die Welthandelsorganisation WTO und hoffte, dass China sich in die westlich dominierte internationale Ordnung einfügen würde. Den Gefallen tat China allerdings nicht. Wie mit diesem immer selbstbewusster werdenden China umgehen? Das war die große strategische Frage in Washington in den ersten Jahren des neuen Jahrtausends. Das politische Establishment und ihr soufflierender Tross von Thinktankern schwankten zwischen *Containment* (Eindämmung) und *Engagement.* Entsprechend gab es zwei Lager: Hier die *Dragon Slayers,* dort die *Panda Huggers.*

Im Laufe der Jahre gewannen die *Containment*-Anhänger immer mehr die Oberhand. Je stärker China wirtschaftlich wurde, desto mehr betrachtete man China als Gegner. Schon unter Barack Obama setzte diese Neubewertung Chinas ein. Er beziehungsweise seine Außenministerin Hillary Clinton verkündeten 2011 den *Pivot to Asia,* die Hinwendung zu Asien. Keine Hinwendung aus Liebe, sondern eher aus berechtigter Sorge, dass sich Chinas wirtschaftliche Stärke auch in militärische verwandeln werde. Deshalb – so der Gedanke Obamas – müsse die USA, die sich nach wie vor als pazifische Macht verstehen, stärkere Präsenz in Asien zeigen und China eindämmen.

Obamas *Pivot* wurde freilich nicht konsequent umgesetzt. Das erledigte dann sein Nachfolger Donald Trump. Er zettelte den Handelskrieg mit China an, verhängte Strafzölle und Sanktionen. Unter Biden wurde der Anti-China-Kurs fortgeführt, ja noch verstärkt. Er ging dabei viel strategischer vor als der erratische Trump. Biden erkannte richtig, dass China technologisch gegenüber den USA mächtig aufgeholt und diese teilweise schon überholt hat. Deshalb wurden gegen China vor allem Sanktionen bei den Chips verhängt, denn diese sind quasi die Achillesferse der Chinesen, die vor allem bei der Produktion hochwertiger Chips hinterherhinken.

China und die USA spielten bislang nicht in derselben Technologieliga, wie ein Blick in die industrielle Revolutionsgeschichte zeigt. Für die 1776 gegründete USA kam die erste industrielle Revolution zu früh, China hat gar die ersten drei verschlafen. Die erste aus Arroganz, die zweite fiel in das Ende der Kaiserzeit, in der das Land viel zu viel mit sich selbst beschäftigt war. Und bei der dritten befand sich das Land erst auf dem »Großen Sprung nach vorn« und dann in den Wirren der Kulturrevolution. Die USA hingegen haben die zweite (Thomas Alva Edison, Henry Ford!) und dritte industrielle Revolution (Computer!) entscheidend geprägt.

Und nun wollen sie auch die vierte industrielle Revolution anführen. Doch diesmal haben sie einen Gegner – China. Mit ihm führen sie deshalb einen Tech-Krieg, dessen einzelne »Schlachtfelder« ich in diesem Buch beschreiben werde.

Doch vorab eine Übersicht über die beiden Kontrahenten (und den Kombattanten Europa) sowie einen kurzen Ausflug in die ersten Jahre des Industriezeitalters, das zeitlich fern, aber thematisch sehr nah ist.

Eine kleine Vorgeschichte

In den ersten Jahren des frühen 19. Jahrhunderts reiste ein gewisser Francis Cabot Lowell nach England und Schottland. Der Amerikaner aus Massachusetts hatte in den Jahren zuvor in Boston ein erfolgreiches Handelshaus aufgebaut, importierte Tee und Seide aus China, Baumwolle aus Indien. Aber er sah – auch politisch denkend – ein, dass nur durch Handel die junge amerikanische Nation nicht groß und mächtig werden kann. Es musste auch eine eigene Produktion her. Doch das Land hatte in den Gründerjahren nur eine rudimentäre Landwirtschaft, aber keine Industrie und auch kein Know-how, wie man eine solche aufbaut. England hingegen hatte dieses Wissen. Das europäische Land befand sich in jener Zeit bereits mitten in der ersten industriellen Revolution.

So reiste also Francis Cabot Lowell im Juni 1810 nach England. Vordergründig hieß es, der stets kränkelnde Lowell wolle auf der Insel seine Krankheit auskurieren. Doch Lowell hatte Hintergedanken. Er besichtigte in Lancashire und Schottland Spinnereien und Webereien. Sie waren damals State of the Art, betrieben mit Dampf oder Wasser. Zwei Jahre hielt sich Lowell mit seiner Familie auf der Insel auf. Dann hatte er genug gesehen. Er begab sich auf die Rückreise über den Atlantischen Ozean.

Bei seiner Ankunft in Halifax – damals Englands Hauptfestung in Nordamerika – durchsuchten englische Beamte das Gepäck der Familie Lowell. Sie hatten herausbekommen, dass Lowell Fabriken ausspioniert haben sollte. Aber sie fanden in den zahlreichen Koffern der Familie Lowell nichts, keine Notizen, keine Aufzeichnungen. Der schlaue Lowell hatte alles in seinem Kopf notiert beziehungsweise memoriert. Sein phänomenales Gedächtnis reichte aus, um die Fabriken nachzubauen. So startete er 1814 mit ein paar Compagnons die Boston Manufacturing Company, die erste integrierte Textilfabrik in Nordamerika. Lowell starb bereits 1822 und konnte den großen Erfolg seines Unternehmens nicht mehr erleben.

Diese Episode zeigt, dass sich Geschichte wiederholen kann. Ende des 18. Jahrhunderts, anfangs des 19. Jahrhunderts haben die USA das gemacht, was sie heute China vorwerfen: Ideen und Maschinen geklaut, spioniert und Wissensträger mit viel Geld ins Land gelockt. Diese Machenschaften waren von höchster Stelle sanktioniert. Einer der Treiber war Alexander Hamilton, einer der Gründerväter der USA und der erste Finanzminister. 1791 forderte er zum Beispiel die USA auf, »alle in Europa bekannten Maschinen zu beschaffen«[2]. Egal, ob legal oder illegal. Aber da die Engländer weder Maschinen noch Know-how legal herausrückten, geschah es eben meist illegal. Amerikanischer Ideenklau und das Abwerben und sogar Entführen von britischen Wissensträgern war damals an der Tagesordnung.

Doron Ben-Atar, Geschichtsprofessor an der Fordham University in New York und Buchautor schreibt: »Der Großteil der politischen und intellektuellen Elite der (amerikanischen) Gründergeneration war direkt oder indirekt in Technologiepiraterie verwickelt.«[3]

In den ersten Jahrzehnten der jungen amerikanischen Nation entstanden vor allem in Boston die ersten großen Fabriken. Nicht nur die von Francis Lowell, sondern auch von anderen Unternehmern. Sie wurden die Boston Associates genannt und waren die Väter der Industrialisierung der USA. Dann in der zweiten Hälfte des 19. Jahrhunderts ging es Schlag auf Schlag. Große Konzerne entstanden, die zum Teil noch heute existieren. Es war die Zeit der großen Industriemagnaten, auch *robber barons* (Räuberbarone) genannt. Sie gründeten und dominierten beziehungsweise monopolisierten jeweils ganze Branchen: Andrew Carnegie (Stahl), Cornelius Vanderbilt (Eisenbahn), John Pierpont Morgan (Banken), John D. Rockefeller (Öl), später kam dann Henry Ford (Auto) hinzu.

Mit ihnen begann der Siegeszug der USA an die wirtschaftliche und technologische Weltspitze, an der sie sich bis heute befinden.

USA – der Titelverteidiger

Die USA sind *die* moderne Hightech-Nation. Dort wurde die zweite industrielle Revolution gestartet, als Thomas Alva Edison mit seinen Erfindungen die Elektrizität und Henry Ford die Massenfertigung begründeten. Dort begann auch die dritte Revolution mit dem Computer. Von dort kamen die wichtigsten Erfindungen der vergangenen Jahrzehnte – der Chip zum Beispiel oder das Internet. Der erste Mensch auf dem Mond war ein Amerikaner. Aber auch die erste Atombombe zündete ein Amerikaner.

Warum die USA so erfolgreich sind, erklärt sich mit zwei Begriffen: Know-how und Kapital – beides ist in Amerika ausreichend vorhanden. Zuerst zum Know-how: In den USA sind die besten und attraktivsten Universitäten der Welt. Zu den Topadressen der

Ivy-League im Osten gehören Harvard, MIT, Princeton und Yale. Dazu kommt noch Stanford im Westen. Einen Großteil der über 350 amerikanischen Nobelpreisträger haben diese Hochschulen »produziert«. Keine Nation kann bei dieser Zahl an Laureaten auch nur annähernd mithalten.

Neben den Eliteunis entstanden – und das ist durchaus wörtlich beziehungsweise räumlich zu nehmen – innovative Cluster wie zum Beispiel das legendäre Silicon Valley in Kalifornien oder die etwas weniger bekannte legendäre Route 128 südlich von Boston. Neu hinzugekommen sind die Silicon Hills in der texanischen Hauptstadt Austin, das sich in den letzten Jahren zu einem veritablen Hightech-Standort entwickelt hat. Austin ist inzwischen auch der Sitz des Tech-Tausendsassas Elon Musk.

Zum Know-how kommt das Kapital. Hier spielen zwei Straßen eine zentrale Rolle: die Wall Street und die Sand Hill Road, oder nur Sand Hill. Die fast sechs Meilen lange Sand Hill geht durch Palo Alto, Menlo Park und Woodside, alles legendäre Orte der Hightech-Branche. In Palo Alto startete einst Google, in Menlo Park hat Meta (die Facebook-Mutter) das Headquarter und in Woodside wohnte Steve Jobs. Hier in der Sand Hill wurde die Idee des Venture Capital (VC) geboren. Mutige Investoren geben jungen Unternehmen quasi Startgeld in der Hoffnung, dass sie später ein Vielfaches davon zurückbekommen. Danach, wenn die Unternehmen erfolgreich sind und an die Börse gehen, kommt die Wall Street ins Spiel. Dort residieren die New York Stock Exchange (NYSE), die größte Börse der Welt, und die Nasdaq, die Technologiebörse für die Hoffnungsträger. So entstanden die weltweit dominierenden Onlinekonzerne mit Amazon, Facebook (inzwischen Meta) und Google (inzwischen Alphabet).

Hinzu kommt, dass US-Firmen im Marketing unschlagbar sind. Sie können Produkte – auch solche, die die Welt eigentlich nicht braucht – bestens vermarkten, und zwar global. Beste Beispiele: erst Coca-Cola, dann McDonalds und schließlich Starbucks. Kaffeekultur assoziiert man eigentlich mit Europa, mit Italien, vielleicht auch noch mit Österreich. Doch ist ein Italiener auf die Idee gekommen, eine globale Kaffeekette aufzuziehen? Nein, der italienische Barista begnügt sich mit seiner Bar am Ort und denkt nicht mal an eine zweite. So war es ein gewisser Howard Schultz, ein Verkäufer aus Brooklyn, der die erfolgreichste Kaffeekette der Welt kreierte. Ich hatte ihn mal 2001 zu einem Interview in Seattle getroffen. Zu der Zeit hatte Starbucks rund 5 000 Filialen, die meisten in den USA. Schultz sprach damals von einem Ziel von 25 000 Starbucks-Shops. Ich dachte nur: »Träumer«. Heute hat Starbucks über 36 000 Filialen.

Amerikas Gründer und Unternehmer denken eben *big*. Aber nicht nur die Markenartikler in der Konsumbranche, sondern auch die vielen Technologie-Unternehmer. In der Tech-Welt sind beziehungsweise waren solche Vordenker der eher introvertierte, inzwischen verstorbene Apple-Mitgründer Steve Jobs und der extrovertierte Bill Gates (Microsoft), heute »nur« noch der weltgrößte Philanthrop, aber in diesem Metier nicht minder visionär.

Zu der neuen Generation der weitblickenden Tech-Unternehmer zählen Amazon-Gründer Jeff Bezos und Multi-Unternehmer Elon Musk, der uns in diesem Buch noch öfter begegnen wird. Letzterer ist kein lupenreiner Amerikaner, denn er besitzt drei Pässe (Südafrika, Kanada, USA). Aber Musk versteht sich sowieso als Weltbürger, der ähnlich wie Bill Gates die Menschheit von allen Übeln retten will: Hunger, Klimawandel und Krankheiten jeder Art. Und wenn es hier zu voll wird, dann schickt man – so Musks Idee – eben einen Teil der Menschheit auf den Mars.

Musk ist der Prototyp einer Spezies, die Daron Acemoğlu und Simon Johnson in ihrem Buch *Macht und Fortschritt* als »Visionsoligarchie« bezeichnen. Das ist ein treffender Ausdruck für diese zwischen Vision und Wahnsinn vagabundierenden Vordenker.

Sie sind sehr einflussreich, schreiben Acemoğlu und Johnson: »Sie üben große Faszination auf die einflussreichen Hüter der öffentlichen Meinung aus, nämlich auf Journalisten, andere Unternehmensleiter, Politiker, Wissenschaftler und verschiedenste Intellektuelle.«[4] Ihr unbändiger Optimismus paart sich mit dem der amerikanischen Politiker, die seit der Gründung der Vereinigten Staaten ein ebenfalls sehr ausgeprägtes Selbst- und Sendungsbewusstsein haben. Sie leben alle ihren *American Dream* und fühlen sich als Repräsentanten eines ausgewählten Volkes, gerne mit christlichem Pathos unterlegt. Es gibt keine Präsidentenrede, die nicht mit *God Bless America* endet. In dieser Grundhaltung unterscheiden sich Donald Trump und Joe Biden nicht voneinander. Für sie sind die USA die führende Technologie- und Wirtschaftsnation – und diese Position wollen sie mit aller Macht verteidigen.

Wehe, dieser Status wird von außen attackiert, dann kennen sie keine Freunde. Das bekamen die Japaner in den 1980er Jahren zu spüren, als sich die USA gegen die Flut japanischer Auto-Importe wehrten. Und auch die Europäer mussten erfahren, wie das ist, wenn man eine wichtige US-Branche herausfordert. Mit dem Airbus gelang den Europäern eine eindrucksvolle Attacke auf Boeing, und prompt wurden sie von den USA in einen jahrelangen Subventionsstreit verwickelt.

Das war nur Geplänkel unter Freunden und auch nur in einer Branche. Was derzeit ansteht, hat aber eine völlig andere Dimension. Jetzt werden die USA erstmals gleichzeitig in vielen Hightech-Industrien attackiert und das auch noch von einem Land, das man eher in die Kategorie Feind oder – etwas wohlwollender ausgedrückt – Rivale einstuft: China.

China – der Herausforderer

Lang, lang ist es her, dass China mal das innovativste Land der Welt war. Die vier großen Erfindungen – Papier, Druckkunst, Schwarzpulver und der Magnetkompass – wurden in China gemacht und zwar zu Zeiten, als Europa noch im finsteren Mittelalter versunken war und Amerika von indigenen Völkern bewohnt war. Die Londoner Ökonomieprofessorin Keyu Jin schreibt in ihrem Buch *The New China Playbook*: »Zur Zeit der Song-Dynastie (960–1279) war China in Wissenschaft und Technologie unangefochten an der Weltspitze.«[5]

Aber es waren nicht nur die berühmten vier Entdeckungen, die China einst weit vor den Europäern hervorbrachte. Der britische

Naturwissenschaftler und Sinologe Joseph Needham benötigte sage und schreibe 24 Bände, um in seinem Monumentalwerk *Science and Civilisation in China* all die chinesischen Errungenschaften der vergangenen Jahrhunderte aufzuschreiben, was ihm – dem China- und Kommunistenfreund – von Kritikern aber als überzogene Glorifizierung chinesischer Wissenschaftsaktivitäten ausgelegt wurde.

Aber unbestritten ist, dass das chinesische Kaiserreich lange Zeit wirtschaftlich und technologisch führend war, was allerdings die Herrschenden am Hofe zu Abschottung und Überheblichkeit verleitete. Legendär war der Besuch des Gesandten des englischen Könighauses Lord Macartney, der 1793 in Beijing am kaiserlichen Hofe auftauchte, um diplomatische und wirtschaftliche Beziehungen bettelte, aber brüsk abgewiesen wurde. Kaiser Qianlong teilte ihm in einem Edikt mit: »Wir haben raffinierte Artikel nie geschätzt noch haben wir den geringsten Bedarf an den Erzeugnissen Eures Landes.«[6]

Welch Ironie der Geschichte, denn just zu der Zeit, als der britische Emissär in Beijing seine Aufwartung machte und von den chinesischen Herrschern streng zurückgewiesen wurde, weil diese irrglaubten, sie seien immer noch an der Spitze der technologischen Entwicklung, war in jenem England bereits eine Revolution im Gange – die erste industrielle Revolution. Es folgte ein rasanter Niedergang Chinas, in dem das Land nicht zur Ruhe kam: die verlorenen Opiumkriege, das Ende des Kaiserreichs, Bürgerkriege, unter Mao der Große Sprung nach vorn und schließlich die Kulturrevolution.

Dann endlich 1978 ein Neuanfang. Aber nur langsam erholten sich danach die Wirtschaft wie auch die Wissenschaft. Unter Mao-Nachfolger Deng Xiaoping wurde ein Kurs der Reformen und der Öffnung gefahren. Marktwirtschaftliche Elemente wurden in das System integriert, Universitäten wieder geöffnet. Ausländische Unternehmen wurden in Joint Ventures gezwungen, um so an Know-how zu kommen. Es wurde viel kopiert. Die Zeiten des Kopierens sind jedoch vorbei, aber trotzdem schwebt in vielen Köpfen noch der Gedanke herum, dass die Chinesen nur nachahmen können, dass sie nicht innovativ sein können. Weil ihr autoritäres System Kreativität unterdrücke, weil sie in den Schulen nur zum Auswendiglernen erzogen würden.

Dieses Fehlurteil hielt sich hartnäckig in den USA und auch in Europa. Schon legendär und immer wieder süffisant zitiert sind die Falschaussagen von Leuten, die es eigentlich besser wissen müssten. So Harvard-Professor William C. Kirby in einem 2014 erschienenen Artikel im *Harvard Business Review:* »China ist weitgehend ein Land von Auswendiglernern, die nur nachahmen, aber nicht innovativ sein können.«[7] Oder die ehemalige Hewlett-Packard-Chefin Carly Fiorina, die noch 2015 in einem Interview behauptete: »Die Chinesen können Tests bestehen, aber sie können nicht innovativ sein. Sie sind nicht besonders einfallsreich. Sie sind nicht unternehmerisch, sie bringen keine Innovationen hervor, deshalb stehlen sie unser geistiges Eigentum.«[8] Eric Schmidt, der ehemalige Google-Chef und inzwischen in vielen Tech-Gremien der US-Regierung aktiv, sagt hierzu nur kopfschüttelnd: »Viele Amerikaner haben immer noch eine veraltete Vorstellung von China.«[9]

Die Realität sieht anders aus: China fliegt zum Mond, und zwar auf die Rückseite, wo die USA noch nie waren. China ist bei der Digitalisierung weltweit vorn. In einigen Teilbereichen, zum Beispiel bei Künstlicher Intelligenz, Quantentechnologien oder autonomem Fahren, steht chinesische Forschung an der Weltspitze.[10] Das behaupte nicht ich, sondern dieser letzte Satz steht so wortwörtlich im China-Strategiepapier der Bundesregierung.

China hat nicht die großen Grundlagenforscher (deshalb ist auch die Zahl der chinesischen Nobelpreisträger überschaubar), aber die schnellen Umsetzer. Um das zu verstehen, muss man einen kurzen Exkurs über Innovationen einfügen. Bei ihnen unterscheidet man zwischen Produkt- und Prozessinnovationen. Während es bei Ersterem um die Entwicklung eines neuen Produktes geht, geht es bei dem anderen um Verfahren, wie ein Produkt hergestellt wird, zum Beispiel durch den Einsatz neuer Maschinen oder eine neue Organisation der Abläufe in der Produktion.

Bei diesen Prozessinnovationen ist China stark. China, das sich in den vergangenen Jahrzehnten zur Fabrik der Welt entwickelte, hat ein Produktions-Know-how wie kein anderes Land. Dort weiß man, wie man Lieferketten organisiert und Wertschöpfungsketten optimiert. Der Tech-Experte Dan Wang, der derzeit in Yale forscht, nennt deshalb China eine »manufacturing superpower«. Wang schreibt in einem *Foreign-Affairs*-Artikel: »In den letzten zwei Jahrzehnten hat China eine beispiellose Produktionskapazität für technologieintensive Industrien entwickelt, die sich durch ein großes Angebot an Arbeitskräften, ein dichtes Netz von Zulieferern und umfangreiche staatliche Unterstützung auszeichnet.«[11]

Chinas Strategie ist es gar nicht, als Erstes irgendwelche neuen Produkte zu entwickeln. »China ist Meister in der *second generation innovation*«[12], ist die These von Dan Breznitz und Michael Murphree, die in ihrem Buch *Run of the Red Queen* den Innovationspfad Chinas analysierten. Die Chinesen marschieren nicht vorweg, sondern studieren sehr genau, was die vor ihnen gemacht haben. Dann machen sie es nach und verbessern es. Die Nachzügler sind dabei oft im Vorteil. Dieser Gedanke geht auf die Forschung von Alexander Gerschenkron zurück, einem geborenen Russen, der später 25 Jahre als Professor in Harvard Wirtschaftsgeschichte gelehrt hatte. Er entwickelte die Theorie der »Vorteilhaftigkeit der Rückständigkeit«[13].

Und noch einen Vorteil hat China: eine Bevölkerung, die neuen technologischen Dingen gegenüber extrem aufgeschlossen ist. Das schreibt der Amerikaner Zak Dychtwald in dem Artikel »China's New Innovation Advantage«. China habe »eine riesige Bevölkerung, die beispiellose Veränderungen erlebt hat und infolgedessen eine erstaunliche Neigung zur Übernahme und Anpassung an Innovationen entwickelt hat, und zwar in einem Tempo und Ausmaß, das anderswo auf der Erde seinesgleichen sucht.«[14] Die zentrale Rolle spielt dabei Chinas junge Generation unter 40 Jahren. Rund 700 Millionen umfasst dieser technikaffine Teil der chinesischen Bevölkerung.

Da kann weder eine USA noch eine EU mithalten. Welche Rolle spielt überhaupt Europa in diesem Zweikampf der beiden Großmächte? Wo steht Europa? Wird es von Amerikanern und Chinesen ins Abseits gestellt? Manche sagen sogar, wir seien gar nicht mehr auf dem Platz, sondern nur noch Zuschauer bei diesem Zweikampf. Andere wiederum glauben, wir seien immerhin noch Teil des Spiels – allerdings nur als Schiedsrichter.

Europa – Mitspieler oder nur noch Schiedsrichter?

Am 23. und 24. März 2000 trafen sich die EU-Regierungschefs zu einem Sondergipfel in Lissabon. Die Jahrtausendwende war ein guter Zeitpunkt, um Bilanz zu ziehen und vor allem in die Zukunft zu blicken. Ergebnis des kollektiven Nachdenkens war die *Lissabon-Strategie.* Deren Kernaussage war: Europa solle bis 2010 zum »wettbewerbsfähigsten und dynamischsten wissensgestützten Wirtschaftsraum der Welt«[15] heranwachsen. Das klang toll, das klang nach Aufbruch und nach Zukunft. Und das war sehr ambitiös. Zu ambitiös. Zehn Jahre später, also 2010, musste die EU-Kommission kleinlaut eingestehen: Ziele deutlich verfehlt. Macht aber nichts, dann erstellt man eben eine neue Strategie mit schönen Zielen und nennt sie »Europa 2020«.

Dauernd werden große Ziele proklamiert, die nicht eingehalten werden. Die 2019 angetretene Kommissionspräsidentin Ursula von der Leyen bleibt in dieser Tradition. Große Ankündigungen durchziehen ihre Reden, verbunden mit viel Selbstlob. Aber offenbar traut sie ihren eigenen Worten nicht so ganz, denn in ihrer letzten Rede zur Lage der Union am 13. September 2023 kündigte sie an, dass der ehemalige EZB-Chef Mario Draghi einen Bericht über die Zukunft der europäischen Wettbewerbsfähigkeit erstelle. Als ob es an Analysen über den Zustand Europas mangele.

Der Befund ist seit Jahren klar: Europa hängt bei vielen Zukunftstechnologien hinter den USA und China hinterher. Bei Künstlicher Intelligenz sitzen die besten Forscher in China und den USA, bei Chips müssen ausländische Hersteller mit Milliardensubventionen nach Europa geködert werden, bei der Digitalisierung spielen europäische Unternehmen keine Rolle, in der Raumfahrt fehlt eine Trägerrakete. Ja, selbst in der europäischen Paradebranche, der Autoindustrie, fahren bei den Megathemen Elektro und autonomes Fahren Volkswagen und Co. hinterher.

Dabei kann Europa auf eine lange Geschichte von Ideen und Innovationen zurückblicken. Hier ein paar Namen von europäischen Ideengebern im Schnelldurchlauf: Erst tauchten die großen griechischen Denker auf, danach folgten ihre römischen Pendants. Die Renaissance, die Epoche zwischen Mittelalter und Neuzeit, ist mit großen Künstlern, aber auch den Namen vieler bedeutender Wissenschaftler gespickt, zum Beispiel Galileo Galilei, Nikolaus Kopernikus, Johannes Kepler, Paracelsus und Francis Bacon. Die erste industrielle Revolution begann wie gesagt in Europa, in England. Vor fast 100 Jahren heimsten Europäer Nobelpreise in Serie ein. In den ersten beiden Jahrzehnten nach Beginn der Preisverleihung anno 1901 dominierten in den Naturwissenschaften und der Medizin vor allem Deutsche und Franzosen. Nur ein paar Namen zur Erinnerung: Marie Curie, Wilhelm Conrad Röntgen, Robert Koch, Max Planck, Antoine Henri Becquerel und Albert Einstein.

Auch wenn die aktuellen Wissenschaftler nicht an diese glorreichen Zeiten heranreichen, ist Europa immer noch stark in der Forschung, vor allem in der Grundlagenforschung. Insbesondere sind hier in Deutschland die beiden angesehenen »Wissensfabriken« der Fraunhofer Gesellschaft und der Max-Planck-Gesellschaft zu nennen oder in Frankreich das Centre national de la recherche scientifique (CNRS). Dort entstehen viele gute Ideen, aber bei der Umsetzung hapert es häufig. Das »European Paradox«[16] nannte die EU-Kommission dieses Missverhältnis bereits in ihrem 1995 erschienen *Green Paper on Innovation*.

Im – so der Fachterminus – »Tal des Todes« zwischen Grundlagenforschung und Marktreife liegen viele europäische Ideen begraben. Es fehlt an *entrepreneurial spirit* und an Wagniskapital in der Wirtschaft. Es fehlt den Politikern an Einsicht, wie es um Europa steht, und an Weitsicht, wie man aus der Misere herauskommt. Woran es nicht fehlt, ist Bürokratie. Da ist Europa an der Spitze. Statt mit Produkten versucht sich die EU mit Gesetzen zu profilieren. Sie will sich als globale Regulationsmacht präsentieren. Eine stolze Ursula von der Leyen verkündete: »Europa hat sich zum weltweiten Vorreiter für die Bürgerrechte in der digitalen Welt entwickelt.«[17] Die Europäer schreiben die Regeln für die Internetwelt, haben aber keine Unternehmen, die in dieser Welt mitspielen können. Ebenso ist es bei der Künstlichen Intelligenz.

Alles schön und gut, aber als Regulierer ist man nur Beobachter und nicht Mitspieler bei den neuen Technologien, und Arbeitsplätze schafft das auch nicht – außer ein paar Bürokratenjobs. Guntram Wolff, früher beim Brüsseler Thinktank Bruegel, nun Direktor der Deutschen Gesellschaft für Auswärtige Politik (DGAP) in Berlin, hat dazu treffend bemerkt: »Schiedsrichter gewinnen keine Spiele.«[18]

Zudem herrscht in Europa, und speziell in Deutschland, eine gewisse Technologieskepsis bis hin zu einer Technologiefeindlichkeit. Saori Dubourg – ein Vierteljahrhundert beim Chemiekonzern BASF, zuletzt im Vorstand – fragte beim *SZ*-Nachhaltigkeitsgipfel in Berlin rhetorisch, »ob wir (in Deutschland) noch Lust auf Innovationen haben.«[19] In unseren satten Gesellschaften scheint sich eine risikoaverse Stimmung ausgebreitet zu haben.

Ein sehr aktuelles Beispiel ist der Umgang mit der Künstlichen Intelligenz. Amerikaner und Chinesen sind viel technikaffiner und auch risikobereiter als Europäer. »Die meisten Menschen [hier] wissen wenig über Künstliche Intelligenz. Vielen ist schon der Begriff unsympathisch«[20], schreibt Renate Köcher, Geschäftsführerin des Instituts für Demoskopie Allensbach, in der *FAZ*. Entsprechend überwiege oft die Skepsis, wenn über KI diskutiert werde. Die Chancen, die durch die KI entstehen, werden hingegen weniger gesehen. Dabei kann und wird die KI unsere Leben verändern, auch zum Positiven.

KAPITEL 2

KÜNSTLICHE INTELLIGENZ

Taten mit Daten

»Zum ersten Mal seit dem Zweiten Weltkrieg ist Amerikas technologische Vorherrschaft bedroht. China besitzt die Macht, das Talent und den Ehrgeiz, die USA im nächsten Jahrzehnt als Vorreiter bei Künstlicher Intelligenz zu übertreffen, wenn sich die aktuellen Trends nicht ändern.«

National Security Commission on Artificial Intelligence (USA)

Künstliche Intelligenz ist das Megathema dieser Tage. Spätestens mit dem Aufkommen von ChatGPT sind die zwei Buchstaben KI so bekannt, dass man ihre Bedeutung nicht mehr in voller Länge ausschreiben muss. Das Thema beherrscht die Politik, die Wirtschaft und die Wissenschaft. Selbst in den Feuilletons wird über Sinn und Unsinn der KI diskutiert.

Wie so häufig bei disruptiven Entwicklungen mischen sich Ängste mit Hoffnungen. Das Thema polarisiert. Für die einen ist KI die Apokalypse, die den Menschen zum Knecht der Maschinen degradiert. Für die anderen ist sie der Heilsbringer, der viele Probleme dieser Welt lösen könne – von Hunger bis Krankheiten. Die Künstliche Intelligenz ist eine sogenannte *Enabling Technology*. Darunter versteht man eine Technologie, die viele Bereiche und Branchen gravierend verändern wird. Das Internet war zum Beispiel eine solche *Enabling Technology.*

Dabei ist die KI eigentlich gar kein neues Phänomen. Den Begriff *Artificial Intelligence* verwendete zum ersten Mal der Computerwissenschaftler John McCarthy bei der Dartmouth Conference im Sommer 1956. Dort trafen sich junge Wissenschaftler auf einer von der Rockefeller Foundation finanzierten Konferenz. 1965 prognostizierte der Ökonom und spätere Nobelpreisträger Herbert Simon, dass »Maschinen in 20 Jahren in der Lage sein werden, jede Arbeit zu verrichten, die ein Mensch erledigen kann.«[1] Ähnlich euphorisiert zeigte sich Marvin Minsky, einer der Organisatoren der Dartmouth Konferenz, 1970 in einem *Life*-Artikel: »In drei bis acht Jahren werden wir eine Maschine mit der allgemeinen Intelligenz eines durchschnittlichen Menschen haben.« Und dann wurde er noch etwas konkreter: »Damit meine ich eine Maschine, die in der Lage sein wird, Shakespeare zu lesen, mechanische Bauteile eines Autos zu schmieren, im Büro zu klüngeln, Witze zu erzählen, sich mit jemandem zu streiten.«[2]

Doch diesen fantastischen Ankündigungen folgten damals keine Taten. Anfang der 1970er Jahre trat daher der erste sogenannte KI-Winter ein. So bezeichnet man die dunklen Phasen der KI-Forschung, in denen keine großen Fortschritte gemacht wurden und öffentliche wie private Geldgeber keine Lust mehr verspürten, diese Ankündigungspropheten zu unterstützen. In der ersten Hälfte der 1980er Jahre gab es nochmals ein kurzes Aufflammen der KI-Begeisterung, ehe nach 1987 der zweite KI-Winter folgte.

Nun sind wir also wieder in einem KI-Hype. Stellvertretend für die vielen KI-Schwärmer sei Google-Chef Sundar Pichai zitiert: »Die KI ist wahrscheinlich das Wichtigste, woran die Menschheit je gearbeitet hat.«[3] Ähnlich euphorisch ist Demis Hassabis, einer der Gründer von DeepMind. Für ihn hat KI »ein unglaubliches Potential, das Leben von Milliarden Menschen zu verbessern«[4].

Diesmal soll der Optimismus nicht in einem nächsten KI-Winter enden. Der chinesische Tech-Experte Kai-Fu Lee schreibt: »KI steht jetzt an einem Wendepunkt. Sie hat den Elfenbeinturm der Wissenschaft verlassen, und die Tage langsamer Fortschritte sind vorbei.«[5] Die KI ist in der Tat im Alltag angekommen. Wir sehen die ersten selbst fahrenden Autos und erstaunlich leistungsfähige Roboter. Wir kommunizieren mit einem ChatBot, der Fragen beantworten und ganze Texte schreiben kann. Wir nutzen Sprach- und Gesichtserkennung zur Identifikation. In der Medizin wird KI eingesetzt (siehe Kapitel 7), aber auch beim Militär (siehe Kapitel 11). Fast täglich werden neue praktische Anwendungen der KI verkündet.

Die Künstliche Intelligenz ist ein globales Phänomen. Sie hat in einer zeitlichen Parallelität alle erfasst – Amerikaner, Chinesen und

Europäer. Alle drei wetteifern darum, bei dieser Technologie die Nase vorn zu haben. Oder sind es doch nur zwei?

Nur ein Wettlauf zwischen China und den USA?

Go ist ein asiatisches Brettspiel, das ursprünglich aus China stammt. Es ist dort sehr beliebt, aber es ist auch sehr kompliziert, auf jeden Fall viel komplizierter als Schach. Deshalb konnte schon 1997 ein Computer den damaligen Schach-Weltmeister Garri Kasparow besiegen. Aber dass ein Computer den besten Go-Spieler schlagen könnte, hielten viele Experten – ob Go-Fans oder Computer-Experten – für unmöglich. No Go!

Aber dann passierte das Unmögliche: Mitte März 2016 traten im Four Seasons Hotel in Seoul zwei ungewöhnliche Partner aufeinander. Der damals weltbeste Go-Spieler, der Südkoreaner Lee Sedol, und AlphaGo, ein Computer, entwickelt von der Google-Tochter DeepMind. Fünf Partien wurden ausgetragen. Viermal siegte AlphaGo. Es war vor allem der Sieg der KI.

Entsprechend groß war das Erstaunen und bei manchen auch das Entsetzen, vor allem in China. Zwar hat sich China schon vorher mit dem Thema Künstliche Intelligenz beschäftigt, aber eher halbherzig. Es war für die Chinesen noch zu weit weg, zu futuristisch.

Doch die chinesische Regierung erholte sich schnell von dem Schock und präsentierte schon 2017 den »Next Generation Artificial Intelligence Plan«. Warum China so schnell reagierte, erklärt Nigel Inkster, Autor des Buches *The Great Decoupling*: »China sieht in der KI eine bahnbrechende Technologie, die das Potenzial bietet, den Westen zu überholen.«[6]

In drei Phasen will China – so steht es in dem Plan – den Westen bei KI ein- und überholen. Bis 2020 wollte man in den Kreis der innovativen Länder vordringen, bis 2025 sich auf Weltniveau bei der KI bewegen und 2030 schließlich das »major AI innovation centre in the world«[7] sein. Das erste Ziel hat man erreicht, dem zweiten ist man sehr nahe. Und dass China 2030 das KI-Zentrum der Welt sein könnte, ist nicht auszuschließen, wenn man sieht, mit welchem Nachdruck Chinas Führung KI fördert und Wirtschaft und Wissenschaft den Forderungen der Politik nachkommen.

In der Wirtschaft wurde ein »AI National Team« gebildet. Es bestand zunächst aus vier Hightech-Unternehmen, die jeweils ihre eigenen Schwerpunkte haben. Baidu kümmert sich um das autonome Fahren, Alibaba um Smart Cities, Tencent um Medical Imaging, iFlytek um Spracherkennung. Später kam noch Sensetime für die Gesichtserkennung dazu. Inzwischen befinden sich in dem Team 15 Unternehmen, von denen jedes wie zu Beginn für einen definierten Bereich zuständig ist, unter anderem sind das Huawei (Hard-/Software), Hikvision (Video Perception), Xiaomi (Smart Home) und Yitu (Vision Computing). Diese Vielfalt an KI-Unternehmen hat keine USA und erst recht kein Europa.

Aber die USA haben große Tech-Konzerne, die das Thema KI beherrschen. An vorderster Front stehen dabei die Giganten Google, Amazon, Facebook und Microsoft. Diese Unternehmen sind in den USA die Treiber bei dieser *Enabling Technology*. Und darin zeigt sich auch der unterschiedliche Ansatz: In China gibt der Staat die Richtung vor, in den USA die Konzerne. Die amerikanische Regierung flankiert aber deren Bemühungen. So trat am 1. Januar 2021 »The National AI Initiative Act« in Kraft. Darin heißt es: »Die Mission der National-AI-Initiative besteht darin, sicherzustellen, dass die USA weiterhin eine Führungsrolle in der KI-Forschung einnehmen und bei der Entwicklung und Nutzung vertrauenswürdiger KI im öffentlichen und privaten Sektor weltweit führend sind.«[8]

In den USA wird aufmerksam verfolgt, was die Chinesen machen. China ist ihr Hauptkonkurrent bei dieser Technologie, nicht Europa. Das wird auch in Brüssel attestiert. »Während die USA und China versuchen, den Einsatz von KI-Technologien im öffentlichen und privaten Sektor zu beschleunigen, hinkt die Einführung von KI innerhalb der EU hinterher«[9]. Dieser Satz steht in einem Report des Europäischen Parlaments. Das von ihm 2020 eingesetzte Special Committee on AI in a Digital Age (AIDA) zog im April 2022 in seinem Abschlussbericht eine ernüchternde Bilanz: »Europäische Unternehmen und Regierungen investieren weitaus weniger in KI-Technologien als die USA oder China«[10].

Die Zahlen sprechen eine deutliche Sprache: Im August 2023 stellt die deutsche Forschungsministerin Bettina Stark-Watzinger einen KI-Aktionsplan vor. Bis 2025 sollen über 1,6 Milliarden Euro investiert werden. Auch Frankreich ist mit Staatsgeldern in dieser Größenordnung unterwegs. Nur mal zum Vergleich: Die chinesische Stadt Tianjin kündigte einen KI-Investmentfond über 16 Milliarden Dollar an, die Hightech-Metropole Shenzhen legte im Juni 2023 ein 15-Milliarden-Dollar-Programm auf. Chinesische Städte geben also viel mehr aus als europäische Staaten. Geld ist nicht alles, aber es ist hilfreich – in der Wissenschaft, aber auch bei der Förderung von Start-ups.

»Der globale Wettbewerb ist extrem stark, insbesondere von ostasiatischer und nordamerikanischer Seite«[11], sagt Reimund Neugebauer, ehemaliger Präsident des Fraunhofer-Instituts. Deutschland bringe zwar in der Forschung sehr gute Voraussetzungen mit, doch die anwendungsnahe Umsetzung von KI in konkrete Produkt-, Prozess- und Dienstleistungsinnovationen gelinge eher selten.

Daniel Abbou, Chef des KI-Bundesverbandes, sagt gegenüber dem *Spiegel*, dass ihm nur sehr wenige deutsche KI-Start-ups einfielen, die es mit der Weltspitze aufnehmen könnten. Er sprach von »einem Desaster« für den Standort. Ja, es gebe staatliche Förderung. Aber sie sei viel zu bürokratisch, viel zu preußisch und zu langsam. Und dann sagt er noch einen nachdenklichen Satz: »Die Politik versteht das Thema einfach noch viel zu wenig.«[12]

Immerhin scheint die Bundesregierung die Wissenslücke erkannt zu haben. Im Frühjahr 2023 begab sich das Kabinett geschlossen zum Nachhilfeunterricht in Sachen KI.

Xu Feiyu – Wanderin zwischen den Welten

Als sich am 5. März 2023 die Bundesregierung zu einer Klausur auf Schloss Meseberg traf, stand auch das Thema Künstliche Intelligenz auf der Tagesordnung. Die Damen und Herren Minister wollten sich über diese Zukunftstechnologie schlaumachen. Als Expertin dazu eingeladen war auch eine Frau: Xu Feiyu. Sichtlich stolz posierte sie vor dem Schlosseingang und schrieb dazu später in LinkedIn: »Es hat mich sehr gefreut, dass ich als KI-Expertin auf einer Sitzung der Kabinettsklausur der Bundesregierung auf Schloss Meseberg vortragen durfte.«

Wer ist diese chinesische Frau, die deutschen Ministern Nachhilfe in Sachen KI geben durfte? 1969 in den Wirren der Kulturrevolution geboren, war Xu Feiyu in der Schule stets die Klassenbeste. »Als Schülerin war ich sehr gut in Mathematik und Naturwissenschaften, was mir den Zugang zur Informationstechnologie erleichtert hat«[13]. Sie studierte an der Tongji-Universität in Shanghai technische Übersetzung. Als sie Anfang 20 war, durfte sie im Ausland studieren. Sie landete in Saarbrücken an der Universität des Saarlandes. Dort studierte sie Computerlinguistik, promovierte 2007 und später – 2014 – habilitierte sie. Und sie heiratete ihren Professor Hans Uszkoreit, ebenfalls eine KI-Koryphäe.

Xu Feiyu war jedoch niemand, die sich im wissenschaftlichen Elfenbeinturm verschanzte, sondern immer an praktischen Lösungen interessiert. Schon früh arbeitete sie am Deutschen Forschungszentrum für Künstliche Intelligenz (DFKI). Ihr Spezialgebiet ist das Natural Language Processing (NPL). Bis 2017 arbeitete sie beim DFKI. Dann kam der Anruf aus der alten Heimat. Für den Computerkonzern Lenovo sollte sie in Beijing ein KI-Lab aufbauen. Sie und ihr Mann nahmen die Offerte an und wunderten sich, wie anders das Ansehen der Wissenschaftler in China ist: »Die werden dort wie Stars behandelt«[14], sagt Xu gegenüber *Die Zeit*. In Deutschland hingegen seien Forscher nicht mehr so wertgeschätzt.

Trotzdem zog es das Forschungsehepaar 2020 wieder zurück nach Deutschland, nach Berlin. Xu bekam die einmalige Chance, für den Softwarekonzern SAP eine weltweite KI-Strategie zu entwickeln. Aber nach zwei Jahren stieg sie dort aus, um das Start-up nyonic zu gründen. Ihr Mann arbeitet an dem Large European AI Model (LEAM), einer Initiative der DFKI. Obwohl in unterschiedlichen Funktionen tätig, will das Forscherpaar Deutschland und Europa helfen, beim Thema KI Anschluss an die beiden führenden Nationen China und USA zu finden.

In einem Gespräch mit *Silicon Republic* stellt Xu fest: »Bei der Kommerzialisierung der künstlichen Intelligenz (KI) ist die europäische Industrie gegenüber den USA und China ins Hintertreffen geraten.« Die drei Jahre bei Lenovo hätten ihr die Augen geöffnet: »Bei meinem kürzlichen Aufenthalt in China wurde mir klar, wie sehr China KI begrüßt, weil der Bedarf an Automatisierung und Intelligenz in seiner zivilen Infrastruktur so dringend ist.«[15] Sie und ihr Mann plädieren für eine Zusammenarbeit mit China. Hans Uszkoreit sagt gegenüber *Die Zeit:* »Europa kann es sich nicht leisten, die Verbindung zu diesem riesigen Volk aufzugeben, egal, wer dort regiert.« Er erzählt geradezu süffisant, dass die meisten KI-Forschungskooperationen mit China die USA hätten. Warum? »Weil sie clever sind und erkannt haben, dass die Vorteile einer wissenschaftlichen Kooperation die Nachteile bei Weitem überwiegen.« Und dann an die heimische Politik gerichtet: »Nur die Deutschen und die Europäer schienen es bis heute nicht zu begreifen – oder nicht begreifen zu wollen.«[16] Ob seine Frau in Meseberg die Politiker überzeugen konnte, mehr für KI zu tun, ist nicht überliefert. Sie sagt in *Die Zeit* nur: »Die Politik hat die Dringlichkeit des Themas erkannt.«[17]

Allerdings setzt sie die Priorität eher auf Regulieren statt Innovieren.

Wie die Regierungen die KI zähmen wollen

Am 22. März 2023 erreichte ein offener Brief die Öffentlichkeit, der eine apokalyptische Warnung enthielt: »KI-Systeme mit einer Intelligenz, die Menschen Konkurrenz macht, können große Risiken für Gesellschaft und Menschheit bergen.«[18] Die Unterzeichner waren keine notorischen Technologiefeinde, sondern eher Tech-Gurus wie Microsoft-Gründer Bill Gates, Apple-Mitgründer Steve Wozniak und Elon Musk. Ihnen geht es mit der Entwicklung der KI zu schnell. Sie forderten deshalb ein halbjähriges Moratorium, während dem die Politik zum Eingreifen aufgefordert wird.

Es war ein etwas wohlfeiles Gejammer von Personen, die direkt oder indirekt mit dazu beigetragen haben, dass sich KI so rasant entwickelt hat. Zudem kam ihre Aufforderung an die Politik zur Zähmung der KI um einiges zu spät, denn dort überlegt man schon seit längerem, ob und wie man die KI regeln soll. Sowohl in internationalen Organisationen als auch auf nationaler Ebene wird darüber nachgedacht, heftig gestritten, aber auch bereits gehandelt.

UNO-Generalsekretär António Guterres schlug eine globale Behörde zur KI-Regelung vor. Auch EU-Kommissionspräsidentin Ursula von der Leyen plädierte für eine solche Institution und nannte als Vorbild das Intergovernmental Panel on Climate Change (IPCC). China meldete sich ebenfalls mit der Idee einer »Global AI Governance Initiative«.

Doch ob es je zu einer globalen Zähmung der KI kommt, ist fraglich. Denn zu unterschiedlich sind die Interessen der Staaten, zu verschieden auch die Blickwinkel auf die KI. Im Fernen Osten – von Korea über Japan und China bis nach Singapur – sieht man in der KI mehr die Chancen. Das ist, wenngleich mit Abstrichen, auch die Haltung in den USA. In Europa überwiegt die Skepsis. Deshalb ist die Regulierungsmacht EU mal wieder am weitesten. Man hat zwar keine KI-Unternehmen von Bedeutung, will aber den Markt regeln. Schon im April 2021 brachte die EU-Kommission den »AI Act« auf den Weg. Derzeit ist er in der europäischen Gesetzgebungsmaschine, wobei sich das Europäische Parlament und die nationalen Regierungen Anfang Dezember 2023 einigten. Das Gesetz sieht einen risikobasierten Ansatz vor und teilt die KI-Aktivitäten in vier Risikostufen ein: unannehmbar, hoch, gering und minimal. Es wird – wenn voraussichtlich ab 2026 in Kraft – das umfassendste KI-Gesetz werden.

Die europäische Wirtschaft ist pikiert – oder muss man sogar sagen entsetzt? Führende Vertreter – von Telekom-Chef Tim Höttges bis Siemens-Boss Roland Busch – schrieben einen Brandbrief an die europäischen Behörden. Darin heißt es: »Der Gesetzesentwurf würde Europas Wettbewerbsfähigkeit und technologische Souveränität gefährden, ohne die Herausforderungen, vor denen wir jetzt und in der Zukunft stehen, wirksam anzugehen.« Die Manager sehen Europa bei der KI-Entwicklung abgehängt: »Europa kann es sich nicht leisten, abseits zu stehen.«[19] Sie fürchten, zum Zuschauer zu werden, wenn die Global Player aus den USA und China das Spiel der KI unter sich ausmachen.

Aber auch in diesen beiden Ländern wird inzwischen reglementiert, wenn auch nicht so umfassend wie in der EU. In den USA setzte man zuerst auf eine »AI Bill of Rights«, ein nicht bindendes Prinzipienpapier, das im Oktober 2022 vom White House Office of Science and Technology Policy herausgegeben wurde. Doch im Oktober 2023 gab dann Joe Biden eine »Executive Order on Safe, Secure, and Trustworthy Artificial Intelligence« heraus.

In China verfolgt man einen anderen Ansatz als in der EU. Während Brüssel in einem Gesetz alles rund um die KI regeln will, geht Beijing schrittweise vor und erlässt eher kleinteiligere Gesetze für spezielle Anwendungen der KI. Dabei versuchen die Gesetzgeber in China, das Innovationstempo nicht abzuwürgen. »Chinas Regulierungsansatz ist zum einen stark innovationsorientiert und zum anderen gesellschaftlich orientiert, wobei die ›soziale Stabilität‹ Vorrang vor den Rechten der einzelnen Person hat«[20], schreibt Hannah Ruschemeier, Juniorprofessorin für Öffentliches Recht an der Fern-Universität Hagen, in einem Beitrag für die Zeitschrift *aus politik und zeitgeschichte.*

Wie China den Spagat zwischen Innovation und Kontrolle hinbekommen will, zeigt sich im Umgang mit den Chatbots.

Chatbots: Ernie und Bard

Weltweit sind Chatbots – eine Wortkreation aus *to chat* und *robot* – das große Thema. Über dieses Tool kann man wichtige und unwichtige Fragen stellen und bekommt sie mithilfe künstlicher Intelligenz schriftlich oder mündlich beantwortet. Oder man kann gar ganze Texte erstellen lassen, die zum Schrecken vieler Journalisten und Autoren durchaus hohen Anforderungen genügen. Entwickelt hat den ersten globalen Chatbot namens ChatGPT das US-amerikanische Start-up OpenAI, hinter dem Microsoft und ein paar Silicon-Valley-Größen wie Elon Musk und Peter Thiel als Investoren stecken. Der Kopf dahinter ist Sam Altman, ein abgebrochener Informatikstudent aus Stanford. Er ist ein Missionar im Pullover, der inzwischen Kultstatus erreicht hat. Für ihn ist KI eine humane Allzweckwaffe, die in naher Zukunft nahezu sämtliche menschlichen Arbeiten erledigen könne. Er sieht KI aber nicht als Jobkiller, sondern als Befreier von der Fron der täglichen (Routine-)Arbeit. Er sagt: »In zehn Jahren, denke ich, werden wir Chatbots haben, die für einen Experten in jedem gewünschten Bereich arbeiten.«[21]

Altman kam mit ChatGPT im November 2022 auf den Markt und löste einen globalen Hype aus. Etablierte Konzerne und viele Start-ups aus den USA, China und ja auch aus Europa haben eine Vielzahl von ChatBots auf den Markt gebracht. Ihre Dienste gibt es umsonst oder kostenpflichtig. Sie sind für die Allgemeinheit bestimmt oder nur für eine begrenzte Zielgruppe. Sie antworten nur in Englisch oder in weiteren Dutzenden Sprachen. Mittlerweile ist es schwer, einen Überblick zu bekommen, wer da alles auf diesem noch jungen Markt ist.

Ich habe deshalb bei zwei Chatbots nachgefragt. Einmal beim Google-Chatbot Bard, der im Frühjahr 2023 auf den Markt kam, und zum anderen bei Bing, dem Chatbot von Microsoft. Bard empfiehlt auf meine Anfrage folgende Konkurrenten: ChatGPT, JasperChat, BingChat und Claude. Bing Chat spuckt eine etwas andere Liste aus: ChatGPT, Google Bard, HuggingChat, Zapier AI Chatbot, Intercom und Drift.

Europäische Anbieter nennt keiner. Aber immerhin gibt es dort ein paar Hoffnungsträger. Zum Beispiel Aleph Alpha, ein 2019 von Jonas Andrulis und Samuel Weinbach in Heidelberg gegründetes KI-Start-up. Es entwickelte den Chatbot Luminous, der allerdings nur für Unternehmen und öffentliche Verwaltungen zugänglich ist, aber im Gegensatz zu den US-Konkurrenten mehr Sicherheit bieten soll. Im Herbst 2023 beteiligten sich SAP, Bosch und die Schwarz-Gruppe (Lidl, Kaufland) an einer fast 500 Millionen Euro schweren Finanzierungsrunde von Aleph Alpha, was Anlass zu vorsichtigem Optimismus gibt, dass Europa bei Chatbots nicht sprachlos bleibt. Andrulis sagte Anfang November 2023 in Berlin im Beisein von Wirtschaftsminister Habeck: »Wir brauchen auch noch ein paar Feldspieler, nicht nur Schiedsrichter.«[22] Ebenfalls gut im Rennen ist DeepL, ein Start-up aus Köln, das bereits mit einer Marktkapitalisierung von über 1 Milliarde Euro Einhorn-Status erreicht hat. Es tritt mit seiner Übersetzungsmaschine gegen Google Translate an.

In China sind fehlendes Know-how oder gar Geld nicht das Problem. Das Problem sitzt vielmehr in Beijing in den dortigen Behörden. Chinas Führung steckt nämlich in einem Dilemma. Einerseits will ja China beim globalen KI-Wettstreit vorn mitmischen, andererseits kann China keinen Chatbot zulassen, der alle Fragen erlaubt, also auch kritische Fragen zu Partei und System. Aus der Logik der Herrschenden muss dieses Instrument deshalb zensiert werden. Trotzdem kamen über 100 ChatBots auf den Markt, unter den Entwicklerfirmen war alles, was in der chinesischen Hightech-Industrie Rang und Namen hat. Alibaba und Tencent investierten gar gemeinsam in das Start-up Zhipu, das den Zhipu ChatGLM kreierte.

Zusammen mit dem Chatbot von Baidu gehört er zu den besten des Landes. Der Baidu-Chatpot heißt Ernie. Die neueste Version stellte Baidu-Chef Robin Li auf der »Baidu World 2023« vor und verkündete stolz, dass Ernie teilweise besser sei als ChatGPT. Fragen allerdings nach der Kulturrevolution, dem Tiananmen-Massaker von 1989 oder den Unterdrückungen in Xinjiang kann Ernie nicht beantworten.

ChatGPT könnte die Antworten geben, aber der US-amerikanische Chatbot ist in China gesperrt. So wird es – wie beim Internet – auch bei den Chatbots zwei Welten geben: eine westliche und eine chinesische.

Der ChatBot ist nur eine aktuelle KI-Anwendung, Es gibt noch viele mehr, zum Beispiel in der Robotik, bei der Gesichtserkennung oder auch beim autonomen Fahren.

Der Roboter, dein Freund und Helfer

Palo Alto im Silicon Valley. In der Konzernzentrale von Tesla findet am späten Nachmittag des 30. September 2022 der alljährliche »Tesla AI Day« statt. Eine schwarze Gestalt stakst auf die Bühne. Nein, es ist nicht Elon Musk. Sein Name ist Optimus. Es ist ein menschenähnlicher Roboter oder auch Humanoid genannt. Natürlich war auch Elon Musk anwesend und lobte gewohnt großsprecherisch den Optimus: »Er könnte die ganze Menschheit verändern«. Der Roboter – dein Freund und Helfer. Zu welchem Preis? »Wahrscheinlich weniger als 20 000 Dollar«[23], kündigte Musk an.

Shanghai, fast ein Jahr später. Dort geht Mitte August die World AI Conference (WAIC) über die Bühne. Auf dem Messegelände war er eine der Attraktionen: der »GR-1«, 1,65 Meter groß, 55 Kilogramm leicht. Aussehen? Naja, wie halt Roboter so aussehen: viele Kabel, viel Metall. Geboren wurde er in den Forschungslabors des Start-ups Fourier Intelligence, benannt nach dem französischen Mathematiker und Physiker Joseph Fourier. Das klingt auf den ersten Blick europäisch, aber es ist ein Shanghaier Jungunternehmen, das von Alex Gu gegründet wurde. Er will schon 2024 seinen Roboter in größeren Mengen produzieren und sieht ihn im Einsatz der Seniorenbetreuung, im Gastgewerbe (Hotels und Restaurants) und der Bildung. Fourier baut den Körper, das »Gehirn« liefern KI-Entwickler zu.

Der GR-1 ist der »lebende« Beweis, wie KI und Robotik zunehmend zueinanderfinden. »KI und Robotik spielen immer mehr und immer enger zusammen«, sagt Robotik-Experte Werner Kraus vom Fraunhofer-Institut für Produktionstechnik und Automatisierung

(IPA), »Robotik ist sozusagen verkörperte KI.«[24] Diese Kombination ermöglicht es, dass diese menschenähnlichen Roboter, die lange Zeit nur in Science-Fiction-Filmen und -Romanen auftraten, bald Realität werden könnten. Das chinesische Ministry of Industry and Information Technology (MIIT) hat im Herbst 2023 eine neunseitige Richtlinie herausgegeben, in der bereits für 2025 die Massenproduktion von Humanoiden angekündigt wird.

Dass diese menschenähnlichen Wesen zuerst in China und den USA auftauchen, ist kein Zufall. Nochmals Werner Kraus dazu: »Verglichen mit China und den USA könnten wir sicherlich die Geschwindigkeit verbessern.«[25] Mit wir meint er Europa und speziell auch Deutschland. Es ist ja nicht so, dass wir hierzulande keine Basis in der Robotik hätten. Im Gegenteil: Sowohl in der Wissenschaft als auch der Wirtschaft haben wir erste Adressen. In Deutschland gibt es drei Cluster: rund um die TU München, Stuttgart und Dresden. Europaweit wird Odense gelobt. »Der dänische Cobot-Cluster Odense hat gezeigt, was in Europa möglich ist«[26], sagt Olaf Gehrels, Vorstandsmitglied des relativ jungen Deutschen Robotik Verbandes.

Trotzdem warnt Gehrels, der für einige Roboterfirmen auch aus Asien gearbeitet hat: »Wir müssen in Europa mächtig Gas geben, um von Asien und USA nicht völlig abgehängt zu werden«. Diese Aussage bezieht sich vor allem auf die Industrieroboter. Das sind meist Roboterarme wie sie zum Beispiel in der Automobilindustrie eingesetzt werden. In dem Bereich holt China gewaltig auf, nicht als Hersteller dieser Roboter (diesen Markt beherrschen traditionell die Japaner und Europäer), sondern als Anwender. Eine wichtige Maßeinheit hierfür ist die Roboterdichte. Sie gibt an, wie viele Roboter pro 10 000 Beschäftigte eingesetzt werden. Bei dieser Kennziffer hat China bereits 2020 die USA überholt und 2023 dann Europa.

Dass China den Einsatz von Industrierobotern so forciert, hat vor allem zwei Gründe. Man erhofft sich dadurch eine Produktivitätssteigerung und eine Kompensation des Rückgangs der arbeitenden Bevölkerung. Geringe Produktivität und der demografisch bedingte Arbeitskräfteschwund sind zwei gravierende Probleme Chinas. Deshalb rief schon 2014 Xi Jinping eine Roboterrevolution aus, um damit diese beiden Probleme zu bekämpfen. Und er hatte damals noch ein drittes großes, eher gesellschaftliches Problem im Auge: die zunehmende Vergreisung Chinas. Die Zahl der Alten steigt rapide. Um 2030 wird ein Drittel der Bevölkerung über 60 Jahre alt sein. Das wären rund 450 Millionen Chinesen. Sie wollen versorgt und betreut werden. Früher geschah das traditionell im Familienverbund. Aber durch die Jahrzehnte währende Ein-Kind-Politik gibt es viel zu wenig Junge, die sich in der Familie um die vielen Alten kümmern können. An Seniorenheimen mangelt es ebenfalls.

Ist der Roboter, der soziale Roboter, der Retter in der Not? Vorbild könnte Japan sein. Dort gehören Roboter in der Alters-, aber auch Gesundheitspflege schon fast zum Stammpersonal. Berühmt ist zum Beispiel der Robear. Der mannsgroße und bärenstarke Roboter kann gehbehinderte Menschen zum Beispiel vom Bett in einen Rollstuhl heben oder Patienten mit unsicherem Stand stützen. In Japan, aber auch in China hat man weit weniger Berührungsängste, was Roboter aller Art anbetrifft. Deshalb haben sie dort in den vergangenen Jahren in vielen Dienstleistungsbranchen die Arbeit aufgenommen. Lieferdienste setzen auf der berühmten letzten Meile Roboter ein, Roboter liefern in Restaurants das Essen an den Tisch, und in manchen Restaurants (zum Beispiel der Fast-Food-Kette Yihexian) kochen Roboter schon.

So hat sich inzwischen in China eine relativ große Serviceroboterindustrie entwickelt. In diesem Segment dominieren – im Gegensatz zu den Industrierobotern – die chinesischen Hersteller. Viele Start-ups entstehen, vor allem in Shenzhen im Süden, aber auch im Roboter-Cluster Shenyang in Chinas Nordosten.

Gesichtserkennung und Gesichtsverlust

Kein Schlangestehen mehr in der Metro. Einfach durchlaufen. Kein Handy oder gar Geldbeutel zücken. Einfach in die Kamera schauen. Der Kunde wird an seinem Gesicht erkannt. In China gehört die Gesichtserkennung in vielen Städten zum Alltag. Im öffentlichen Raum sind Kameras omnipräsent – an Straßen, in Bahnhöfen und Flughäfen, in Malls und auch in Schulen und Universitäten.

Gesichtserkennung war eine der ersten Anwendungen der KI. Und China war einer der ersten Anwender dieser Technologie, auch weil es die westlichen Skrupel wegen der Verletzung der Privatsphäre nicht gab und weil eine solche Technologie einem autoritären Staat sehr gelegen kam. Deshalb entwickelte sich in den vergangenen Jahren in China relativ ungestört eine Industrie, die sowohl Software als auch Hardware zur Gesichtserkennung liefert. Unternehmen wie SenseTime oder Megvii sind führend bei der Software. Konzerne wie Dahua und Hikvision – beide in Hangzhou stationiert, das sich zur inoffiziellen Hauptstadt des Surveillance-Industrial Complex entwickelt hat – produzieren die passenden Kameras. Diese Unternehmen sind übrigens alle seit Dezember 2021 durch die US-Behörden sanktioniert und dürfen nicht mehr in die USA liefern.

Das hält sie jedoch nicht davon ab, ihre Produkte in andere Länder zu exportieren. Nach der Brookings-Studie »Exporting the surveillance state via trade in AI« ist China mit über 200 Export-Deals bei Produkten der Gesichtserkennung führend in der Welt. Die Autoren der Studie stellen fest: »In keiner anderen Spitzentechnologie weist China eine solche Exportdominanz auf.« Warum das Land so erfolgreich ist, erklären sie so: »China hat bei dieser Überwachungstechnologie einen komparativen Vorteil.«[27] Weil die Nachfrage im Inland hoch ist, können sie in hohen Stückzahlen produzieren.

Die USA sind übrigens laut dieser Brookings-Studie der zweitgrößte Exporteur von Überwachungsequipment. Damit wird auch die Aussage relativiert, dass nur die Chinesen in größerem Umfang Gesichtserkennung einsetzen. In einem Bericht des U.S. Government Accountability Office (GAO) wird zugegeben, dass 16 von 24 Bundesbehörden – darunter auch das FBI – mit Gesichtserkennung arbeiten.[28] Und als Anfang 2020 der Fall Clearview aufflog (das US-Unternehmen hat rund drei Milliarden Bilder aus dem Internet und sozialen Medien in eine Datenbank gestellt), kam heraus, dass über 600 US-Behörden sich dieser Datenbank bedienten.

Die USA haben bis heute kein Bundesgesetz zur Gesichtserkennung. Einzelne Bundesstaaten und Städte (zum Beispiel Kalifornien, San Francisco und Boston) haben dagegen Einschränkungen beziehungsweise Verbote erlassen. Das Land besteht deshalb aus einem großen Flickenteppich an Regulierungen. So sieht es derzeit auch noch in der EU aus. Viele nationale Ermittlungsbehörden nutzen das Instrument. Darunter ist auch das Bundeskriminalamt, in deren Datenbank 5,8 Millionen Bilder von 3,6 Millionen Menschen lagern sollen. In einigen Städten – allen voran das südfranzösische Nizza – wurden im Rahmen eines *Safe-City*-Konzepts Überwachungskameras eingesetzt. Auch bei den Olympischen Spielen 2024 in Paris sollen sie zum Einsatz kommen. Die EU-Kommission will aber nun einheitliche Regeln. Im bereits erwähnten »AI Act« soll der Einsatz von Gesichtserkennung restriktiv gehandhabt werden. Die EU würde also auch hier ihrem Ruf als Regulierungsmacht gerecht werden.

Interessant ist, dass inzwischen auch China den Einsatz der Gesichtserkennung regeln will. Ein erster Entwurf der Cyberspace Administration of China (CAC) liegt vor. Denn auch in China gibt es eine Diskussion, wie weit die Gesichtserkennung gehen darf. Wenn sie der Sicherheit dient, ist die Zustimmung groß. Aber wenn die Kameras ins Private zielen, steigt der Widerstand. Vor allem der Zugang zu den Wohnblocks, der oft nur noch per Gesichtserkennung möglich ist, erregte die chinesischen Gemüter. Diese haben sogar eine prominente Mitstreiterin: Die an der Tsinghua-Universität lehrende Juraprofessorin Lao Dongyan hat sich an die Spitze der Bewegung gesetzt.

Autonomes Fahren: Robotaxis und Roboshuttles

August 2023. In den beiden chinesischen Millionenstädten Chongqing und Wuhan dürfen in ausgewählten Vierteln erstmals sogenannte Robotaxis verkehren. Das war vorher schon in zehn anderen chinesischen Städten möglich. Doch dort musste zur Sicherheit noch ein Fahrer dabeisitzen, der notfalls eingreifen kann. In Chongqing und Wuhan dagegen fuhren die Robotaxis von Apollo Go fahrerlos. In der Expertensprache des autonomen Fahrens heißt das Level 4.

Fast gleichzeitig bekamen in San Francisco die beiden Unternehmen Waymo und Cruise die Genehmigung, in Taxis ohne Fahrer ihre Dienste anzubieten. Doch nach ein paar Unfällen – ein Auto landete auf einer Baustelle, ein anderes stieß mit einem Feuerwehrauto im Einsatz zusammen – musste Cruise seine Flotte erstmal halbieren. Das ist ein Rückschlag. Aber es ändert nichts an der Tatsache, dass die USA und China beim autonomen Fahren führend sind.

Autor Sascha Lobo schreibt im *Spiegel*: »Der schon heute geführte öffentliche Krieg der selbstfahrenden Autos ist vor allem auf zwei unterschiedlich bespielten Schlachtfeldern sichtbar: San Francisco und die hundert größten Städte Chinas, natürlich sämtlich Millionenstädte.«[29]

China versus USA – auch hier. Die großen Player sind diesseits und jenseits des Pazifiks. Auch weil die meisten Impulse und Ideen von den dortigen Internetkonzernen kommen. In den USA heißen sie Waymo und Cruise. Waymo begann als ein Projekt von Google und ist heute eine Tochter von Alphabet. Cruise ist ebenfalls eine Tochter, aber die des Autokonzerns General Motors (GM). Daneben spielen auch die üblichen Verdächtigungen eine Rolle: Amazon und Tesla-Gründer Elon Musk.

Zoox, das 2020 von Amazon gekauft wurde, entwickelt ein völlig neues Fahrzeug. Es ist kein nachgerüstetes Auto wie bei Cruise oder Waymo. Es hat kein Lenkrad, keine Pedale. Im Frühjahr 2023 durften die ersten Modelle auf dem Firmengelände in Foster City fahren, im Juni dann auf öffentlichen Straßen in Las Vegas. Auch Tesla plant den Bau eines Robotaxis, aber zunächst noch mit Lenkrad und Pedalen. Darüber soll es zu heftigen Diskussionen gekommen sein, schreibt Walter Isaacson in seiner Musk-Biografie. Chefdesigner Franz von Holzhausen war für diese Symbole des alten Autos, Musk dagegen. »Nein, nein, nein«, soll er gesagt haben, »keine Spiegel, keine Pedale, kein Lenkrad.«

In China ist Baidu mit Apollo Go vorn. Aber auch viele andere Unternehmen mischen mit, zum Beispiel pony.ai oder AutoX. Der

Fahrdienstanbieter Didi baut – wie Amazon – ein eigenes Auto. Auf der Automesse in Shanghai wurde 2023 ein Prototyp erstmals vorgestellt. Ein Minibus. 4,5 Meter lang. Innen kein Lenkrad und kein Fahrersitz. Dafür viel mehr Platz im Innenraum. Dazu ein Roboterarm, der Gepäck in den Kofferraum hievt, den Mitfahrern die Getränkeflasche reicht oder – sollten sie einschlafen – sie auch weckt. Das klingt futuristisch.

Und wie sieht die Gegenwart in Europa, in Deutschland aus?

Dort fährt man bei Robotaxis hinterher. »Die führenden Spieler bei Robotaxis sind alle außerhalb Europas angesiedelt«[30], sagt Markus Hagenmaier, Mobilitätsexperte des Beratungsunternehmens BCG gegenüber dem *Spiegel*. Immerhin plant der Autovermieter Sixt zusammen mit Mobileye (ein israelisches Start-up, das vom amerikanischen Chiphersteller Intel gekauft wurde). Der Start wurde groß auf der IAA Mobility 2021 für 2022 angekündigt. Doch daraus wurde nichts. Inzwischen soll Mobileye eine erste Genehmigung bekommen haben – für München und Darmstadt, aber immer noch mit Fahrer als Sicherheit.

Die Europäer setzen im Gegensatz zu den Amerikanern und Chinesen auf Roboshuttles statt auf Robotaxis. Das hat regulatorische und auch traditionelle Gründe, denn hierzulande ist vor allem im Vergleich zu den USA der öffentliche Nahverkehr viel ausgeprägter. Das französische Unternehmen Easy Mile ist mit einem Zwölfsitzer bereits in mehreren Ländern unterwegs. In Hamburg soll ab 2025 der Elektrobulli ID.Buzz AD von Volkswagen im Rahmen des Projekts »Autonomes Ridepooling« verkehren.

Weil China und die USA auf Robotaxis setzen, werden sie möglicherweise aufgrund ihrer Erfahrung einen Vorsprung haben, wenn selbstfahrende Autos irgendwann auch von Privatpersonen im Straßenverkehr benutzt werden dürfen. Manche zweifeln, ob das jemals der Fall sein wird. Aber derzeit forschen und bauen viele Unternehmen an solchen Modellen – Start-ups, Hightech-Konzerne, Internetunternehmen und die etablierten Autobauer. Also auch Audi, BMW und Daimler.

Bei Letzterem ist man stolz auf ein vollautomatisiertes Parksystem, das Ende 2022 zusammen mit Bosch eingeführt wurde. Zu bewundern ist es im Parkhaus P6 am Stuttgarter Flughafen. Wer Besitzer einer Mercedes S-Klasse ist, kann das Auto in der *Drop-off-Zone* am Eingang des Parkhauses abstellen und dann auf einer App das Auto auf Parkplatzsuche schicken. Kontrastreicher könnte der Unterschied nicht sein: Die einen fahren auf Straßen, die anderen kurven durch Parkhäuser.

Für all diese eben beschriebenen ersten Anwendungen der KI braucht man Daten, viele Daten. Manche sagen deshalb, dass die Daten das neue Öl seien.

Daten – das neue Öl?

Kai-Fu Lee ist einer der bekanntesten KI-Experten Chinas. Seine Bücher sind weltweite Bestseller. Eines trägt den Titel *AI Superpowers*, wobei er zu diesen nur zwei Staaten zählt: China und die USA. China sieht er da in einem gewissen Vorteil, denn das habe einen »Rohstoff«, den die USA nicht in solchen Mengen habe: Daten. Daten – so schreibt Kai-Fu Lee – seien das neue Öl. Und weil China viele Daten habe, sei – so seine schlussfolgernde Analogie – das Land das neue Saudi-Arabien. Die Algorithmen wollen gefüttert werden – mit Daten. Je mehr Daten, desto genauere Ergebnisse können sie liefern.

Lee hat diese Phrase von den Daten als neuem Öl populär gemacht, aber – so viel Ehre und Wahrheit müssen sein – sie stammt nicht von ihm, sondern von dem englischen Mathematiker Clive Humby. Der sagte schon 2006: »Daten sind das neue Öl. Es ist wertvoll, aber unraffiniert kann es nicht wirklich verwendet werden. Es muss erst in Gas, Kunststoff, Chemikalien usw. umgewandelt werden, um profitabel vermarktet werden zu können; ebenso müssen Daten aufgeschlüsselt und analysiert werden, damit sie einen Wert haben.«[31]

Aber egal, wer letztendlich diesen Begriff geprägt hat, Tatsache ist: Daten sind ein neues, unentbehrliches Gut – speziell für die KI. Daten sind inzwischen so wichtig, dass sich die Regierungen mit ihnen beschäftigen und Datenstrategien entwickeln. Die EU-Kommission veröffentlichte im Februar 2020 ihre *Europäische Datenstrategie*. Darin beschreibt sie zunächst die Positionen der USA und Chinas: »In den USA bleibt die Organisation des Datenraums dem Privatsektor überlassen, was zu beträchtlichen Konzentrationseffekten führt. China hat eine Kombination aus staatlicher Überwachung und großen Technologieunternehmen, die riesige Datenmengen weitgehend allein kontrollieren, ohne dass es für den Einzelnen ausreichende Schutzvorkehrungen gäbe.«[32]

Die EU versucht, sich zwischen diesen beiden Ansätzen zu positionieren. Es ist ein Spagat zwischen Datenschutz und Datennutzung. Die EU, die lange Zeit zu Recht den Datenschutz priorisierte, will sich künftig vermehrt der Datennutzung widmen. Dabei geht es nicht primär um persönliche, sondern um sogenannte nichtpersonenbezogene Daten, die zum Beispiel in Verwaltung und Wirtschaft anfallen. Das ist auch die Position der Bundesregierung, die am 30. August 2023 ihre Datenstrategie beschlossen hat. Bezeichnender Titel: »Fortschritt durch Datennutzung«. Darin wird festgestellt: »Viele Datenschätze in Deutschland – auch Open Data – bleiben ungenutzt. Etwa 80 Prozent der industriell erzeugten Daten werden beispielsweise derzeit nicht weiterverwendet. In einigen Bereichen werden noch zu wenige Daten, ungeeignete Daten oder Daten in unzureichender Qualität erhoben.«[33] Europa hat also noch viel Potenzial, seine Datenschätze zu heben.

China ist in seiner Datenpolitik schon viel weiter. Die Führung in Beijing betrachtet Daten nicht nur als Rohstoff, sondern als Produktionsfaktor und bringt dadurch bisherige westliche Denkmuster durcheinander. In der traditionellen Volkswirtschaftslehre spricht man seit Adam Smith, dem Begründer der klassischen Nationalökonomie im 18. Jahrhundert, von drei Produktionsfaktoren: Arbeit, Boden und Kapital. Diese drei Dinge brauche man, um ein Produkt herzustellen. Später kam noch der technische Fortschritt als vierter Produktionsfaktor dazu.

Ende November 2019 beschloss Chinas Führung, es gibt noch einen weiteren, einen fünften Produktionsfaktor: Daten. Entsprechend gibt es in China bereits Datenbörsen. Die Shanghai Data Exchange begann am 21. November 2021 mit dem Trading von Daten, die in Unternehmen entstehen. Später folgte in Beijing die erste internationale Datenbörse – die Beijing International Data Exchange. Und inzwischen hat China auch eine oberste Datenbehörde – die National Data Administration.

Aber neben vielen, vielen Daten braucht man noch etwas anderes für all die KI-Produkte: Chips, und zwar hochwertige Chips.

KAPITEL 3

CHIPS

Chinas Schwachpunkt

»Der Kampf um die Vorherrschaft bei Halbleitern ist eines der wichtigsten Themen in der Geopolitik, denn es geht um nationale Sicherheit und wirtschaftlichen Wohlstand. Aber dieser Kampf ist auch einer der am wenigsten verstandenen.«

Andrew McAfee, MIT Sloan School of Management

Sie sind allgegenwärtig, aber man sieht sie nicht – die Halbleiter, besser unter dem Namen Chips bekannt. Sie sind mittlerweile in fast allen Produkten zu finden – von Lowtech bis Hightech, vom Handy bis zur Rakete, von der Waschmaschine bis zum Auto. Es gilt: Je winziger, desto besser. Gemessen wird in Nanometern (nm). Ein Nanometer ist ein Millionstel Millimeter. Unvorstellbar. Selbst das menschliche Haar ist da vergleichsweise ein gigantisches Konstrukt. Mittlerweile ist man in der Chipindustrie bei 2 bis 3 Nanometern angelangt. Nur zwei Konzerne beherrschen die Herstellung dieser Chips der Spitzenklasse: Samsung in Korea und TSMC auf Taiwan. Keine Chinesen, keine Europäer und auch keine Amerikaner können da mithalten. Dabei waren die Amerikaner einst in den 1950er Jahren die »Entdecker« der Chips oder – wie sie auch genannt werden – der Semiconductors. Sie haben aber den Vorsprung vor allem gegenüber den Taiwanesen von TSMC verloren. Auch sie sind jetzt wie alle anderen auf den TSMC-Konzern angewiesen, der fast ein globales Monopol hat.

Es gibt nach diesen hochwertigen Chips made in Taiwan weltweit eine riesige Nachfrage, die manchmal das Angebot übersteigt. Der US-Historiker Chris Miller bezeichnet die Auseinandersetzung um diese Miniprodukte zurecht als – so der Titel seines Buches – *Chip War*. Untertitel: *The Fight for the world's most critical technology*. Mittendrin in diesem Kampf befinden sich die USA und China. Amerikas Regierung hat erkannt, dass Chips die entscheidende Schwäche Chinas sind. China braucht Chips für seine technologische Aufholjagd, produziert aber viel zu wenig davon im eigenen Land, ist also auf Importe angewiesen. Und von dieser Zufuhr wollen sie die USA abschneiden.

Deshalb kam es am 7. Oktober 2022 zu dem amerikanischen Exportverbot, das ein Jahr später nochmals erweitert wurde und vor allem hochwertige KI-Chips der US-Firma Nvidia betrifft. Weder US-Hersteller noch TSMC oder Samsung dürfen – so der Wille der USA – nach China liefern. China versucht deshalb fieberhaft und mit viel, viel Geld eine eigene Chipproduktion hochzuziehen. Doch auch das wollen die USA verhindern oder zumindest verzögern, indem sie den Chinesen die dazu nötigen Maschinen vorenthalten wollen.

Dabei kommt eine niederländische Firma namens ASML ins Spiel. Sie baut weltweit die besten Maschinen, um Chips herzustellen. Mit viel Druck auf das Unternehmen und die niederländische Regierung hat es die Biden-Administration geschafft, dass ASML keine Maschinen der Spitzenqualität mehr nach China liefert. Wahrscheinlich ist das für die Amerikaner aber nur ein Pyrrhussieg, denn die Chinesen verstärken massiv ihre Anstrengungen, um bei Chips und Maschinen auf Weltniveau zu gelangen.

Angesichts dieser Abhängigkeiten bekommt auch die Taiwan-Frage eine neue Dimension. Die bange Frage nicht nur im Westen lautet: Was passiert, wenn ein Krieg auf und um Taiwan ausbricht und TSMC nicht mehr liefern kann? Klare apokalyptische Antwort: Die Weltwirtschaft bricht mangels Chips zusammen. Diese Tatsache ist vielen Politikern im Westen nach dem Beginn des Ukraine-Krieges erst so recht bewusst geworden: Wir haben ja noch eine viel größere Abhängigkeit bei Chips von Taiwan als bei Energie von Russland. Deshalb werden nun in vielen Staaten im Eilverfahren Chipfabriken hochgezogen, wobei die USA den Vorteil einer noch einigermaßen wettbewerbsfähigen Chipindustrie haben. Die Europäer hingegen müssen betteln gehen, damit Chipfirmen aus Taiwan und den USA bei ihnen mit viel Staatsgeldern subventionierte Fabriken bauen. Die EU will so ihren Marktanteil von derzeit 10 auf 20 Prozent erhöhen.

Auch wenn sie das erreichen sollte, würde das immer noch eine Abhängigkeit von 80 Prozent bedeuten.

Hinzu kommt eine noch ganz andere zusätzliche Abhängigkeit, die bislang wenig beachtet wurde. China hat einen Großteil der Rohstoffe, die man zur Chipproduktion braucht. Diesen Trumpf fängt China aber gerade erst an zu ziehen.

Der Niedergang der amerikanischen Chipindustrie

Am 11. Januar 1971 erschien in der Zeitschrift *Electronic News* der erste Artikel einer dreiteiligen Serie. Die Headline auf der Titelseite lautete schlicht »Silicon Valley«. Zum ersten Mal tauchte damit der Begriff Silicon Valley auf. Kreiert hat ihn der Autor der Serie, der Fachjournalist Donald C. Hoefler, der in Cupertino (heute der Sitz von Apple) wohnte und damals den Newsletter *Microelectronic News* herausgab. Hoefler war ein exzellenter Kenner der Chipbranche, die in dieser Gegend südlich von San Francisco in den 1950er Jahren startete. Warum Silicon Valley? Silicon deswegen, weil Silizium (so das deutsche Wort) ein elementarer Bestandteil von Chips ist. Valley, weil es in diesem Landstrich südlich von San Francisco das Santa Clara Valley gibt, wo einige Tech-Firmen ihr Domizil hatten.

Hier in dieser Gegend zwischen San Francisco und San José wurde – einige Jahre vor der Namensgebung – der Chip, der Semiconductor, der Halbleiter erfunden. Hier – und fast zeitgleich in Texas – entstanden die ersten Chipfirmen der Welt. Sie hießen Shockley Semiconductor und Fairchild Semiconductor, deren Gründer später Intel gründeten. Legendäre Figuren jener Zeit waren Jack Kilby, Bob Noyce, Gordon Moore (der Namensgeber des Mooreschen Gesetzes, nach dem sich die Leistungsfähigkeit von Computern und technischen Geräten ungefähr alle 18 Monate verdoppelt) und William Bradford Shockley (Nobelpreisträger für Physik 1956).

Die zweite Hälfte der 1950er Jahre war in den USA geprägt von Aufbruchstimmung, aber auch vom Kalten Krieg. Fürs Militär und die Raumfahrt brauchte die Nation fähige Computer und die wiederum leistungsstarke Chips. Die ersten großen Aufträge für die entstehende Chipindustrie kamen deshalb aus dem Pentagon, genauer gesagt von der ARPA (Advanced Research Projects Agency). Diese 1958 gegründete Agentur verteilte die Forschungsgelder des Pentagon. Die ersten Chips wurden anfangs der 1960er Jahre bei den Apollo-Missionen der NASA und den Langstreckenraketen Minuteman II eingesetzt. Es entstanden die ersten erfolgreichen amerikanischen Chipfirmen – allen voran Intel und Texas Instruments (TI). Später wurden die Chips dann in Produkte wie Taschenrechner, Personal Computer (PCs) und Spielkonsolen gesteckt. Mit dem Aufkommen dieser zivilen Massenprodukte wurde der Chip selbst auch zu einer Commodity, wie es in der Fachsprache heißt.

Doch wie viele andere Branchen folgte auch die amerikanische Chipindustrie dem Lockruf des Outsourcings. Jahr für Jahr wurde die Produktion in Richtung Ostasien verlagert. Dort – vor allem in Korea und auf Taiwan – entstanden sukzessive gigantische Fabriken, sogenannte Fabs oder Foundries. 1990 hatten die USA immerhin noch einen Anteil an der weltweiten Chipproduktion von 37 Prozent. Inzwischen ist er auf 12 Prozent gesunken. Mit der Produktion ging auch sukzessive Know-how verloren. Die besten Chips können Unternehmen wie TI oder Intel nicht mehr herstellen. Ausgerechnet das stolze Intel, das unter seinem langjährigen legendären Chef Andy Grove das Nonplusultra der Industrie war. Und jetzt: »Intel ist nur noch ein Schatten seiner selbst«[1], schreibt der Gewerkschaftler und Softwareentwickler Wolfgang Müller in seinem Buch *China: neuer Hauptfeind des Westens?*.

Der Niedergang der USA hatte sein Gegenstück im Aufstieg eines kleinen Landes, das von fast allen Staaten dieser Welt nicht einmal anerkannt wird: Taiwan. Denn die Führung dieser Insel mit seinen gerade mal knapp 24 Millionen Einwohnern hatte eine klare Strategie und einen berühmten Strategen.

Wie der Chip nach Taiwan kam

K.T. Li ist in Taiwan eine legendäre Figur. Vergleichbar mit Ludwig Erhard ist er der Vater des taiwanesischen Wirtschaftswunders. Li diente dem Lande erst als Wirtschafts-, dann als Finanzminister, ehe er nach 1976 Minister ohne Portfolio war. Taiwan war zu jener Zeit eher ein Billiglohnstandort, in dem vor allem Konsumgüter wie Bekleidung, Schuhe und einfache Elektronikprodukte hergestellt wurden. Das sollte aber nach Willen und Wunsch der taiwanesischen – damals noch autoritären – Regierung nicht so bleiben. Sie wollte aus der Insel einen Hightech-Standort machen.

Mitte der 1980er Jahre bat dieser K.T. Li einen gewissen Morris Chang zu sich ins Büro. Chang stammte aus dem chinesischen Nanjing, war während der Kriegswirren mit seinen Eltern nach Hongkong geflohen, hatte in Harvard und beim MIT in den USA studiert und eine tolle Karriere beim US-Chipproduzenten Texas Instruments hinter sich. Dort wollte er Chef werden, verlor aber den Kampf um den Spitzenplatz und quittierte aus seiner Sicht folgerichtig den Job. Danach arbeitete Chang für General Instrument Corporation in den USA, wurde dort aber nicht glücklich und stieg aus.

All diese persönlichen Details wusste natürlich K.T. Li, als er 1985 seinen Besucher in Taipeh empfing. Er hatte Chang ausgeguckt, um mit ihm seine Hightech-Träume zu verwirklichen. Morris Chang war damals mit 54 Jahren in einem Alter, in dem man gerne nochmals eine neue Herausforderung annimmt. Er musste nicht lange überlegen und sagte zu. Zunächst war Chang beim Industrial Technology Research Institute (ITRI) als Direktor angestellt. Das ITRI war kein Unternehmen, sondern eine Art Denkfabrik, die den Übergang Taiwans von einer Lowtech- zu einer Hightech-Nation strategisch begleiten sollte. Es hatte sein Domizil im Hsinchu Science Park, das die taiwanesische Regierung anfangs der 1980er Jahre nach dem Vorbild des Silicon Valley modellierte. Wie im amerikanischen Vorbild mit Stanford und Berkeley gab es auch hier in unmittelbarer Nachbarschaft zwei bedeutende Universitäten – National Tsing Hua und National Chiao Tung. Beide bildeten ein wertvolles Reservoir an

Nachwuchskräften für die vielen taiwanesischen Tech-Start-ups wie auch für die ausländischen Firmen, die sich im Laufe der 1980er Jahre im Hsinchu Science Park niederließen.

Nach einigen Monaten im ITRI wurde Chang wieder zu einem Gespräch mit Li gebeten. Dabei wurde dieser konkreter: »Nun, wir wollen eine Halbleiterindustrie in Taiwan fördern. Sie verfügen über viel Erfahrung in der Leitung größerer Chipunternehmen und scheinen daher ideal für die Gründung eines solchen Unternehmens in Taiwan zu sein. Sagen Sie mir und dem Premier, wie viel Geld Sie dafür brauchen.« Innerhalb von vier Tagen kam Chang mit einer Präsentation rüber. Viel nachdenken musste er nicht, denn er hatte schon lange eine Idee im Kopf, die für die Chipbranche revolutionär war. Bis dato waren alle Chipfirmen integriert, das heißt, sie machten alles selbst – vom Design über die Produktion bis zum sogenannten Packaging. Changs Vorschlag war, die Chipfirmen sollten ihre Produktion auslagern an Dritte, an sogenannte Auftragsfertiger. Diese könnten dann aufgrund viel höherer Stückzahlen die Chips kostengünstiger produzieren.

Die taiwanesische Regierung fand Changs Idee gut. Sie war bereit, 48 Prozent an der neuen Firma, die sich TSMC nannte, zu übernehmen und stellte auch großzügige Steuergeschenke in Aussicht. Er brauchte aber noch einen Technologiepartner. Bei seinem ehemaligen Arbeitgeber Texas Instruments blitzte Chang ab, ebenso bei Intel. Gordon Moore soll laut Chris Miller zu ihm gesagt haben: »Morris, Sie hatten im Laufe Ihrer Karriere viele gute Ideen. Das ist keine von ihnen.«[2]

Fündig wurde Chang schließlich in Europa beim niederländischen Elektrokonzern Philips, der damals noch Chips herstellte. Philips zahlte für seinen 27,5-Prozent-Anteil rund – heute würde man sagen: läppische – 58 Millionen Dollar. Den Rest steuerten neben Taiwans Staat reiche Taiwanesen bei. Nette Anekdote am Rande: Einer dieser Tycoons weigerte sich, bei TSMC einzusteigen. Prompt bekam er einen Anruf des Ministerpräsidenten, der ihn daran erinnerte, was die Regierung alles für ihn getan habe und dass er jetzt gefälligst mal etwas für die Regierung tun könne.

Bereuen musste keiner der Geldgeber sein frühes finanzielles Engagement. TSMC ist heute einer der erfolgreichsten und profitabelsten Konzerne der Welt. Der taiwanesische Staat und Philips stiegen sukzessive bei TSMC aus und haben für ihre verkauften Anteile viele Milliarden Euro kassiert. Gründer Morris Chang hält dagegen immer noch ein halbes Prozent. Das klingt erst mal wenig, aber in harter Währung sind das sage und schreibe 2,5 Milliarden Euro. Denn das Unternehmen hat einen Marktwert von rund 500 Milliarden Euro.

TSMC – der wichtigste Konzern der Welt

Als TSMC 1987 startete, war der Erfolg nicht programmiert. Den großen, vor allem amerikanischen Chipfirmen war die Idee des Outsourcings ihrer Produktion oder zumindest Teilen davon fremd. Morris Chang musste in den ersten Jahren viel Überzeugungsarbeit leisten. Hilfreich war, dass seine Anfangstruppe mit ehemaligen Managern von Motorola, Intel und Texas Instruments bespickt war. Diese hatten gute Connections ins Silicon Valley und kannten dort kleinere Chipboutiquen, die sich selber keine eigene Produktion leisten konnten. Mit diesen Aufträgen überlebte TSMC die ersten Jahre. Nur im Gründungsjahr 1987 und später nochmals 1991 machte TSMC Verluste. Es sollten die einzigen Verlustjahre bleiben.

»Ab 1991 wuchsen wir sehr schnell«[3], sagt Chang. Jährliche Wachstumsraten von 50 Prozent im Schnitt waren die Regel. Nach und nach setzte sich bei den Chipfirmen die Erkenntnis durch, dass Changs Idee der Auftragsfertigung doch nicht schlecht ist. TSMC hat damit eine neue Industrie kreiert – die sogenannten Foundries. Der Erfolg zog Nachahmer an, vor allem in Asien. Aber letztlich blieben nur zwei übrig: First-Mover TSMC und Follower Samsung. Nur diese beiden sind in der Lage, Chips der neuen Generation zu entwickeln und herzustellen, wobei bei diesen Chips (in der Größenordnung zwischen 5 und 10 Nanometern) TSMC mit einem Marktanteil von über 90 Prozent klar dominiert.

Die Zahlen des Fast-Monopolisten TSMC sind gigantisch: 76 Milliarden Dollar Umsatz, 34 Milliarden Dollar Gewinn, 5,5 Milliarden Dollar Investitionen in Forschung und Entwicklung, über 73 000 Beschäftigte. Fast alle arbeiten in Taiwan. Die großen Fabs – wie die gigantischen Fabrikhallen heißen – sind alle in Taiwan und dort auf zwei Standorte verteilt. Im Hsinchu Park, wo 1987 alles begann, und in Tainan im Süden der Insel. Gerade wird ein neues riesiges Gelände – so groß wie 22 Fußballfelder – erschlossen. Investment: 100 Milliarden Dollar. Trotz des Baus neuer Fabriken in den USA und Deutschland bleibt Taiwan der zentrale Standort. Diese Konzentration ist einer der großen Vorteile von TSMC. Auf Taiwan hat TSMC eine sehr enge, über Jahre und Jahrzehnte gewachsene Partnerschaft mit seinen Zulieferern aufgebaut. Die Chipproduktion ist ein hochkomplexer Prozess, vielleicht der schwierigste in der Industrie. Er besteht aus vielen Schritten, benötigt viele Vormaterialien und entsprechend viele Zulieferer. Aber das Managen dieses komplexen Gebildes beherrscht TSMC bestens. Jensen Huang, CEO des amerikanischen Chipproduzenten Nvidia, drückt es so aus: »TSMC hat gelernt, mit 400 Partnern zu tanzen.«[4]

Ein weiterer Garant des Erfolges sind die Menschen, die taiwanesischen Mitarbeiter. Die Chinesen sind schon ein fleißiges, arbeitswilliges Volk, aber die Taiwanesen scheinen noch strebsamer als ihre Landsleute auf dem Festland zu sein, weil sie buchstäblich ums Überleben kämpfen. Als Morris Chang kürzlich nach den Erfolgsfaktoren von TSMC gefragt wurde, antwortete er daher auch: die Arbeitskultur. Und er fügte gleich als Beweis für seine Aussage ein Beispiel hinzu: »Wenn eine Maschine um ein Uhr morgens kaputtgeht, wird sie in den USA um neun Uhr repariert, in Taiwan jedoch wird zwei Uhr morgens festgelegt.«[5]

Chang, der übrigens amerikanischer Staatsbürger ist, lobt auch die exzellente Ausbildung im technischen Bereich in Taiwan – ob Facharbeiter oder Ingenieur. Diese würden zudem anders ticken als ihre amerikanischen Kollegen. Chang: »Ich denke, die asiatischen Ingenieure neigen dazu, methodischer vorzugehen, wohingegen die US-Ingenieure tendenziell innovativer sind, aber tendenziell nicht so methodisch und geordnet vorgehen.«[6]

Ein weiterer wichtiger Punkt, den auch Chang immer wieder betont, ist Vertrauen. Es gilt bei TSMC die Regel: »Never compete with your customers.« Auf dieser Basis hat sich eine sehr enge Partnerschaft zwischen TSMC und Apple entwickelt. Als Apple 2007 mit dem iPhone startete, wollte es die hierfür nötigen Chips von Intel beziehen. Doch der damalige Intel-Chef Paul Otellini lehnte ab, weil ihm das Angebot von Apple zu dürftig war. Apple-Chef Steve Jobs klopfte stattdessen bei Samsung Electronics an, und die Koreaner waren sofort bereit zu liefern.

Doch diese Beziehung hielt nicht lange, denn Samsung stieg bald selbst ins Smartphone-Geschäft ein und machte mit seinem »Galaxy«-Modell dem iPhone Konkurrenz. Zudem kam es zu Patentstreitigkeiten zwischen Apple und Samsung. Apple musste sich nach einem neuen Chiplieferanten umsehen und fand ihn in TSMC. Erste Gespräche fanden bereits 2010 statt. Seit 2013 stecken TSMC-Chips in allen iPhones. Inzwischen macht TSMC ein Viertel seines Umsatzes mit Apple. Das nennt man gegenseitige Abhängigkeit. Apple hat vorerst keine Alternative, denn Samsung fällt – siehe oben – aus. Einen anderen Hersteller von ähnlicher Qualität gibt es nicht. Apple ist auf die Chips aus Taiwan angewiesen – und damit im Epizentrum eines geopolitischen Konflikts gelandet.

Und wenn China Taiwan angreift?

Nachdem Russland im Februar 2022 die Ukraine überfallen hat, zogen viele Beobachter im Westen – bevorzugt Politiker, Journalisten und Thinktanker aus dem transatlantischen Orbit – eine simple Analogie: Wenn das passieren kann, ist auch ein Überfall der Volksrepublik auf Taiwan – offiziell: Republic of China – möglich. Ihre einfach gestrickte Logik: Putin und Xi sind Freunde, also ticken sie ähnlich, also wird auch Xi die abtrünnige Insel Taiwan heim ins Reich holen. Was dem einen die Halbinsel Krim (und noch viel mehr) ist, ist dem anderen die Insel Taiwan. So kursierten innerhalb kürzester Zeit nach dem Ukraine-Überfall jede Menge Artikel, Bücher und Reden, in denen vor allem amerikanische Politiker und Militärs orakelten, wann und wie die Volksbefreiungsarmee auf Taiwan einmarschieren werde. Besonders Mutige – oder muss man sagen Unverantwortliche – unter ihnen verbanden ihre Prognosen mit konkreten Jahreszahlen des potenziellen Einmarsches. Von denen – das sei nebenbei bemerkt – schon einige verstrichen sind.

Gleichzeitig setzte eine intensive Reisetätigkeit westlicher Politiker Richtung Taiwan ein. Vorbild war Nancy Pelosi, die im August 2022 als Vorsitzende des US-Repräsentantenhauses (und damit Nummer drei in der US-Hierarchie) zu einem viel beachteten Taiwan-Besuch aufbrach, drei Tage dort verbrachte und übrigens auch den TSMC-Chef Mark Liu traf, den Nachfolger von Morris Chang. Ihrem Beispiel folgten fast im Wochenrhythmus Politiker aus den USA und Europa, um ihre Solidarität mit dem demokratischen Taiwan, das aber als Staat nur von ganz wenigen Ländern anerkannt wird, zu demonstrieren. Meist wurden dabei Warnhinweise an Beijing gegeben, ja nicht in Taiwan einzumarschieren.

Aber hat das Chinas Führung unter Xi Jinping überhaupt vor? Dass die Volksrepublik die Insel als ihr Territorium betrachtet, haben auch Xis Vorgänger stets betont. Zudem steht es in der Verfassung der Volksrepublik. Xi mag die Rhetorik gegenüber Taiwan erhöht haben, aber wird er den Worten (militärische) Taten folgen lassen? Xi Jinping ist kein Hasardeur wie Wladimir Putin. Er weiß, welche schwerwiegenden Folgen ein Überfall auf Taiwan haben würde – für China und die Weltwirtschaft. Für China hätte es eine nahezu weltweite Ächtung zur Folge. Es würden gegen das Land Sanktionen verhängt werden, die viel gravierender sein würden als die gegen Russland. Das viel stärker in die Weltwirtschaft integrierte China würde enorme wirtschaftliche Einbußen erleiden.

Zudem würde ein Krieg um Taiwan kein lokaler oder regionaler Konflikt bleiben. Es bestände eine hohe Eskalationsgefahr. Denn in einen militärischen Konflikt um Taiwan werden auch die USA involviert sein. Nicht indirekt wie im Ukraine-Krieg, sondern direkt. US-Präsident Joe Biden hat sich dabei deutlicher als seine Vorgänger positioniert. »Ja, wir sind dazu verpflichtet«[7], sagte er in einem CNN-Interview im Oktober 2021 auf die Frage, ob die USA im Falle eines chinesischen Angriffs Taiwan zu Hilfe kommen würden. Zudem hat Japan, das massiv aufrüstet und das Aktionsfeld seiner Streitkräfte nicht mehr nur auf Selbstverteidigung beschränken will, anklingen lassen, Taiwan beizustehen.

Diese Folgen vor Augen stimmen viele Beobachter und Beteiligte optimistisch, dass es zu keiner kriegerischen Auseinandersetzung kommen werde. So sagte TSMC-Gründer Morris Chang in einem Interview mit *The New York Times*: »Die Wahrscheinlichkeit, dass China in Taiwan einmarschiert, halte ich für sehr, sehr gering.«[8] Der aktuelle TSMC-Chef Mark Liu denkt ähnlich. Er fügte in der CBS-Sendung *60 Minutes* noch ein weiteres Argument gegen die Kriegsthese an: »Die ganze Welt braucht die Hightech-Industrie Taiwans. Deshalb werden sie den Krieg in dieser Region nicht zulassen, weil er den Interessen aller Länder der Welt zuwiderläuft.«[9] Was er damit unausgesprochen meinte: Die Welt braucht seine Chips. Ohne Chips von TSMC würde binnen kurzer Zeit die Weltwirtschaft stillstehen. Ein nahezu unvorstellbares Horrorszenario.

Die Fabriken des Chipkonzerns sind der Schutzschild der Insel, das »Silicon Shield«. Diesen Begriff prägte der Technologie-Journalist Craig Addison mit seinem 2001 erschienen Buch *Silicon Shield: Taiwan's Protection Against Chinese Attack*. Weil niemand – keine USA, keine Volksrepublik – Interesse daran habe, dass die Produktionsstätten im Kriegsfalle von TSMC zerstört würden, würde es nicht zu diesem Worst Case kommen. Es gibt aber auch Kritiker dieser Schutzschild-These. Diese fragen insbesondere: Was, wenn Mainland China die Chips, die jetzt noch auf Taiwan hergestellt werden, selber produzieren kann? Davon ist es aber weit entfernt, auch wenn die Aufholjagd längst begonnen hat.

Die Aufholjagd der Festlandchinesen

Morris Chang, der Gründer von TSMC, kennt sich in der chinesischen Chipwelt aus – hüben wie drüben, also auch jenseits der Taiwan-Straße auf dem Festland. Schließlich hat TSMC vor dem Embargo jahrelang die Festlandchinesen beliefert. In einer Sendung des Deutschlandfunks vom Oktober 2022 wird Morris Chang zitiert: »Die Konkurrenz aus China liegt nach 20 Jahren und zig Milliarden US-Dollars an Subventionen immer noch fünf Jahre hinter TSMC zurück. China ist noch kein Gegner.«[10]

Chinas Chipindustrie – da hat Morris Chang recht – ist bislang keine Erfolgsgeschichte.

Chinas Führung hat relativ spät – man kann auch sagen: zu spät – erkannt, dass man bei Chips viel zu stark auf Importe angewiesen ist, weil man keine ausreichende Fertigung im eigenen Lande hat. Erst um das Jahr 2014 setzte sich diese Erkenntnis durch. Danach wurde in vielen Programmen dem Aufbau einer eigenen Chipindustrie hohe Priorität eingeräumt. So zum Beispiel im legendären »Made in China 2025«-Programm. Danach sollten im Jahr 2025 rund 70 Prozent der benötigten Chips aus eigenen Fabriken kommen. Dieses Ziel wird China weit verfehlen. Derzeit liegt der Anteil bei unter 20 Prozent. Nach wie vor muss China viel Geld für Importe von Chips ausgeben – und zwar über 300 Milliarden Dollar mehr als für Öl. Das zeigt, wie abhängig China bei Chips ist.

Dabei floss viel staatliches Geld in den Aufbau einer Chipindustrie. 2014 wurde von der Regierung der National Integrated Circuit Industry Investment Fund – auch »Big Fund« genannt – aufgelegt. 24 Milliarden Dollar Staatsgelder steckten da anfangs drin. Fünf Jahre später wurden nochmals 35 Milliarden Dollar nachgeschossen. Derzeit sind weitere 40 Milliarden Dollar als Unterstützung geplant. Auch viele Provinz- und Stadtregierungen versuchten, auf eigene Rechnung Chipfirmen zu gründen und zu etablieren. Mindestens 25 Milliarden Dollar steckten chinesische Kommunen in lokale Projekte und versenkten dabei viel Geld. Abschreckendes Beispiel: Wuhan Hongxin Semiconductor Manufacturing Co (HSMC).

Das Unternehmen ist 2017 mit viel Geld (angeblich knapp 19 Milliarden Dollar) und Ambitionen (Produktion von 7-Nanometer-Chips) gestartet. Es warb nach Angaben der japanischen Zeitschrift *Nikkei Weekly* rund 100 Ingenieure und Manager von TSMC ab. Doch 2020 war das Geld, dessen Herkunft nie so ganz klar war, alle. Das Unternehmen musste in die Insolvenz. Ein schwerer Imageschaden für die chinesische Chipindustrie.

Deren einziges Vorzeigeunternehmen ist – neben YMTC in Wuhan – die in Shanghai ansässige Semiconductor Manufacturing International Corporation (SMIC). Ähnlichkeiten mit TSMC auf Taiwan sind nicht zufällig, sondern waren von Anfang an geplant. Und zwar von einem gewissen Richard Chang. Er hat viele Gemeinsamkeiten mit TSMC-Gründer Morris Chang. Nicht nur den Nachnamen. Auch er wurde einst auf dem Festland geboren, kam mit seinen Eltern bei deren Flucht 1949 als Baby nach Taiwan, studierte in den USA und landete danach bei Texas Instruments. Für den US-Konzern leitete er Chipfabriken in aller Welt – von Japan bis Italien. Er wusste also, wie man Chipfabriken baut und führt. Anders als Morris Chang, der lieber Taiwan sein Know-how zur Verfügung stellte, war Richard Chang bereit, dies für sein Mutterland zu tun. Im Jahr 2000 überzeugte er die zentrale Regierung in Beijing und die Stadtregierung in Shanghai, ihm Geld und Land für eine Chipfirma zu geben, die er Semiconductor Manufacturing International Corporation (SMIC) nannte. Außerdem ließ er seine Verbindungen spielen, holte internationale Investoren (Goldman Sachs, Motorola und Toshiba) mit ins Boot und warb von TSMC rund 400 Manager ab. Sein Plan war, TSMC zu kopieren – mehr oder weniger eins zu eins.

Nach über 20 Jahren ist SMIC immer noch hinter TSMC. Zwar soll das Unternehmen schon 7-Nanometer-Chips herstellen können, jedoch noch nicht in ausreichender Stückzahl. Aber die Aufholjagd dürfte schwieriger werden, denn SMIC ist vom Embargo der Amerikaner betroffen und kann deshalb künftig keine Produktionsmaschinen aus dem Ausland kaufen. Vor allem nicht von einer außerhalb von Fachkreisen nahezu unbekannten Firma – und die sitzt mitten in Europa, in der niederländischen Provinz Noord-Brabant.

Europas unbekannte Juwelen

Am 1. Mai 1984 fing Frits van Hout bei einer kleinen Firma im niederländischen Eindhoven an. Der Philips-Konzern hatte ihn und rund 50 weitere Mitarbeiter dorthin quasi abgeschoben. Die meisten fingen nur widerwillig dort an, einige rechneten mit einem baldigen Ende des Unternehmens. »Wir lebten am Rande des Konkurses, wie so viele Start-ups«[11], erinnert sich van Hout. Es kam anders, sehr viel anders. Für ihn persönlich, aber auch für das gesamte Unternehmen.

Als Frits van Hout am 29. April 2021 bei diesem Unternehmen altershalber aufhörte, hatte er es zum Chief Strategy Officer gebracht und nebenbei noch zum Multimillionär. Die kleine Bude von einst hatte sich in den fast 40 Jahren seiner Mitarbeit zu einem der wertvollsten Konzerne Europas entwickelt. Und trotzdem kennt auch heute noch fast niemand dieses Unternehmen, das abgekürzt ASML heißt. Die vier Buchstaben stehen für Advanced Semiconductor Materials Lithography. Auch ausgeschrieben klingt das Unternehmen erklärungsbedürftig. Also machen wir es einfach und kurz: ASML produziert Maschinen für die Chipherstellung. Nicht irgendwelche, sondern die besten der Welt. Niemand – weder die USA, Japan oder Korea, geschweige denn China – kann das besser als das Unternehmen, das nach den Anfängen in Eindhoven ins benachbarte Veldhoven gezogen ist. Heute dominieren die Gebäude und Fabriken des Konzerns dieses 46 000-Einwohner-Städtchen. Es ist ein brutaler Gegensatz: Ein Hightech-Konzern mit einer großen Expat-Community mitten in der Provinz. Der Journalist Tijs van den Boomen hat darüber ein Buch geschrieben. Er vergleicht: »Mein Eindruck ist, dass ASML wie ein Ufo in Veldhoven gelandet ist.«[12].

Rund 40 000 Mitarbeiter hat ASML inzwischen. 2022 machte das Unternehmen bei 21,6 Milliarden Euro Umsatz 5,6 Milliarden Gewinn. Der Marktwert beträgt sagenhafte 260 Milliarden Euro. ASML ist sicher das innovativste europäische Unternehmen, das keiner kennt. Das findet auch in den USA neidlose Anerkennung: »Europa hat zwei Juwelen«, ließ Intel-Chef Pat Gelsinger verlauten, »der eine ist ASML, die fortschrittlichste Lithografie-Firma, und der andere ist

Imec, die fortschrittlichste Halbleiterforschung der Welt.«[13] Deshalb ein kurzer Abstecher über die niederländisch-belgische Grenze ins nahe Leuven (deutsch: Löwen). An der dortigen Uni – der ältesten Belgiens – ist seit 1983 das Interuniversity Microelectronics Centre (Imec) angesiedelt. Hier forschen inzwischen rund 4 000 Personen an der neuesten Generation von Chips, die schon unter der 1-Nanometer-Grenze liegen. Leuven und Veldhoven liegen knapp 80 Kilometer auseinander. Da ist es doch naheliegend, dass diese beiden europäischen Vorzeigeunternehmen zusammenarbeiten, was sie bislang auch tun und Anfang August 2023 in einem *Memorandum of Understanding* (MoU) bestätigten. Imec und ASML könnten der Nukleus eines europäischen Chip-Clusters sein.

ASML stellt die komplexesten und entsprechend auch teuersten Maschinen der Welt her. Drei Jumbos und 200 Lastwagen werden benötigt, um nur eine dieser Maschinen, die im Schnitt 180 Tonnen wiegen, zum Kunden zu transportieren. Der Stückpreis liegt zwischen 100 und 350 Millionen Euro. Zur Installation fliegt ein Heer von Technikern und Ingenieuren mit – allerdings nicht mehr nach China. Denn die US-Regierung versucht wie gesagt alles, um Lieferungen von ASML-Maschinen an die Chinesen zu unterbinden. Es wird massiver Druck von Washington auf ASML und auch die niederländische Regierung ausgeübt.

Ein erster Erfolg aus amerikanischer Sicht ist bereits unter der Trump-Regierung gelungen. Sogenannte Extreme Ultra-Violet (EUV) Lithographie-Maschinen liefert ASML nicht nach China, weil die niederländische Regierung auf Druck der USA dafür keine Exportlizenzen mehr vergibt. Mit ihnen können die Chips der Stärke 3 und 5 Nanometer hergestellt werden, was bislang nur TSMC und Samsung gelungen ist. Die Chinesen sind davon aber noch entfernt, so dass sie dieses Embargo derzeit nicht allzu sehr trifft. Deshalb zündeten die USA die nächste Eskalationsstufe, indem sie die Niederländer zwingen wollten, auch den Export von sogenannten Deep Ultra-Violet (DUV) Lithographie-Maschinen zu verbieten. Diese sind eine Qualitätsstufe unterhalb der EUV-Maschinen. Mit DUV-Maschinen können Chips bis zur 7-Nanometer-Kategorie produziert werden. Und in dieser sind die chinesischen Hersteller schon fast unterwegs. Ein Embargo träfe demzufolge – so das Kalkül der Amerikaner – Chinas entstehende Chipindustrie empfindlich.

Um dieses Embargo durchzusetzen, sind die USA sehr strategisch vorgegangen. Auf allerhöchster Ebene – sprich: zwischen den Regierungschefs – wurde das Thema immer wieder angesprochen. Zudem reisten mehrere US-Delegationen in die Niederlande, um Druck auf das Unternehmen in Veldhoven, aber auch auf die Regierung in Den Haag auszuüben. Anfangs versuchte die Regierung unter dem damaligen Ministerpräsidenten Mark Rutte dem Druck aus Washington zumindest etwas standzuhalten. Aber Rutte konnte diese Haltung nicht durchhalten. Womit Washington drohte, wurde nicht bekannt, aber man kann es ahnen: ASML ist auf einige Vorprodukte angewiesen, die es nur aus den USA beziehen kann. Das Ergebnis der vielen Gespräche: Seit dem 1. September 2023 liefert ASML auch keine DUV-Maschinen mehr nach China.

Zwar hat ASML bei den DUVs – im Gegensatz zu den EUVs – kein globales Monopol. Es gibt noch zwei Mitwettbewerber. Sie heißen Canon und Nikon, beide sitzen in Japan. Aber auch diese wurden schon von den Amerikanern erfolgreich bearbeitet. Ergebnis: Auch Canon und Nikon liefern nun keine Maschinen mehr nach China. Die Aktion zeigt, wie weit der Arm der amerikanischen Administration reicht, aber auch, wie konsequent die USA ihren Tech-Krieg gegen China führen.

Aber ist er bislang an der Chipfront erfolgreich? Da setzen selbst Amerikaner ein Fragezeichen. So sagt Paul Triolo vom Beratungsunternehmen Albright Stonebridge Group: »Die US-Beschränkungen haben die Chinesen massiv dazu angeregt, in ihre inländischen Fähigkeiten zu investieren.«[14] In China erzeugte das Vorgehen der USA eine Trotzreaktion. Die Chinesen investierten noch mehr und forschten noch intensiver. So holt China in der Chipproduktion auf und ist inzwischen fast beim 7-Nanometer-Niveau angelangt (siehe hierzu Kapitel 4 unter »Kein Anschluss für Huawei«). Wissenschaftler an der Tsinghua-Uni vermelden gar die Herstellung eines revolutionären Chips zum Einsatz in der KI. Und auch bei der Herstellung von Maschinen bekommt ASML zunehmend Konkurrenz aus China. Shanghai Micro Electronics Equipment (SMEE) soll schon sehr weit bei der Entwicklung und Produktion von DUV-Maschinen sein.

Für ASML bedeutet das von den Amerikanern erzwungene China-Exportverbot zwar mittelfristig einen Umsatzverlust, nachdem 2023 das Geschäft noch boomte, weil sich chinesische Chiphersteller noch vor dem Embargo schnell mit Maschinen eindeckten. Aber der niederländische Konzern wird es verkraften können, werden doch gerade überall auf der Welt neue Chipfabriken, die wiederum neue Maschinen brauchen, hochgezogen – auf Taiwan, in Japan, Korea, in Indien, den USA und natürlich auch in Europa.

Europa: Kein Chip, Chip, hurra

Inzwischen halten auch die EU-Kommissionspräsidenten einmal im Jahr eine Rede zur Lage der Union. Die US-Präsidenten machen das schon seit 1790, die EU-Chefs erst seit 2010. Darin erläutern sie die Prioritäten ihrer Politik. Am 15. September 2021 sprach Ursula von der Leyen vor dem Europäischen Parlament in Straßburg. Relativ früh kam sie auf ein Thema zu sprechen, das für sie und ihre Kollegen sehr wichtig ist: »Erlauben Sie mir, mich auf Halbleiter zu konzentrieren, diese winzigen Chips, die dafür sorgen, dass alles funktioniert: von Smartphones und Elektrorollern bis hin zu Zügen oder ganzen intelligenten Fabriken.«[15] Sie konstatiert, dass Europa bei der Produktion von Chips in den vergangenen Jahren zurückgefallen und dadurch in neue Abhängigkeiten geraten ist: »Wir sind auf modernste Chips aus Asien angewiesen.«

Schon aus Gründen der technologischen Souveränität müsse sich das ändern – und sie kündigte deshalb einen »European Chips Act« an.

Dieser wurde fast fünf Monate später – am 8. Februar 2022 – präsentiert. Zwei Zahlen aus diesem Papier sind zentral. Erstens: Europa will seinen Marktanteil an der globalen Chipproduktion von derzeit 10 auf 20 Prozent bis zum Ende des Jahrzehnts erhöhen. (Zum Vergleich: Anfang der 1990er Jahre waren es mal 44 Prozent.) Und zweitens: Zur Erreichung dieses Ziels werden 43 Milliarden Euro zur Verfügung gestellt.

Schon einmal hatte die EU ähnlich große Pläne. Im Mai 2013 stellte die damalige Kommissions-Vizepräsidentin Neelie Kroes eine neue europäische Industriestrategie für die Elektronik vor. Mit vielen Euros – es war die Rede von 100 Milliarden Euro privatem und öffentlichem Geld – sollte der Marktanteil bei Chips von 10 auf 20 Prozent im Jahr 2020 gesteigert werden. Die Analyse von Neelie Kroes war damals so richtig wie heute: »Andere investieren aggressiv in Computerchips, und Europa darf nicht zurückbleiben. Wir müssen unsere bestehenden Stärken stärken, vernetzen und neue Stärken entwickeln.«[16] Kroes schwebte die Bildung eines »Airbus of Chips« vor. Analog zu dem europäischen Konsortium aus vier Luftfahrtunternehmen, das den Airbus baut, sollte ein Zusammenschluss von Firmen und Instituten einen europäischen Chip produzieren.

Infrage für ein solches Chipkonsortium kämen die drei führenden europäischen Chipfirmen STMicroelectronics (Frankreich/Italien), Infineon (Deutschland) und NXP (Niederlande), plus ASML sowie die Forschungsinstitute Imec, Fraunhofer (Deutschland) und Leti (Frankreich). Eine European Leaders Group (ELG) wurde eingesetzt mit den Chefs aller eben genannten Firmen und Institute. Sie lieferten im Februar 2014 eine 24-seitige Strategic Roadmap ab. Doch die Roadmap führte ins Nirwana oder freundlicher ausgedrückt: in eine Sackgasse. Es passierte nicht viel. Weder hob ein »Airbus of Chips« ab noch wurde der Marktanteil bis 2020 gesteigert.

Europa stand also 2020 genau da, wo es auch 2013 stand: bei gerade mal 10 Prozent Marktanteil bei Chips. Nun also auf ein Neues: Wieder heißt das Ziel 20 Prozent Marktanteil. Aber warum soll es diesmal klappen? Weil sich die geopolitische Lage verändert hat und die Verringerung von Abhängigkeiten zu einem Mantra der Politik geworden ist. Und weil nach der Chipknappheit Anfang der 2020er Jahre vielen bewusst geworden ist, wie wichtig Chips für viele Branchen geworden sind. So sind Chipfabriken im eigenen Lande weltweit zu Prestigeobjekten geworden. Deshalb hat zwischen den Staaten ein Subventionswettlauf begonnen, an dem sich selbstverständlich auch die USA beteiligen.

USA: Chips Act und andere Aktionen

Es war ein strahlender Sommertag, als sich am 9. August 2022 Joe Biden mit Sonnenbrille an einem kleinen Tisch auf dem Südrasen des Weißen Hauses niederließ und ein Dokument unterzeichnete, das folgenden Titel trug: CHIPS and Science Act. CHIPS steht in diesem Fall für *Creating Helpful Incentives to Produce Semiconductors*. Die hilfreichen Anreize bestehen aus viel Geld, nämlich exakt 52,7 Milliarden Dollar. Rund 35 Milliarden sollen für den Bau neuer Chipfabriken zur Verfügung gestellt werden, 17 Milliarden Dollar für die Forschung und Entwicklung von Chips. Um den sitzenden Biden herum standen unter anderem die CEOs der Chipkonzerne AMD, Intel und Micron und vernahmen mit freudigem Grinsen diese Botschaft. Biden bezeichnete das neue Gesetz als »ein Investment, das man einmal in einer Generation macht.« Und dann schickte er noch ein paar pathetische Worte hinterher: »Noch in 50, 75 oder 100 Jahren werden die Menschen auf diesen Moment zurückblicken.«[17]

Neben diesem glorifizierten »CHIPS Act« hat die Biden-Administration noch eine weitere Initiative gestartet, um Amerika zumindest teilweise wieder zu alter Stärke in der Chipindustrie zu verhelfen. So versucht Biden, die sogenannte »Chip 4 Alliance« zu etablieren, zusammen mit Japan, Südkorea und Taiwan. Auf dem Papier macht eine solche Allianz durchaus Sinn. Die vier Länder haben unterschiedliche Stärken in der Wertschöpfungskette und ergänzen sich deshalb. Die USA sind stark im Chipdesign, die Japaner bei den Chipmaschinen und Südkorea (Samsung) und Taiwan (TSMC) in der Produktion. Unsicherer Kantonist war lange Zeit Südkorea, das bei einer Teilnahme an der Allianz Repressalien durch

China fürchtete. Südkorea ist wirtschaftlich eng mit China verflochten und fährt deshalb auch einen etwas konzilianteren Kurs gegenüber China als Japan. Doch bei einem symbolträchtigen Gipfeltreffen in Camp David am 18. August 2023 lenkte Südkoreas Präsident Yoon Suk-yeol ein. In der gemeinsamen Erklärung »The Spirit of Camp David« heißt es zum Thema Chips: »Wir arbeiten jetzt trilateral bei der Resilienz unserer Lieferketten zusammen, insbesondere bei Halbleitern.«[18] Wie die Zusammenarbeit in praxi aussehen könnte, ist noch unklar.

Aber immerhin sind die ersten Investments koreanischer und taiwanesischer Firmen in den USA zu vermelden. Sowohl Samsung als auch TSMC ziehen derzeit in den USA Chipfabriken hoch. Samsung stellt im Norden der texanischen Stadt Austin für 17 Milliarden Dollar eine Fabrik hin, TSMC investiert rund 40 Milliarden Dollar in zwei Fabriken im Norden von Phoenix. Als dort Anfang Dezember 2022 die Baustelle eingeweiht wurde, flog Biden aus dem kalten Washington ins warme Phoenix, Hauptstadt des Bundesstaates Arizona. Vor einem Banner mit dem Slogan »A Future Made in America« hielt er eine Stegreifrede, zu deren Beginn er sich artig bei dem Bauherrn bedankte: »Danke TSMC, danke Morris Chang«, sagte Biden und schaute dem damals 92-jährigen Chang in die Augen. Dann wurde er grundsätzlich. Amerika hätte den Chip erfunden, stelle aber aktuell nur 10 Prozent der weltweiten Produktion her. Das wolle er ändern. Wer sagt denn, dass die USA in der Chipindustrie nicht wieder zur alten Blüte gelangen könnten, fragte sinngemäß Biden auf der provisorischen Bretterbühne in Phoenix.

MIT-Professor Yossi Sheffi sagt es nicht. Er ist skeptisch, ob dieses Heimholen der Chipindustrie gelingen kann: »Der Neuaufbau von Fertigungsketten in der Chipbranche ist eine Herkulesaufgabe.« Es reichen eben nicht nur warme Worte und viel Geld aus dem Staatssäckel. Man braucht die nötige Infra- und Zulieferstruktur – und man benötigt vor allem das passende Personal. Und daran hapert es offenbar in Arizona. Wenige Monate nach dem feierlichen Baubeginn beklagt sich TSMC-Chef Liu über Arbeitsmoral und Expertise der amerikanischen Beschäftigten auf der Baustelle und kündigte schon mal eine Verzögerung um ein Jahr an. Statt 2024 könne die Fabrik erst 2025 fertiggestellt werden. Sicherheitshalber hat er schon mal Visa für 500 taiwanesische Mitarbeiter beantragt.

Ähnliche Sorgen ums Personal hat sich Mark Liu auch schon im Vorfeld des Deutschland-Engagements von TSMC gemacht. Bei einem Investorentreffen Anfang Juni 2023 in Hsinchu sagte er, die Planungen zum Bau der Chipfabrik in Dresden könnten durch einen Mangel an Fach- und Arbeitskräften beeinträchtigt werden. In Silicon Saxony hält man das für Kassandrarufe.

Deutsche Milliardengeschenke

Frank Bösenberg ist Geschäftsführer von Silicon Saxony, einem Lobbyverein der Chipindustrie in Sachsen. Er jubilierte deshalb, als Anfang August 2023 bekanntgegeben wurde, dass TSMC (zusammen mit den drei europäischen Partnern Bosch, Siemens und NXP) eine Chipfabrik im Dresdner Airportpark hinstellen wird. Dieses Engagement von TSMC mache Sachsen »zu einem Leuchtturm auf der globalen Landkarte für die Fertigung von Halbleitern«[19], teilte Bösenberg überschwänglich mit. Keine Frage: Dresden mit seiner Tradition (hier war zu DDR-Zeiten das »Zentrum Mikroelektronik Dresden«), seinem Know-how (Fraunhofer und TU Dresden) und seiner Infrastruktur (viele Chipzulieferer) ist ein prädestinierter Standort in Deutschland.

Aber Leuchtturm, der alles andere überstrahlt? Nein, es ist allenfalls ein Leuchttürmchen, von denen gerade viele auf der Welt entstehen. Und zudem ein teuer erkauftes. Die Investitionssumme für die Dresdner Fabrik, die ab 2028 die Produktion aufnehmen wird, beträgt 10 Milliarden Euro. Der deutsche Staat wird – obwohl offiziell noch nicht bestätigt – die Hälfte beisteuern. Das ist verdammt viel Geld.

Schon deshalb klopfen sich die handelnden Personen kräftig auf die eigene Schulter. Bundeskanzler Olaf Scholz nach der TSMC-

Entscheidung für Dresden euphorisch: »Deutschland ist ein guter Wirtschaftsstandort, es wird hier mit modernster Technologie investiert.«[20] Das ist eine etwas kühne Behauptung. In der Dresdner TSMC-Fabrik werden jedenfalls nicht die neuesten Chips hergestellt. Im Gegensatz übrigens zu der TSMC-Fabrik in Phoenix. Dort sollen Chips in der Größenordnung von 3 Nanometern gefertigt werden, in Dresden dagegen Chips mit höchstens 12 Nanometern.

Aber über solche Kleinigkeiten wird großzügig hinweggesehen. Hauptsache, eine Chipfabrik auf deutschem Boden. Chips – das klingt nach Fortschritt und nach Zukunft. Damit kann man als Politiker punkten. Deshalb verkündigen sie gerne mit euphorischen Worten neue Ansiedlungen von Chipfabriken und tauchen ebenso gerne bei Spatenstichen auf. So reisten Scholz und Habeck Anfang Februar 2023 ins saarländische Ensdorf, als dort der US-Konzern Wolfspeed ankündigte, für 3 Milliarden Euro eine neue Chipfabrik zu bauen. Scholz: »Man kann ohne Übertreibung sagen: Mit dem Bau dieser Fabrik kehrt die industrielle Revolution nach Ensdorf zurück.«[21] Das klingt doch etwas übertrieben.

Weiteres Beispiel: Das 30-Milliarden-Euro-Investment des US-Chipkonzerns Intel in Magdeburg. Knapp ein Drittel, nämlich 9,9 Milliarden Euro, spendierte Berlin. Als am 19. Juni 2023 der Subventionsvertrag zwischen der Bundesregierung und Intel unterzeichnet wurde, ließ sich Bundeskanzler Olaf Scholz mit den Worten zitieren: »Mit dieser Investition schließen wir zur Weltspitze auf.«[22] Wie soll das gehen, wenn Intel selbst nicht (mehr) Weltspitze ist? Was sollen diese Milliarden bewirken, die übers Land verteilt werden?

Wehe, wenn jemand diese Fragen stellt. Wie zum Beispiel ifo-Chef Clemens Fuest oder Oliver Holtemöller, Vizepräsident des Leibniz-Instituts für Wirtschaftsforschung. Man kann, man muss diese Milliarden kritisch hinterfragen. Ist es – europäisch gedacht – wirklich sinnvoll, wenn die Deutschen an verschiedenen Orten so massiv Chipfabriken subventionieren und die Franzosen, die Italiener wie auch die Polen das Gleiche tun und die Konzerne aus den USA und Taiwan damit einladen, die europäischen Standorte gegeneinander auszuspielen? Wäre es nicht sinnvoller, eine europäisch konzertierte Aktion zu starten, auch unter Einbeziehung der europäischen Juwelen ASML und Imec? Sollte man nicht einen zweiten Gedanken an das Projekt eines Airbus für Chips verlieren?

Ja, aber wir verringern dadurch die Abhängigkeit, kommt als Antwort. Aber was nützt das, wenn wir unsere europäische Eigenproduktion von 10 auf 20 Prozent steigern? Es bleibt dann immer noch eine sehr hohe Abhängigkeit von 80 Prozent. Zumal noch eine weitere Abhängigkeit dazukommt, die bislang wenige auf dem Schirm haben. Bekommen die westlichen Chipfabriken die für die Produktion nötigen Rohstoffe? Denn China revanchiert sich gerade gegenüber dem Westen für das von den USA initiierte Exportverbot von Chips und Chipmaschinen mit einer restriktiven Ausfuhrpolitik für Rohstoffe wie Gallium und Germanium.

Kampf um die Rohstoffe

Entdeckt wurde Gallium 1875 von dem Franzosen Paul-Émile Lecoq de Boisbaudran, Germanium 1885 von dem Deutschen Clemens Winkler. Selbst vielen Chemikern dürften diese beiden Elemente nahezu unbekannt sein, kommen sie doch nur in kleinen Mengen vor. Und doch schafften es Gallium und Germanium im Sommer 2023 in die Schlagzeilen, denn sie sind in die Fänge der Weltpolitik geraten. Sie sind umstrittene Gegenstände im Großmachtkonflikt zwischen China und den USA im Allgemeinen und im Chipkrieg im Besonderen. »Die neuen Restriktionen stellen eine dramatische Ausweitung des Chip-Krieges zwischen den USA und China dar«[23], sagte Buch-Autor Chris Miller gegenüber der *Neuen Zürcher Zeitung* (*NZZ*).

Dieser Chipkrieg begann ja bekanntlich am 7. Oktober 2022 mit den Restriktionen der USA gegenüber China. Man war allseits gespannt, wie China darauf reagieren würde. Zunächst kam nur eine prompte Reaktion mit Worten, aber Taten folgten monatelang nicht. Bis zum 3. Juli 2023. Just am Vorabend des amerikanischen Unabhängigkeitstages ließ China die USA merken, wie abhängig sie bei gewissen Rohstoffen von China sind. Das Handelsministerium MOFCOM ordnete an, dass ab dem 1. August 2023 Exportkontrollen für Gallium und Germanium gelten. Die beiden Metalle werden vor allem bei der Produktion von Chips, Solarzellen, Satelliten und allerlei militärischem Gerät verwendet. China ist mit Abstand der größte Produzent von Gallium (86 Prozent der Weltproduktion) und Germanium (66 Prozent). Das US-Handelsministerium antwortete sofort: »Diese Maßnahmen unterstreichen die Notwendigkeit einer Diversifizierung der Lieferketten. Die Vereinigten Staaten werden mit unseren Verbündeten und Partnern zusammenarbeiten, um dieses Problem anzugehen und die Widerstandsfähigkeit kritischer Lieferketten zu stärken.«[24]

In ähnlichem Duktus forderte BDI-Hauptgeschäftsführer Wolfgang Niedermark »die Abhängigkeit (von China) bei kritischen Rohstoffen jetzt rasch zu reduzieren«[25]. Rasch? Wenn das so einfach wäre. »Die USA und ihre Verbündeten verfügen zwar über die Technologien, um die Rohstoffe aus China zu ersetzen. Das würde aber viel Zeit und Aufwand erfordern«, schreibt Jacob Gunter vom Mercator Institute for China Studies (Merics) in einer Analyse. Er erklärt darin: »Gallium wird neben begrenzt möglichen Recycling-Verfahren aus einem veredelten Begleitprodukt von Aluminium gewonnen; Germanium bei der Veredelung von Zink. China produziert mehr als die Hälfte des weltweiten Aluminiums und ein Drittel des weltweiten Zinks. Um die Gallium- und Germanium-Produktion anzukurbeln, wären große Mengen an Aluminium und Zink erforderlich. Das würde eine Reihe von Problemen nach sich ziehen – von Überkapazitäten bis zu negativen Folgen für die Umwelt.«[26]

Im Westen ist die Aufregung groß über diesen Schritt der Chinesen. Aber glaubten die Politiker in den USA und hierzulande ernsthaft, dass sich China die amerikanische Provokation mit den Chiprestriktionen einfach so gefallen lässt? Eher ist davon auszugehen, dass den Beschränkungen von Gallium und Germanium weitere folgen werden. Schon am 5. Juli deutete der ehemalige Vizehandelsminister Wei Jianguo in *China Daily* an, dass diese Exportkontrollen »erst der Anfang von Chinas Gegenmaßnahmen«[27] seien.

Eine chinesische Beschränkung der Exporte von gewissen Rohstoffen könnte gravierende Folgen für die Klimawandelpolitik der Bundespolitik haben. »Bei den Rohstoffen, die wir für die Energiewende benötigen und für die Digitalisierung, kommen wir zu wesentlich höherer Marktkonzentration als das, was wir beim Erdöl erlebt haben«[28], sagt Peter Buchholz, Leiter der Deutschen Rohstoffagentur (Dera). Das heißt: Wir sind von China abhängiger, als wir es je von der OPEC und Co. waren.

Im Moment sieht es nicht danach aus, dass dieses Spiel von Restriktionen und Gegenrestriktionen bald beendet sein wird. Buchholz sieht die Gefahr der Eskalation: »Das kann natürlich auch zu neuen Handelskonflikten führen, wie wir sie ja teilweise auch bereits sehen.«[29] Manche sprechen gar schon von Rohstoffkriegen.

Es scheint so, dass wir uns bereits in diesem Krieg befinden. Denn nach Germanium und Gallium beschränkt China seit dem 1. Dezember 2023 auch die Exporte von Graphit, das zwar nicht für die Chipherstellung, aber für die Produktion von Batterien für Elektroautos benötigt wird. Und inzwischen müssen auch die Exporte von Seltenen Erden – das sind wichtige Rohstoffe, die man für die Energiewende benötigt – im Handelsministerium gemeldet werden. Das sind noch keine Exportrestriktionen, aber erste Warnschüsse.

Der Kampf um Rohstoffe entwickelt sich zusehends zu einem Nebenkriegsschauplatz des Tech-Kriegs.

KAPITEL 4

DIGITALISIERUNG

Anschluss verpasst

»Stand jetzt ist die EU bei digitaler Infrastruktur kein Akteur, sondern reagiert nur auf die USA oder China. Das ist ein riesiger Nachteil.«

Nicolas Berggruen, Investor und Philanthrop

Es gibt verschiedene Tabellen, in denen die größten Internetkonzerne der Welt nach diversen Kriterien aufgelistet sind. Mal nach Umsatz, mal nach Marktwert. Aber egal, welche man sich ansieht, eines wird immer deutlich: Es sind dort nur amerikanische und chinesische Firmen platziert. Sie beherrschen eindeutig die Onlinewelt. Nur wenn man bei den Rankings weit nach unten scrollt, tauchen die ersten europäischen Namen auf: der Berliner Onlinehändler Zalando zum Beispiel oder auch Otto. Ja, der gute alte Otto-Konzern aus Hamburg hat sich – wie die wenigsten wissen – zu einem veritablen E-Commerce-Unternehmen gewandelt. Aber bei allem Respekt: Europa spielt weder im Onlinehandel noch bei anderen Internetdiensten eine Rolle. Moritz Schularick, Präsident des Kiel Institut für Weltwirtschaft (IfW) fragte auf einer Tagung im September 2023 in Berlin rhetorisch: »Wie oft haben wir versucht, eine europäische Suchmaschine oder eine Cloud zu etablieren?«[1]

Die Internetwelt wird eindeutig von Konzernen aus China und den USA beherrscht. Früher – als Google noch Google und Facebook noch Facebook hieß – sprach man von GAFA nach den Anfangsbuchstaben der vier amerikanischen Internetkonzerne Google, Apple, Facebook und Amazon. Das Pedant auf chinesischer Seite war BAT, worunter man die drei Onlinegiganten Baidu, Alibaba und Tencent subsumierte. Beide Akronyme haben sich inzwischen längst erweitert. Neue Unternehmen sind sowohl in China als auch den USA dazugekommen. Aber nicht geändert hat sich die Zweiteilung der Onlinewelt in eine amerikanische und die chinesische. Es existieren zwei Parallelwelten, die sich kaum überschneiden.

Amerikas Internetkonzerne haben keinen Zutritt zum chinesischen Markt, weil China schon früh die US-Giganten aus seinem Kosmos verbannt hat beziehungsweise diese es aufgrund von Managementfehlern nicht geschafft haben, in den chinesischen Kosmos einzudringen oder sich dort zu etablieren. Umgekehrt trauten sich Chinas Internetkonzerne – abgesehen von Alibaba – nur selten auf die westlichen Märkte, weil sie erstmal ihren riesigen Heimatmarkt beackern mussten und auch weil sie im Ausland von Politikern und teilweise den Kunden kritisch beäugt wurden.

Gleichwohl ist China eine Digitalmacht. China ist kreativ. Die Super-App WeChat ist zur globalen Benchmark geworden, an der sich auch Facebook-Gründer Mark Zuckerberg und der neue Twitter-Besitzer Elon Musk orientieren. China setzt Standards bei Fintech, E-Government und Smart Cities und ist in diesen Bereichen dem Westen teilweise einige Jahre voraus.

Dabei fing alles im Westen – genauer: in den USA – an.

Wie Amerika das Internet entdeckte

Das Internet ist – wie so vieles in den vergangenen Jahrzehnten – eine amerikanische Erfindung. Auslöser war der Sputnik-Schock 1957, der uns in diesem Buch noch öfter begegnen wird. Die USA mussten erkennen, dass sie mit der UdSSR nicht nur einen ideologischen, sondern auch einen technologischen Rivalen hatten. Sie reagierten, schufen neue Organisationen und stellten viel Geld zur Verfügung, um sich wieder technologisch an die Spitze zu setzen. Im Rahmen dieser Aufholjagd ist in den USA das Internet entwickelt worden.

Im Oktober 1969 wurden zum ersten Mal Computer über Telefonleitungen verbunden. Damals kam über das Arpanet eine erste Verbindung zwischen zwei Computern an der University of California und dem Stanford Research Institute zustande. Lange Zeit war diese neue Kommunikationsform ein Instrument für Wissenschaftler – bis 1989 der britische Informatiker Tim Berners-Lee das World Wide Web erfand. Seit dem 30. April 1993 konnte jeder das WWW nutzen, vorausgesetzt er hatte einen Computer und einen Internetanschluss.

Ein paar wenige weitsichtige und risikobereite Jungunternehmer in den USA erkannten das Potenzial, das dieses neue Kommunikationsinstrument bot. Sie gründeten erste Unternehmen. Viele scheiterten, einige überlebten und schufen Weltkonzerne. Jeff Bezos, damals gerade mal 30 Jahre alt, war einer von ihnen. Er hatte ein Informatikstudium in Princeton hinter sich und erste Berufserfahrung an der Wall Street gesammelt. Technik und Wirtschaft – eine gute Kombination. 1994 startete er mit Amazon. Der Name war Programm: Analog zu dem gigantischen brasilianischen Fluss wollte er einen globalen Warenstrom kreieren. Er fing mit dem Versand von Büchern an. Die weiteren Kapitel seiner Erfolgsstory sind bekannt: Das Produktportfolio wurde systematisch ausgeweitet. Heute ist Amazon mit einem Umsatz von über 500 Milliarden Dollar der größte Händler der Welt und fast überall vertreten. Auch in China, allerdings mit einem mickrigen Marktanteil von unter 1 Prozent.

Ein Jahr nach der Amazon-Gründung trafen sich an der Stanford Universität Sergey Brin und Larry Page. Sie erkannten, dass diese neue Onlinewelt ziemlich unübersichtlich war und die User eine Orientierung benötigten. Diese lieferten sie mit ihrer Suchmaschine, die erst BackRub hieß, aber ab 1998 dann Google. Genial wie die Idee war auch eine kurze Zeit später erfolgte Personalentscheidung der beiden Greenhorns: Sie engagierten 2001 mit Eric Schmidt einen erfahrenen Manager als CEO. Heute ist Google die omnipräsente Suchmaschine. Googeln ist das Synonym für Suchen im Internet – außer in China. Ein paar Jahre später trat dann Mark Zuckerberg auf die Bühne: Groß, schlank und milchgesichtig versuchte sich 2004 der damals 19-jährige Harvard-Student an einem sozialen Netzwerk namens Facebook. Er war ziemlich schnell erfolgreich, schmiss sein Studium der Informatik und Psychologie und ist heute einer der reichsten Unternehmer der Welt.

Amazon, Google (inzwischen Alphabet) und Facebook (inzwischen Meta) sind die erfolgreichsten Onlinekonzerne der Welt. Neben ihnen sind im Laufe der Jahre noch viele amerikanische Internetkonzerne entstanden: eBay (E-Commerce), Netflix (Streaming), PayPal (Bezahlung), Booking.com und Expedia (Reisen) und Uber (Mitfahrdienst), um nur ein paar zu nennen. Sie bieten alle ihre Dienste global an – aber nicht in China. Dort haben sich hinter der Firewall jede Menge chinesische Nachahmer gebildet, die oft besser sind als das amerikanische Original.

Doch vorher musste erstmal das Internet nach China gebracht werden – und dabei spielte ein Deutscher eine zentrale Rolle.

Ein Deutscher brachte das Internet nach China

Wenn sich jedes Jahr – die Corona-Zeit mal ausgenommen – im November in Wuzhen, das zwischen Hangzhou und Suzhou liegt, führende Köpfe der chinesischen (und globalen) Internetwelt zur World Internet Conference zusammenfinden, ist stets auch ein grauhaariger Mann aus Deutschland mit dabei. Er tuschelt dann mit Alibaba-Gründer Jack Ma – und viele Chinesen fragen sich: Wer ist dieser sportliche ältere Herr, der dort das Ohr des legendären Jack Ma und anderer chinesischer Internetgrößen findet? Der Mann heißt Werner Zorn. Man kann ihn ohne große Übertreibung als den Mann bezeichnen, der das Internet nach China brachte.

Ein Deutscher als Wegbereiter Chinas in die große weite Onlinewelt – eine irre Story, die hierzulande kaum einer kennt. Deshalb sei sie hier erzählt: Zorn studierte in den 1960er Jahren an der TH Karlsruhe. Altmodisch hieß sein Fach damals Nachrichtentechnik. Er war danach wissenschaftlicher Mitarbeiter am Institut des legendären Informatikers Professor Karl Steinbuch, ehe er im Dezember 1979 selbst Professor für Informatik in Karlsruhe wurde. Schon früh kam Zorn mit China in Kontakt. 1983 bereits war er bei einem Symposium in Beijing einer der Referenten, und es entstand eine Beziehung zu diversen chinesischen Forschern. Ein Jahr später kam die erste E-Mail-Verbindung zwischen Karlsruhe und den USA zustande. Zorn und seine Leute sagten sich: Warum nicht selbiges mit China versuchen?

Die Chinesen zeigten großes Interesse. Groß waren freilich auch die Herausforderungen. Allein die Kommunikation war schwierig: horrende Telefongebühren, Kontakte fast nur mit Telex. So dauerte es einige Jahre der Vorbereitung, bis sich Zorn und sein Team im September 1987 auf den Weg nach China machten, um Chinas erste E-Mail-Verbindung herzustellen. Vor Ort gab es noch jede Menge Probleme. Tag und Nacht wurde gearbeitet. Zorn erinnert sich noch an die letzte Nacht, den 14. September: »Wir hatten alles am Laufen – außer der Verbindung zur chinesischen Telekom.«[2] Frustriert reiste die Gruppe ab Richtung Hongkong. In Beijing versuchten aber die Verbliebenen weiter, die Mail abzusetzen.

Dann, am 20. September, klappte es – um 23.55 Uhr wurde die allererste E-Mail aus China versandt. Der Inhalt war kurz und sowohl auf Englisch als auch auf Deutsch formuliert: »Across the Great Wall we can reach every corner in the world« und »Über die große Mauer erreichen wir alle Ecken der Welt«[3]. Die Nachricht über die geglückte Mission erreichte Zorn und sein Team in Macao: »Wir konnten uns nur aus der Ferne freuen.« Drei Jahre später meldete Zorn im Auftrag der chinesischen Behörden auch die Domain .cn zur Registrierung.

Zorn kann also als der Pionier des chinesischen Internets tituliert werden. Entsprechend wird er in China geehrt und verehrt.

Er war der früheste Wegbereiter für Chinas Internetgiganten Baidu, Alibaba und Tencent.

China – BAT und mehr

Es war kurz vor der Jahrtausendwende, als die Kommerzialisierung des Internets mit etwas Verspätung auch China erreichte. Einige Visionäre gründeten die ersten Unternehmen in der noch jungen

Branche. Pony Ma startete 1998 in Shenzhen das Unternehmen Tencent. Jack Ma gründete im Februar 1999 in seinem Apartment in Hangzhou mit 18 seiner Freunde Alibaba. Und kurze Zeit später, im Jahr 2000, legte Robin Li in Beijing mit Baidu los. Sie waren die Pioniere des chinesischen Internets. Ihre drei Unternehmen Baidu, Alibaba und Tencent waren dabei zu Beginn in unterschiedlichen Bereichen unterwegs. Baidu war die Suchmaschine, Alibaba begann im E-Commerce und Tencent mit Onlinespielen und Messengerdiensten. Zusammen bildeten sie das BAT-Trio, das auch heute noch das Aushängeschild der chinesischen Internetszene ist.

Hilfreich beim Aufstieg dieser Giganten war natürlich die sogenannte chinesische Firewall, die die chinesischen Sicherheitsbehörden schon 2003 errichteten und mit der die unliebsame ausländische Konkurrenz vom chinesischen Markt ferngehalten wurde. Es gab aber anfangs ein eBay, ein Google, ein Yahoo, ein Uber in China, und es gibt heute noch ein Amazon in China. Aber Amazon ist in China gescheitert, weil sie ihr amerikanisches Geschäftsmodell nahezu eins zu eins auf China übertragen hatten und/oder weil die chinesische Konkurrenz schlicht besser war.

Bestes Beispiel ist der chinesische E-Commerce-Markt. Was dort passiert, ist Benchmark für den Rest der Welt. So schreibt die Investmentbank J. P. Morgan in ihrem »Global E-Commerce Trends Report«: »China gibt den Takt für E-Commerce-Trends vor und ist anderen Nationen um Jahre voraus und hat ein hohes Innovationsniveau.«[4] Viele Innovationen im E-Commerce-Bereich kommen aus China: das Verknüpfen von Online und Offline, das Live-Streaming und die Logistik.

Grund für dieses permanente Innovieren im chinesischen Onlinehandel ist der knallharte Wettbewerb, der in diesem Sektor in China herrscht. Der einstige Platzhirsch Alibaba muss sich in seinem Revier längst mit hartnäckiger Konkurrenz herumschlagen. Erst war es JD.com, später kam Pinduoduo hinzu, um die beiden wichtigsten Herausforderer von Alibaba zu nennen.

Inzwischen sind neben den drei BAT-Giganten viele andere Onlineunternehmen entstanden. Es ist fast eine spiegelbildliche Welt zu der in den USA: Didi ist der chinesische Uber, Ctrip das chinesische Expedia (oder booking.com), Meituan das chinesische Deliveroo, WeChat das chinesische Facebook und so weiter und so fort. Lulu Yilun Chen, Autorin des Buches *The Story of Tencent & China's Tech Ambition,* kennt beide Welten – die amerikanische und die chinesische – und sieht einen Vorteil für die Onlineunternehmen aus ihrem Heimatland: »In puncto Komfort und Design sind die Dienste oft besser.«[5]

Viele westliche Konsumenten können das nicht beurteilen, weil diese chinesischen Onlinedienstleister (fast) gar nicht im Ausland anbieten. Denn sie tun sich schwer mit der Internationalisierung, weil ihnen häufig – im westlichen Ausland zumindest – böse Absichten unterstellt werden. Sie würden ihre Kunden ausspionieren, die Daten seien nicht sicher und landeten irgendwann bei den Behörden. Vor Chinas Haustüre in Südostasien sind die Kunden weniger ängstlich, deshalb sind die chinesischen Onlineunternehmen dort gut vertreten. Das gilt auch für den afrikanischen Kontinent. Aber in Indien wird es schon schwierig. Dort tun sie sich schwer, denn dort sind sie Opfer der Rivalität zwischen den beiden asiatischen Großmächten.

Noch schwieriger ist es für Chinas Internetkonzerne im kritischen Westen. Aber wenn es ihnen mal gelingen sollte, dort erfolgreich zu sein, werden sie sofort von der hohen Politik attackiert oder gar verbannt – vor allem in den USA. Siehe TikTok, siehe Shein.

Die Taktik gegen TikTok und Shein-Gefechte

Das Videoportal TikTok ist weltweit eine der erfolgreichsten Apps der vergangenen Jahre. Diese App hat über eine Milliarde User. Vor allem unter jungen Menschen ist sie populär. Doch stets begleiteten die Erfolgsmeldungen auch kritische Berichte über Missbrauch von Daten und über mögliche Überwachung. TikTok gehört dem chinesischen Onlinekonzern ByteDance, und chinesische Unternehmen sind im Westen – vor allem in den USA – nun mal per se suspekt. Also werfen Politiker aus den USA schon seit längerem ein waches

Auge auf die vermeintliche Späh-App. Das fing bereits unter Präsident Trump an. Er verfügte im August 2020 eine sogenannte Executive Order, wonach ByteDance seine Tochter TikTok innerhalb von 90 Tagen verkaufen müsse, am liebsten natürlich an ein amerikanisches Unternehmen. Es gab wohl auch Gespräche mit Microsoft, Oracle und Walmart, aber sie alle führten zu keinem Ergebnis. Als schließlich auch US-Gerichte Trumps Anordnung kassierten, gab es zunächst Entwarnung für TikTok.

Man hoffte im chinesischen Konzern, dass Nachfolger Biden etwas milder sein werde. Aber das täuschte. Demokraten wie Republikaner sind sich einig in ihrem Vorgehen gegen TikTok. Insbesondere Senator Marco Rubio (Republikaner) ist der Wortführer der überparteilichen Anti-TikTok-Fraktion. Mitte Dezember 2022 brachte Rubio den sogenannten »Anti-Social CCP Act« ein, um TikTok vom US-Markt zu verbannen. Rubios Statement: »Die Regierung hat noch keine einzige sinnvolle Maßnahme ergriffen, um amerikanische Benutzer vor der Bedrohung durch TikTok zu schützen. Hier geht es nicht um kreative Videos, sondern um eine App, die täglich Daten von zig Millionen amerikanischen Kindern und Erwachsenen sammelt. Wir wissen, dass es dazu genutzt wird, Feeds zu manipulieren und Wahlen zu beeinflussen.«[6]

Unterstützung bekommen die Abgeordneten von FBI-Chef Christopher Wray. Er sagte in einem Congress-Hearing: »Wir haben seitens des FBI Bedenken hinsichtlich der nationalen Sicherheit in Bezug auf TikTok.«[7] Viele US-Bundesstaaten – darunter Alabama, Texas und Utah – haben schon gehandelt und TikTok zumindest von den Diensthandys ihrer Beschäftigten verbannt. Auch der Senat erlaubt seinen Mitarbeitern kein TikTok auf ihren Diensthandys. Derzeit berät der Congress, und es ist etwas ruhiger um TikTok geworden, aber ein Verbot oder zumindest ein Verkauf des US-Geschäfts von TikTok steht weiter im Raum.

Auch die EU-Institutionen verbieten ihren Beschäftigten das Nutzen von TikTok auf ihren Diensthandys. Zudem hat die Brüsseler Kommission eine Untersuchung gegen das Unternehmen wegen mangelndem Schutz von Minderjährigen eingeleitet.

Neben TikTok haben die Politiker ein neues Opfer aus dem digitalen China entdeckt: Shein (gesprochen She-in). Shein bietet Mode zu unschlagbar günstigen Preisen an, und zwar nur online. Es gibt keine Läden – außer ein paar Pop-up-Stores. Das spart Kosten. Täglich werden im Schnitt 2 000 neue Klamotten ins Netz gestellt. Shein ist eine gigantische Produktions- und Vertriebsmaschine. Designt und produziert wird an verschiedenen Standorten in China, verkauft wird in fast allen Ländern der Welt (darunter auch in Deutschland), aber überraschenderweise nicht in China. Der Umsatz soll 2022 rund 30 Milliarden Dollar betragen haben. Shein hat eine gigantische Zahl von Followern auf den Teenie-Apps TikTok und Instagram.

Der Kopf hinter Shein ist ein gewisser Chris Xu (chinesisch: Xu Yangtian). Im Oktober 2008 gründete er einen ersten Onlineshop, der Brautkleider verkaufte. 2014 startete er mit Shein durch, erst mit Damenmode, später auch mit Bekleidung für Männer und Kinder sowie Accessoires. Das US-Magazin *Forbes* schreibt, er sei in den USA geboren und habe an der Washington University studiert. Chinesische Quellen behaupten hingegen, er sei in der Provinz Shandong geboren und habe an der Qingdao University of Science and Technology studiert. Man könnte ihn fragen, aber er gibt keine Interviews. Der Mann ist ein Phantom, von dem lediglich vier Fotos existieren. Eine Aura des Mysteriösen umgibt ihn und das Unternehmen.

Weil Shein gerade in den USA extrem erfolgreich ist, ist es dort unter Beschuss geraten. Aber nicht, weil es erfolgreich ist und den Platzhirsch Amazon attackiert, sondern weil es – siehe oben TikTok – angeblich seine Kunden ausspäht. Und weil dieses Argument etwas schwach ist (Welchen geheimdienstlichen Wert haben Einkaufslisten von Teenies?), wird das Sündenregister von Shein ausgeweitet: Verkauf von Produkten, die in Zwangsarbeit hergestellt wurden, Verwendung von Baumwolle aus der geächteten Uiguren-Provinz Xinjiang und Zollvergehen. Eine Gruppe »Shut Down Shein« hat sich bereits gebildet. Ihr Anti-Shein-Slogan: »Die größte nationale Sicherheitsbedrohung, von der Sie noch nie gehört haben.«[8] Zudem steht Shein auch als Fast-Fashion-Produzent in der Kritik.

Kaum wurde Shein als Feind enttarnt, kommt schon der nächste um die Ecke. Sein Name: Temu. Dahinter steckt der sehr erfolgreiche chinesische E-Commerce-Konzern Pinduoduo, der 2015 von dem ehemaligen Google-Manager Colin Huang gegründet wurde. Temu kopiert das Modell Shein, hat von dort auch einige Leute abgeworben und wildert bei den Shein-Fabriken. Dachte man, dass Shein preislich nicht mehr zu unterbieten sei, so beweist Temu nun das Gegenteil. In den USA ist Temu im August 2022 gestartet und ist inzwischen eine der meist geclickten Apps. Und schon greifen die üblichen Reflexe. Aus dem Congress meldet sich das House Select Committee on the Chinese Communist Party (das 2022 etabliert wurde, um die Aktivitäten der KP Chinas in den USA zu beobachten) und verkündet, dass Temu möglicherweise Produkte aus Zwangsarbeit verkaufe.

Wenn Chinas Digitalunternehmen in den USA erfolgreich sind, kommen immer wieder die gleichen Killerargumente: Zwangsarbeit und Ausspähung. Wegen Letzterem ist auch die chinesische Super-App WeChat immer wieder mal ins Visier der verbotsgeneigten US-Politiker geraten.

Auch Amerikas Hightech-Manager schauen sich WeChat genau an – aber aus anderen Gründen als die Politiker.

WeChat – Vorbild für Facebook und Co.

Elon Musk, der zwischen Genialität und Wahnsinn oszillierende Unternehmer aus den USA, ist oft in China. Klar, er hat in Shanghai seine Giga-Fabrik, die jeden Monat Tausende von Teslas produziert. Er trifft sich auch gerne mit chinesischen Politikern, bei denen er sich einschmeichelt. Aber er interessiert sich auch für die Onlinewelt in China. Da ist ihm natürlich nicht entgangen, welche App fast alle Chinesen auf ihrem Handy stundenlang nutzen – WeChat. Inzwischen hat Musk für 44 Milliarden Dollar Twitter gekauft und dem Kurznachrichtendienst mit X ein neues Logo verpasst. Jetzt will er ihn auch strategisch und inhaltlich neu ausrichten und sich dabei an WeChat orientieren. Schon im Juni 2022 sagte er zu Twitter-Mitarbeitern: »In China lebt man im Wesentlichen auf WeChat, weil es so praktisch und hilfreich für das tägliche Leben ist, und ich denke, wenn wir das erreichen oder bei Twitter auch nur annähernd daran herankommen, wäre das ein riesiger Erfolg.«[9]

Musk ist nicht der einzige westliche Tech-Unternehmer, der von WeChat schwärmt und es zum Vorbild nimmt. Facebook-Gründer Mark Zuckerberg, der früher häufiger in China war und sogar Chinesisch lernte, versucht WeChat zumindest partiell zu kopieren. Microsoft wollte ebenfalls eine Super-App kreieren und schaute sich deshalb WeChat sehr intensiv an.

Verrückte Welt: Die US-Giganten müssen nun die Chinesen kopieren. Früher war das doch umgekehrt. Wie ist es dazu gekommen? Warum wurde WeChat zum Vorbild?

Eines späten Abends gegen Jahresende 2010 sandte ein gewisser Zhang Xiaolong, Gründer eines von Tencent gekauften E-Mail-Startups in Guangzhou, eine Mail an Tencent-Gründer Pony Ma. Darin fragte er, ob er nicht ein soziales Netzwerk speziell für Smartphones entwickeln dürfe. Ma, der häufig nicht vor vier Uhr ins Bett geht, antwortete prompt und gab Zhang sein Okay. Allerdings mag Ma Teams. Er lässt sie – das hat er sich von Microsoft abgeschaut – um die besten Ideen wetteifern. Deshalb ließ er gegen Zhangs Team aus Guangzhou noch ein zweites im Headquarter in Shenzhen antreten.

Sieger wurde Anfang 2011 die zehnköpfige Guangzhou-Truppe um Zhang Xiaolong (außerhalb Chinas als Allen Zhang bekannt). Er wird in der Szene als »Vater von WeChat« verehrt. WeChat startete im Januar 2011. Es war just der richtige Zeitpunkt. Denn zu der Zeit fing auch in China der Boom mit Smartphones an. Die beiden – WeChat und Smartphones – pushten sich gegenseitig. Heute gibt es in China über 1,3 Milliarden Smartphone-Besitzer, die gleichzeitig auch WeChat-User sind. WeChat – auf Chinesisch heißt der Dienst übrigens *weixin* (Mikronachricht) – ist omnipräsent. Ob jung oder alt, ob in der Stadt oder auf dem Lande, ob arm oder reich, China nutzt *weixin*.

Anfangs war es »nur« ein soziales Medium, auf dem die User Nachrichten, Bilder und später auch Videos austauschten. Doch im

Laufe der Jahre kamen immer mehr Funktionen dazu. WeChat ist inzwischen die Super-App, die alle anderen Apps auf dem Smartphone ersetzen soll. Das Ziel ist ein geschlossenes System, das man nicht mehr verlassen muss. Hieß früher die Devise der deutschen Warenhäuser »Alles unter einem Dach«, so lautet diese bei Tencent »Alles unter einer App«. Mit WeChat – um nur ein paar Beispiele zu nennen – kann man ein Taxi buchen, Kinokarten kaufen, Essen bei einem Lieferdienst bestellen, einen Arzttermin buchen, Rechnungen bezahlen und vieles mehr. Die *Businessweek*-Journalistin und Buchautorin Lulu Yilun Chen beschreibt die Entwicklung von WeChat sehr treffend: »Ursprünglich als Messaging-Tool konzipiert, vereint es die Funktionen von PayPal, Citibank, Facebook, Instagram, Spotify, Expedia, Yelp, Uber, TikTok, Amazon und Tinder.«[10]

Ein Grund, warum die Macher von WeChat so kreativ waren und ständig neue Funktionen entwickelten, hat paradoxerweise damit zu tun, dass WeChat im Ausland nicht sehr erfolgreich war beziehungsweise es dort gar nicht erst versuchte. Weil chinesische Apps zumindest im westlichen Ausland meist mit Zensur und Überwachung assoziiert werden, mussten die WeChat-Manager sich keine Gedanken über die Internationalisierung machen (fast nur Auslandschinesen und ein paar China-Freaks nutzten die abgespeckte Version in der Fremde). Die Macher von WeChat konnten sich voll auf den heimischen chinesischen Markt konzentrieren – und der ist sehr kompetitiv. WeChat war aufgrund der heftigen Konkurrenz gezwungen, stets neue Dinge, neue Anwendungen zu probieren und zu entwickeln.

Unter den Novitäten war auch WeChat Pay.

Auf dem Weg zur bargeldlosen Gesellschaft

Zum chinesischen Neujahrsfest wurden bis vor wenigen Jahren an die lieben Verwandten gerne rote Kuverts (*hongbao*) verschenkt. Darin steckten Geldscheine, die alle – egal welchen Wert sie hatten –

das Mao-Konterfei zierte. Auch im beruflichen Alltag waren die roten Briefumschläge beliebte Geschenke der Anerkennung. So auch bei Tencent, wo sie Firmenchef Pony Ma lange Zeit zumindest an das Führungspersonal persönlich aushändigte, obwohl die Schlange der freudig Wartenden vor seinem Büro jedes Jahr länger wurde.

Doch seit 2014 finden diese Briefwechsel weder bei Tencent noch sonst irgendwo physisch statt. Die Übergabe hat sich in die digitalen Sphären verlagert – dank WeChat. Denn zum Neujahrsfest im Februar 2014 kam die WeChat-Truppe um Zhang Xiaolong auf die Idee, die Geldbeträge via WeChat Pay zu verschicken. Das war ein Novum. Bei Alipay, dem Bezahlsystem von Alibaba, läuteten die Alarmglocken. Intern sprach man von einem Pearl-Harbour-Vorfall, in Anspielung auf den Überraschungsangriff der Japaner auf den US-Stützpunkt auf Hawaii während des Zweiten Weltkrieges. Alipay war zwar mit seinem Bezahlsystem schon länger am Markt, aber die technischen Raffinessen von WeChat Pay überraschten das Unternehmen. Fortan pushten sich Alipay und WeChat Pay gegenseitig und lieferten sich einen produktiven Wettstreit, der ihre Systeme immer besser machte.

Heute sind die beiden Anbieter die dominanten Bezahlsysteme in China. Egal, wo man in China hinkommt, ob Restaurant oder Garküche, ob Supermarkt oder Convenience-Store, überall stehen an der Kasse entweder die blauen (Alipay) oder grünen (WeChat Pay) Hinweisschildchen. Längst kann man auch Gebühren, Strafen oder sonstige staatliche Geldtransaktionen auf diese Weise begleichen. Bargeld spielt (fast) keine Rolle mehr. China ist auf dem Weg zur ersten bargeldlosen Gesellschaft.

Diese Entwicklung ist ein gutes Beispiel für das sogenannte *leapfrogging* (deutsch: Bockspringen). Die chinesische Wirtschaft überspringt einfach eine Entwicklungsstufe. In China wurde der Zwischenschritt über die Bezahlung mit der Kreditkarte ausgelassen. Diese spielten dort nie eine große Rolle. Man sprang also gleich vom Bargeld zum Onlinebezahlen. (Eine ähnliche Entwicklung vollzieht sich in der Autoindustrie: Weil China bei den Verbrennungsmotoren nie von großer Bedeutung war, stürzte sich die Branche gleich auf die Entwicklung von Elektroautos und ist dort inzwischen weltweit führend. Dazu später mehr in Kapitel 6.)

Inzwischen ist das chinesische Onlinebezahlsystem ein weltweites Vorbild. Lulu Yilun Chen urteilt: »Die chinesische Online-Zahlungsbranche ist nach Ansicht vieler Experten das umfassendste und ausgefeilteste digitale Finanzsystem der Welt.«[11]

Wie lange wird es noch dauern, bis das Bargeld ganz abgeschafft wird und der digitale Yuan kommt?

Erst digitaler Yuan, dann digitaler Euro

Die chinesische Zentralbank (People's Bank of China) arbeitet schon länger an einem digitalen Yuan. Sie ist aber nicht die einzige Zentralbank dieser Welt mit solchen Ambitionen, aber wahrscheinlich diejenige, die am weitesten ist. »Heute ist China weltweit führend bei der Entwicklung digitaler Währungen«[12], schreiben Rajesh Bansal und Somya Singh (Carnegie Endowment) in ihrer Studie »China's Digital Yuan«.

Schon seit 2014 machen sich die chinesischen Zentralbanker Gedanken über einen digitalen Yuan. Ende 2017 starteten sie ein Forschungsprojekt, bei dem kommerzielle Banken, Internet- und Telekomfirmen ihr Know-how einbrachten. Im Mai 2019 begannen dann die ersten Pilotprojekte in den Städten Shenzhen, Suzhou, Chengdu und Xiong'an. Diese wurden systematisch auf andere Städte und Regionen ausgeweitet. Inzwischen beteiligen sich 26 Städte an dem Projekt. Einige wie Taicang oder Xuzhou zahlen schon die Löhne ihrer Beamten mit dem E-Yuan. Damit ist China bei der Einführung einer Central Bank Digital Currency (CBDC) weit vorn. Bansal und Singh schreiben in ihrer Studie: »Im Vergleich zu China befinden sich die CBDC-Initiativen anderer großer Zentralbanken noch in einem sehr frühen Stadium.«[13]

Vor allem die USA wissen nicht so recht, was sie wollen. Im März 2022 unterschrieb Biden noch eine Executive Order, in der er

»höchste Dringlichkeit der Forschungs- und Entwicklungsanstrengungen im Hinblick auf die potenzielle Gestaltung und Einsatzmöglichkeit eines CBDC in den Vereinigten Staaten«[14] anmahnte. Aber es regt sich Widerstand gegen einen digitalen Dollar. Er kommt aus ganz unterschiedlichen Ecken, von den Republikanern, allen voran Präsidentschaftskandidat Ron deSantis, aber auch von linken Demokraten und libertären Silicon-Valley-Veteranen. In der *MIT Technology Review* wird deshalb resignierend konstatiert: »Ein digitaler Dollar scheint unwahrscheinlicher als je zuvor«.[15]

Die EU ist da – ausnahmsweise – mal klarer und zielstrebiger. Ende Juni 2023 legte die EU-Kommission einen Gesetzentwurf zum digitalen Euro vor. Parallel arbeitet die Europäische Zentralbank (EZB) an der praktischen Umsetzung des Vorhabens. Seit dem 1. November 2023 läuft eine zweijährige Vorbereitungsphase. Danach wird der EZB-Rat über eine Einführung entscheiden. Burkhard Balz, im Vorstand der Deutschen Bundesbank für das Bargeld zuständig, rechnet frühestens 2027 mit einem digitalen Euro. Das wären zwei Jahre später als ursprünglich geplant.

China wird da mit seinem E-Yuan wohl eher kommen und kann durch diesen First-Mover-Vorteil auch Standards für digitale Währungen setzen. Aber für China hat die Einführung auch noch eine geostrategische Dimension. Die Regierung hofft, dadurch den Dollar als globale Leitwährung kurzfristig attackieren und mittelfristig ablösen zu können.

Aber noch steckt der E-Yuan in der Versuchsphase – zum Beispiel in der Retortenstadt Xiong'an.

Smart Cities oder realisierte Utopie

Auf eine solche Idee würde in *good old Europe* niemand kommen, aber auch in den Neuem gegenüber viel aufgeschlosseneren USA nicht: Eine neue gigantische Stadt zu konzipieren – und dann den Plan auch noch zu verwirklichen. Aber just dies ist in den vergangenen Jahren rund 100 Kilometer südlich von Beijing passiert. Dort entstand Xiong'an, eine Retortenstadt. Man kann das Gigantismus nennen. Oder auch Futurismus. Andrew Stokols, Städteplaner am MIT in Boston, bezeichnet in einem Aufsatz für *The China Project* Xiong'an als »China's techno-natural utopia«[16].

Kein Scherz: Am 1. April 2017 wurde der Bau dieser Stadt von Chinas höchsten Gremien beschlossen. Mehr als sieben Jahre später ist ein Großteil der Stadt fertig. Die Konturen sind deutlich erkennbar. Es entsteht eine Stadt auf drei Ebenen: Im Untergrund verlaufen viele Straßen, die Leitungen für Strom und Wasser, aber auch die logistische Infrastruktur für Paket- und Lieferdienste. Ganz oben ist die City in the Cloud, wo die digitalen Dienste angeboten werden. Dazwischen auf der mittleren Ebene spielt sich das »normale« Leben ab.

Die neue Stadt ist schachbrettartig angelegt, durchzogen von Ost-West- und Nord-Süd-Achsen. Dazwischen befinden sich so genannte 15-Minuten-Blocks. Sie heißen deswegen so, weil alle sozialen Einrichtungen – ob Schule, Ärzte oder Altenbetreuung – und auch Behörden innerhalb von 15 Minuten zu Fuß zu erreichen sind. Wer fahren will oder muss, kann dies mit fahrerlosen Bussen tun, die derzeit noch in der Testphase sind. Individualverkehr ist nur mit E-Autos erlaubt. Ihnen stehen 153 Kilometer digitale Straßen zur Verfügung, an denen Sensoren angebracht sind. Sie kontrollieren Anzahl und Geschwindigkeit der Autos und melden diese Daten zeitgleich in das Xiong'an Supercomputing Center, wo entsprechend via Ampeln der Verkehrsfluss gesteuert wird. In diesem gigantischen futuristischen Gebäude laufen alle Daten zusammen, nicht nur solche über den Verkehr, sondern auch über die Umwelt und noch vieles, vieles mehr.

Xiong'an ist natürlich auch eine grüne Stadt. Die Energie soll vor allem von Windparks aus dem Norden der Provinz Hebei kommen. 70 Prozent der städtischen Fläche sind für Rasen und Bäume reserviert. Um Bausünden zu vermeiden, wurden drei No-Gos ausgegeben: kein Hochhaus, kein Betonwald und keine gläsernen Vorhangfassaden. Bislang haben sich die Stadtplaner daran gehalten. Überhaupt scheint hier alles nach Plan abzulaufen. Selbstverständlich ist Xiong'an bereits per Hochgeschwindigkeitszug mit dem

Westbahnhof in Beijing verbunden. Und selbstverständlich ist die Stadt komplett mit 5G versorgt.

Bliebe noch die Frage zu klären: Wer will hier leben? Zum Beispiel bisherige Bewohner der Hauptstadt Beijing. Xiong'an ist unter anderem auch zur Entlastung des Molochs Beijing vorgesehen. Die Führung hat deshalb viele Staatsunternehmen angewiesen, ihre Beijinger Headquarter nach Xiong'an zu verlagern. Für diejenigen, die man nicht so einfach herumkommandieren kann, wurden »Xiong'an Cards« eingeführt, durch die mit allerlei Vergünstigungen junge Talente angelockt werden sollen. Denn Chinas politische Führung hat schon den Ehrgeiz, dass Xiong'an ähnlich erfolgreich werden soll wie die Hightech-Metropole Shenzhen im Süden und der Shanghaier Vorzeigestadtteil Pudong in der Mitte des Landes.

Auf jeden Fall ist Xiong'an jetzt schon eine Smart City. Dieser Modebegriff geistert bereits seit Jahren durch die Diskussionen der Strategen und Städteplaner – auch in China. Fast überall auf der Welt entstehen Smart-City-Projekte. Selbst in Deutschland gibt es inzwischen 73 Modellprojekte – von Aalen bis Zwönitz. Aber wie sollen diese funktionieren, wenn die Verwaltungen hierzulande digital – sehr freundlich ausgedrückt – noch einen gewissen Nachholbedarf haben?

Digitalwüste Deutschland

Am 31. August 2022 verabschiedete das deutsche Regierungskabinett die Digitalstrategie Deutschland. Danach sprach der Minister für Verkehr und Digitales, Volker Wissing: »Wir brauchen einen umfassenden digitalen Aufbruch für Deutschland. Daran wollen wir uns messen lassen. Mit der Digitalstrategie wollen wir es bis zum Jahr 2025 unter die Top Ten in Europa schaffen. Das muss der Anspruch unseres Landes sein.«[17] Nein, Herr Wissing, der Anspruch muss ambitionierter sein. Das ist schlicht ein Armutszeugnis, dass sich eine der führenden Industrienationen mit einem Platz im europäischen

Mittelfeld der Digitalisierung zufriedengibt. Derzeit liegt Deutschland auf Platz 13 der 27 Mitgliedstaaten.

Das böse Wort von der »Digitalwüste Deutschland« ist durchaus angebracht. Der Stuttgarter Professor Michael Resch, der ein Buch mit just diesem Titel geschrieben hat, sagt: »Deutschland hat die Digitalisierung der letzten Jahrzehnte in vielen Bereichen einfach verschlafen.«[18]

Bestes, nein, schlechtestes Beispiel ist die digitale Verwaltung. Seit 2017 ist in Deutschland das Onlinezugangsgesetz in Kraft. Dort heißt es im Paragraphen 1: »Bund und Länder sind verpflichtet, bis spätestens zum Ablauf des fünften auf die Verkündung dieses Gesetzes folgenden Kalenderjahres ihre Verwaltungsleistungen auch elektronisch über Verwaltungsportale anzubieten.« Die fünf Jahre sind um. Und wie fällt die Bilanz aus? Vernichtend. Der Nationale Normenkontrollrat stellt ganz nüchtern und ernüchternd fest: »In den fünf Jahren seiner Umsetzung ist es nicht ansatzweise gelungen, das im Gesetz genannte Ziel einer deutschlandweit flächendeckenden Digitalisierung aller wesentlichen Verwaltungsleistungen zu erreichen.«[19]

Das Nichterreichen der Ziele hält die Bundesregierung nicht davon ab, beim Ausbau der digitalen Infrastruktur noch weiter zu sparen. So sind im Bundeshaushalt 2024 für eben diesen Ausbau exakt 905,7 Millionen Euro geplant. Das ist rund ein Viertel (300 Millionen Euro) weniger als 2023, denn derzeit beläuft sich der Betrag auf 1,2 Milliarden Euro. Trotzdem behauptet Digitalminister Volker Wissing in der Bundestagsdebatte, dass man bei der Umsetzung der Digitalstrategie »in großen Schritten voran[komme]«.

Kein Wunder, dass angesichts solcher Zahlen und beschönigenden Aussagen bei mehreren digitalen Verbänden der Frust groß war. Er artikulierte sich kurz nach der Parlamentsdebatte am 28. August 2023 in einem Brandbrief mit der Überschrift »Mehr digitalen Fortschritt wagen!«. Darin heißt es: »Aktuelle Zahlen zeigen, dass sich die digitale Wettbewerbsfähigkeit Deutschlands in den letzten Jahren deutlich verschlechtert hat. Während europäische Nachbarländer und internationale Partner milliardenschwere digitalpolitische

Investitionsinitiativen starten, droht Deutschland bereits im nächsten Jahr den Anschluss zu verlieren.«[20] Es sind einsame Rufer in der Digitalwüste Deutschland, die aber offenbar niemand hören will.

Aber so viel besser ist es in der EU auch nicht. Dort kreiert man statt Digitalunternehmen lieber Gesetze.

Regulierungsmacht EU

Von den einen wurde sie gefeiert, von den anderen gefürchtet. Die Frau, die so polarisierte, heißt Margrethe Vestager. Wohnsitz: Brüssel. Arbeitgeber: EU-Kommission. Die liberale Dänin war von 2014 bis September 2023 EU-Kommissarin, zuständig für Wettbewerb. Um diesen zu erhalten, scheute sie während ihrer Amtszeit keinen Konflikt mit den großen Konzernen, auch wenn sie Facebook oder Google hießen. Man hatte fast den Eindruck, das wären ihre Lieblingsgegner. Unter ihrer Führung verhängten die Brüsseler Wettbewerbshüter Rekordstrafen vor allem gegen die Internetkonzerne. Mal läppische 110 Millionen Euro gegen Facebook, dann 1,2 Milliarden Euro gegen Facebooks Mutter Meta. Google musste erst 2,4 Milliarden, später weitere 4,1 Milliarden Euro blechen. Und auch das chinesische Videoportal TikTok wurde zur Rechenschaft gezogen und musste 345 Millionen Euro Strafe zahlen.

Die Begründungen für die saftigen Geldstrafen variierten – mal nutzten die Konzerne ihre marktbeherrschende Stellung aus, mal verstießen sie gegen die General Data Protection Regulation (GDPR) oder in bestem Bürokratendeutsch: Datenschutz-Grundverordnung, kurz DSGVO. Diese seit Mai 2018 geltende Verordnung war das Meisterstück Vestagers. In 99 Artikeln wird dort penibel geregelt, wie der europäische Bürger seine Daten vor dem Missbrauch durch die Giganten schützen kann. Doch das war nur der erste Schritt im Feldzug gegen Google und Co.

Zwei weitere Verordnungen aus ihrem Hause folgten: der Digital Markets Act (DMA, ist seit Mai 2023 in Kraft) und der Digital

Services Act (DSA, gilt seit Februar 2024). Mit beiden Gesetzen will die EU die Marktmacht großer Internetplattformen regulieren beziehungsweise einschränken. Kaum war der DMA verabschiedet, verschickten Vestagers Beamte im September 2023 Briefe an sechs Internetkonzerne: Amazon, Meta (Facebook, WhatsApp und Instagram), Alphabet (Google), Apple und ByteDance (TikTok). Darin war ein ganzer Katalog von Vorgaben verzeichnet, die sie gefälligst einzuhalten haben. Bei Nichtbeachtung drohen Geldstrafen, die bis zu 10 Prozent des Umsatzes betragen können.

Ihr konsequentes Vorgehen gegen die übermächtig erscheinenden Digitalkonzerne haben Vestager bei den europäischen Bürgern viel Lob eingebracht. Und auch die nationale Politik zollt Anerkennung: »Europa hat sich auf die weltweit strengsten Regeln für mehr Wettbewerb und Fairness bei den großen digitalen Playern verständigt. Die großen Plattformunternehmen werden klaren und harten Regeln unterworfen und können nicht mehr länger einseitig die Spielregeln bestimmen«[21], kommentierte Sven Giegold, Staatssekretär im Bundesministerium für Wirtschaft und Klimaschutz.

Es sind diese strengen Regeln gegen die großen amerikanischen wie auch – in geringerem Maße – chinesischen Digitalkonzerne, die der Brüsseler EU-Kommission zu einem neuen Etikett verhalfen. Als »Regulatory Superpower« bezeichnet sie Anu Bradford, Professorin an der Columbia University in New York. Sie beschreibt in ihrem Buch *The Brussels Effect – How the European Union Rules the World* die Macht der Europäer, ihre Gesetze weltweit zum Maßstab zu machen. Niemand sonst sei in der Lage, einseitig wichtige Standards für so viele Bereiche der Wirtschaft zu setzen, an die sich sowohl Firmen als auch Staaten halten müssten, sagte die gebürtige Finnin bei der Buchvorstellung in Brüssel. Warum entscheiden sich aber nichteuropäische Firmen, die strengen und oft teuren EU-Auflagen einzuhalten? Ihre Antwort: Diese Unternehmen brauchen den Zugang zum großen europäischen Markt, und es wäre teurer, Produkte mit verschiedenen Standards herzustellen. Außerdem gebe es in Brüssel eine fähige Bürokratie, die diese Regeln durchsetzen kann – wenn es sein muss (siehe oben) mit Strafen in Milliardenhöhe. Für den europäischen Verbraucher ist das eine gute Sache, kommt er doch in den Genuss sicherer und nachhaltigerer Produkte.

Aber macht diese Strategie volkswirtschaftlich Sinn? Die EU geriert sich also als weltweiter Regulator, der statt Produkten Gesetze und Verordnungen exportiert. Ist das ein tragfähiges Modell? Kann die EU so im Konzert der Großmächte mitspielen? Nein, schreibt der Berliner Politikwissenschaftler Herfried Münkler in seinem Buch *Welt in Aufruhr*. Die EU müsse raus aus der Rolle »eines umtriebigen Regelgebers und Regelbewirtschafters«, um sich in einen »machtpolitisch handlungsfähigen Akteur«[22] zu verwandeln. Aber er hat Zweifel, ob das gelingen wird. Auch wirtschaftlich bringt diese Rolle als globaler Schiedsrichter Europa nicht weiter. Michael Sauga, Brüssel-Korrespondent des *Spiegel*, kommentiert völlig richtig: »Dass die EU bei der Vorschriftenproduktion an der Weltspitze steht, muss nichts Schlechtes sein. Die Annahme jedoch, dass sich damit automatisch wirtschaftliche Vorteile verbinden, hat sich als falsch herausgestellt. Tatsächlich verliert der Kontinent seit Jahren an Boden.«[23]

Zusammenfassend lässt sich an dieser Stelle vermerken: Europa kann zwar Internetkonzerne kontrollieren, aber selber keine kreieren. Die EU degradiert sich mit ihrer Regulierungspolitik lediglich zum Schiedsrichter. Das schafft ein paar Bürokratenjobs in Brüssel und bringt immer mal wieder saftige Überweisungen an verhängten Geldstrafen ein, aber die digitalen global Player, die Ideen kreieren, Mehrwert und auch Arbeitsplätze schaffen, sitzen woanders.

Das gilt auch in der Telekommunikation.

USA und Europa bei 5G abgehängt – auch bei 6G?

Der Fortschritt in der mobilen Kommunikationstechnologie wird in Ziffern gemessen und ausgedrückt: 2G, 3G, 4G und 5G, wobei G jeweils für Generation steht. Die Entwicklung dieser Standards gibt auch Auskunft über die Historie der Telekomindustrie in den vergangenen drei Jahrzehnten.

In den 1990er Jahren fing es mit 2G an, damals waren die Europäer bei der Einführung dieses Standards ganz vorn dabei. In den frühen 2000er Jahren folgte das 3G, bei dem die Japaner die technologische Führerschaft hatten. Nach 2009 war dann 4G der neue Standard, der maßgeblich von Ingenieuren in den USA entwickelt wurde. Es folgte der superschnelle Mobilfunkstandard 5G, bei dem die Chinesen die Nase vorn hatten. Er ermöglicht die Digitalisierung vieler Lebensbereiche und sorgt dafür, dass mobile Daten noch rascher übertragen werden. So soll die 5G-Technologie bis zu 100-mal schneller als ihr Vorläufer, das 4G, sein.

Kein Wunder, dass das führende China bei der Installation des 5G-Netzes am weitesten ist. Rund drei Millionen 5G-Basisstationen stehen in China. Die USA und auch Europa hinken weit hinterher. Graham Allison konstatiert in der Belfer-Studie: »Amerikas 5G-Infrastrukturausbau hinkt dem Chinas um Jahre hinterher, was China einen Vorreitervorteil bei der Entwicklung der Plattformen der 5G-Ära verschafft.«[24]

Während die einen noch vollauf beschäftigt sind, 5G zu installieren, denken die anderen schon an den nächsten Schritt: 6G. Dieser Standard, dessen Einführung gegen Ende des Jahrzehnts erwartet wird, wird wieder klar leistungsstärker sein als sein Vorgänger 5G. Irgendwo um den Faktor 50 bis 100, sagen Experten. »Wahrscheinlich wird der Wettkampf um die 6G-Vorherrschaft sogar schärfer als bei 5G«[25], prophezeit Vikrant Gandhi, Telekomexperte beim Marktforschungsunternehmen Frost & Sullivan. China besitzt bereits die meisten Patente bei 6G. Und Huawei-Gründer Ren Zhengfei sagt: »Wir haben parallel an 5G und 6G gearbeitet.«[26] Wird deshalb China auch bei 6G wieder Erster sein? Für eine Beantwortung ist es noch zu früh.

Vor allem die USA wollen sich nicht so abhängen lassen wie bei 5G. Interessant ist in diesem Zusammenhang der Besuch von US-Außenminister Tony Blinken Anfang Juni 2023 in Helsinki. Im dortigen Rathaus unterzeichnete er mit dem damaligen finnischen Kollegen Pekka Haavisto ein »Joint Statement on Cooperation in Advanced Wireless Communications«. Warum Finnland? Weil dort Nokia sitzt. Die USA, die keine konkurrenzfähigen Telekomkonzerne mehr haben (siehe Abschnitt »Europa hat Ericsson und Nokia – und die Amerikaner?« in diesem Kapitel), sind deshalb auf die Kooperation mit Europa angewiesen.

Drei Konsortien arbeiten derzeit an dem neuen 6G-Standard. In China startete im Juni 2019 das Projekt IMT-2030. Neben den großen chinesischen Mobilfunkkonzernen und den Lokalmatadoren Huawei und dem kleineren ZTE sind auch Nokia, Ericsson und Samsung dabei. In den USA konstituierte sich im Oktober 2020 die Next G Alliance. Natürlich sind dabei die amerikanische Hightech-Elite, wie zum Beispiel AT&T, Microsoft und Qualcomm, aber auch die europäischen Unternehmen Ericsson und Nokia. Kurze Zeit später, im Januar 2021, folgte Europa mit seinem Projekt Hexa-X, an dem 22 Unternehmen beteiligt sind. Die Leitung bei dem Projekt haben Nokia und Ericsson übernommen.

Nicht dabei ist sowohl im amerikanischen als auch europäischen Konsortium Huawei – der chinesische Paria-Konzern, von den USA und einigen Verbündeten geächtet, von der Telekombranche geachtet.

Kein Anschluss für Huawei

Huawei dürfte der weltweit bekannteste chinesische Konzern sein. Keiner tauchte häufiger in den Schlagzeilen auf als der Hightech-Konzern aus Shenzhen. Aber meist waren – im Westen zumindest – die Schlagzeilen negativ konnotiert. Huawei ist für die US-Politiker beider Couleurs das große böse Unternehmen, das mit seinen Produkten den Westen ausspionieren will.

Huawei ist aber auch der globale Marktführer bei Telekommunikationsausrüstungen, wie der etwas sperrige Fachausdruck heißt. Huawei gilt als Chinas technologisches Vorzeigeunternehmen. Gegründet wurde es 1987 von Ren Zhengfei. Er war damals bereits 44 Jahre alt und zuvor Ingenieur beim Militär. Sein Startkapital waren 21 000 Yuan, er selbst konnte nur 3 000 Yuan beisteuern. Huawei startete als eine Handelsfirma mit zwölf Beschäftigten. Sie verkauften zunächst Schalteinrichtungen für Telekomfirmen, ein paar Jahre später stellten sie selbst welche her. Zunächst hatten sie nur die chinesischen Telefongesellschaften als Kunden.

Dann kam aber 2005 der Durchbruch mit einem Deal mit Vodafone. In der Folgezeit wuchs Huawei zu einem seriösen Wettbewerber heran und überholte die früheren Wettbewerber aus Europa und Amerika schließlich. Irgendwann in den Nuller-Jahren des neuen Jahrhunderts haben Ren und seine Vorstandskollegen entschieden, neben dem Ausrüstungs- ins Handygeschäft einzusteigen. Erst als Lieferant für Mobilfunkgesellschaften wie Vodafone, doch 2011 fing Huawei an, unter eigenem Namen Handys zu vertreiben. Diese machten relativ schnell den iPhones von Apple und den Galaxys von Samsung Konkurrenz.

Rund 100 000 Forscher und Entwickler arbeiten für Huawei in China und weiteren Entwicklungszentren in aller Welt, unter anderen auch in München. Mindestens 10 Prozent vom Umsatz gehen jedes Jahr in den Bereich Forschung und Entwicklung. Dieses massive Investment ist sicher einer der Erfolgsfaktoren von Huawei.

Nachdem Huawei immer stärker (und auch zum Konkurrenten) geworden war, rückte das Unternehmen aus Shenzhen immer mehr in den Fokus der amerikanischen Politik. Man bezichtigte es der Spionage (was nie bewiesen wurde) und betrachtete es als fünfte Kolonne des chinesischen Militärs, weil Firmengründer Ren eben diese militärische Vergangenheit hat. Auch dass Huawei ein privates Unternehmen ist, das seinen Mitarbeitern gehört, nimmt man dem Unternehmen nicht ab.

Huawei ist das böse Unternehmen, das es zu sanktionieren gilt. Das fing schon unter Obama an. Unter ihm war Huawei bereits von Staatsaufträgen ausgeschlossen, und auch die Handys wurden von den Händlern und Mobilfunkfirmen kaum angeboten. Dann kam »America first«-Präsident Donald Trump – und es wurde für Huawei noch schlimmer. Er zettelte den Handelskrieg an, der schnell in den Tech-Krieg mündete. Erstes prominentes Opfer: Huawei.

Warum gerade Huawei? Weil dieses Unternehmen wie kein anderes chinesisches Unternehmen für die neue, aufkommende Technologiemacht China steht. Und weil Huawei bei 5G eine Technologie dominiert, bei der die USA den Anschluss verloren haben. Motto: Wenn wir selber nicht in der Lage sind, diese Technologie zu beherrschen, werfen wir wenigstens dem Innovationsführer so viele Knüppel zwischen die Beine, dass er ins Straucheln kommt.

Mitte Mai 2019 setzten die USA Huawei auf ihre Entity-List, wonach kein amerikanisches Unternehmen mehr an Huawei liefern durfte. Auch Google ließ sich wenige Monate später in die Pflicht nehmen. Im September 2019 kündigte das Unternehmen an, Huawei nicht mehr mit seinem Android-System zu beliefern, was für Huawei ein schwerer Schlag war. Im Westen kauft niemand ein Smartphone, das keinen Google-Service anbietet. Joe Biden setzte die Trumpsche Sanktionspolitik auch in Sachen Huawei nahtlos fort. Er beziehungsweise das Handelsministerium verfügten, dass alle ausländischen Unternehmen, die US-Chips verwenden, mit Huawei keine Geschäfte mehr machen dürfen.

Die USA übten massiv Druck auf andere Länder aus, sich dem Verbotsverdikt anzuschließen und Huawei bei Aufträgen zum Ausbau des Telekomnetzes nicht mehr zu berücksichtigen. Bei den sogenannten Five-Eyes-Staaten (das sind neben den USA Australien, Kanada, Neuseeland, Großbritannien) war es relativ einfach, weil die USA gegenüber diesen Partnern mit Entzug von Geheimdienstinformationen drohen konnten. Schwieriger war es mit den anderen westlichen Partnern. Nicht alle waren bereit, Huawei komplett von Aufträgen auszuschließen. Auch Deutschland ziert sich (noch). So ist die gewünschte westliche Einheitsfront nicht zustande gekommen.

Und haben all die Sanktionen aus amerikanischer Sicht genützt? Huawei hatte – keine Frage – schwierige Zeiten, musste gewaltige Umsatzeinbußen hinnehmen. Vor allem das Geschäft mit Smartphones hat massiv gelitten. Aber im Unternehmen reagierte man mit einer Jetzt-erst-recht-Mentalität. Fieberhaft arbeitete man an der Entwicklung eigener Chips und eines eigenen Betriebssystems.

Das Ergebnis wurde Ende August 2023 ohne großes Spektakel präsentiert: Das neue Smartphone Mate 60, das dank eines Hochleistungschips 5G-fähig ist. Die Fachwelt staunte, die USA zürnten:

Wie konnte das passieren? Wer hat da Huawei beliefert? Die US-Behörden nahmen das Smartphone auseinander und mussten feststellen: Die Chips stammen wohl vom chinesischen Marktführer SMIC, der trotz aller US-Sanktionen immer besser wird.

Zufall oder nicht – der Coup mit dem Mate 60 geschah ein paar Tage vor der Präsentation des neuen iPhones 15 von Apple, dem großen Konkurrenten von Huawei.

Wie du mir, so ich dir – Huawei contra Apple

Ende März 2023 fand nach Ende der Pandemie endlich mal wieder das China Development Forum statt. Es ist das Gipfeltreffen von Chinas Führung mit den Bossen internationaler Konzerne. Rund 100 Topmanager folgten dem Ruf und netzwerkten drei Tage lang im Diaoyutai-Gästehaus der chinesischen Regierung. Stargast war – ohne den anderen CEOs nahe zu treten – sicherlich Tim Cook, Chef des Apple-Konzerns und gerne gesehener Gast in China. In seiner Rede umschmeichelte er seine Gastgeber: »Innovationen entwickeln sich in China rasant, und ich glaube, dass sie sich noch weiter beschleunigen werden.«[27]

Doch etwas mehr als fünf Monate später – Anfang September 2023 – hat sich etwas anderes beschleunigt, nämlich die Stimmung im Lande gegen Apple. Zuerst berichtete *The Wall Street Journal*, dass Regierungsbeamte dazu angehalten wurden, keine iPhones mehr in die Büros mitzubringen. Später hieß es, auch Mitarbeiter von Staatsunternehmen (davon gibt es immerhin rund 150 000 mit 56 Millionen Beschäftigten) sollen ihre iPhones zu Hause lassen. Die Folge des chinesischen Verdikts war in rasender Geschwindigkeit in New York zu spüren: An der Wall Street sackte der Kurs der Apple-Aktie ab, binnen eines Tages verlor das Unternehmen 200 Milliarden Dollar an Wert.

Der Zusammenhang ist klar: Apple hat mit China »eine symbiotische Art von Beziehung«, wie es Tim Cook bei seinem März-Besuch in China ausdrückte. Der Konzern aus dem kalifornischen

Cupertino ist in doppelter Hinsicht auf China angewiesen, als Produktionsstandort und als Absatzmarkt. In 16 chinesischen Provinzen stehen 45 Apple-Stores. Ein Fünftel des Apple-Umsatzes stammt aus China. Ein großer Teil der Apple-Produkte wird in China hergestellt. Über die gigantischen Fabriken des Apple-Partners Foxconn in Shenzhen und Zhengzhou (Spitzname: »iPhone-City«) wurde schon viel berichtet. Dort bauen Hunderttausende Chinesen iPhones, iPads, AirPods und andere Apple-Produkte zusammen. Es besteht also eine gegenseitige Abhängigkeit. Apple sorgt für Arbeitsplätze, China für den Markt. So dachte man.

Doch dann kam das Apple-Verbot. Eine Begründung gab es von offizieller chinesischer Seite nicht. Muss es auch nicht, denn die Ursache kann sich jeder Hobby-Geostratege selbst zusammenreimen: Es ist eine Retourkutsche auf die diversen Verbote amerikanischer Behörden gegenüber chinesischen Produkten – vor allem von Huawei. Deren Handys dürfen schon seit langem nicht mehr in den USA verkauft werden. Es war klar, dass China darauf reagieren würde. Man wunderte sich nur, dass die Reaktion so lange auf sich warten ließ.

Wie bei den Chips muss man auch hier die (rhetorische) Frage stellen, ob die amerikanischen Sanktionspolitiker ernsthaft glaubten, ihre Verbote würden tatenlos von einem China, das sich auf dem Rückweg zu einer stolzen Nation befindet, einfach so hingenommen. Die Amerikaner sanktionierten chinesische Unternehmen und wundern sich jetzt unschuldig, was sich China erlaubt.

Dieser Fall ist ein Lehrbeispiel dafür, wohin der Tech-Krieg zwischen den USA und China führen kann – zu einer Spirale der Eskalation, zu Sanktionen und Gegensanktionen. Auch China ist in diesen Spielchen geübt und kann sehr schnell die nationale Karte spielen. Das hat das Land schon einige Male bewiesen, wobei es meist gegen die Japaner und ihre Produkte ging.

Es ist auch eine Warnung an die Europäer, dass auf Sanktionen Gegensanktionen erfolgen können. Diese hat es bei der Telekommunikation bisher noch nicht gegeben. Noch dürfen die europäischen Huawei-Konkurrenten Ericsson und Nokia in China ihre Produkte verkaufen.

Europa hat Ericsson und Nokia – und die Amerikaner?

Ericsson und Nokia sind weltweit bekannte Marken. Beide hatten mal – lang, lang ist es her – erfolgreiche Handy-Sparten. Doch diese sind längst verkauft. Ericsson ging bei den Handys erst 2001 ein Joint Venture mit dem japanischen Konzern Sony ein, um zehn Jahre später aus diesem komplett auszusteigen. Nokia übergab sein einstmals vielversprechendes Handy-Business 2013 an Microsoft. Geblieben ist aber beiden skandinavischen Unternehmen das Geschäft als Telekomausrüster. Sie verkaufen Geräte an die Telefongesellschaften, damit diese ihre Dienste per Handy oder Festnetz anbieten können. Damit sind sie die einzigen ernstzunehmenden nicht-chinesischen Wettbewerber von Huawei, aber eben auch ein paar Nummern kleiner und bei weitem nicht so erfolgreich.

Sie versuchen, sich im Rahmen ihrer Möglichkeiten gegen Huawei zu positionieren, und werden dabei auch manchmal von Politikern diesseits und jenseits des Atlantiks unterstützt. So kam zum Beispiel Donald Trump in der Endphase seiner Amtszeit mit der Idee, dass sich amerikanische Unternehmen an den beiden europäischen Firmen beteiligen sollten. Und er brachte dazu den US-Konzern Cisco Systems als möglichen Käufer ins Spiel. Doch selbst dessen CEO Chuck Robbins hielt das für keine gute Idee und lehnte dankend ab.

Welch Demütigung für die Amerikaner, dass sie die Europäer um Hilfe bitten müssen. Dabei waren die USA durchaus mal stark, ja gar führend in der Telekommunikation. In den 1970er Jahren waren die zwei größten Telekomausrüster Western Electric und ITT. In den späten 1990er Jahren dominierten immer noch zwei nordamerikanische Konzerne: Lucent (ging aus Western Electric hervor) und Nortel (aus Kanada mit starker US-Präsenz). Zehn Jahre später war Nortel bankrott und Lucent wurde zum Wanderpokal, landete erst bei Alcatel und schließlich bei Nokia.

»Who lost Lucent?« titelt der Thinktanker Robert D. Atkinson (Information Technology and Innovation Foundation, ITIF) in der Zeitschrift *American Affairs*, um die Frage im Vorspann noch etwas zu konkretisieren: »Wie hat sich Amerika innerhalb von nur zwei Jahrzehnten vom Weltmarktführer zu einer Randfigur entwickelt?« Atkinsons Antwort: Nein, es seien keine Managementfehler gewesen, wie gerne kolportiert würde. Es sei der Staat gewesen, der die amerikanische Telekomindustrie in den Ruin getrieben hätte. Er hätte nicht wie andere Länder – China! Schweden! – den Telekomsektor als strategische Industrie erkannt und sie entsprechend unterstützt. Im Gegenteil: Er hätte sie mit seiner obsessiven Wettbewerbspolitik, die ein stetes Zerschlagen der Telekomkonzerne vorsah, kaputtgemacht. So kommt Atkinson zum Schluss: »Es ist keine Übertreibung zu sagen, dass Amerika ohne die aggressive Kartellpolitik der US-Regierung immer noch weltweit führend bei Telekommunikationsausrüstung wäre.«[28]

Aber nun sind die USA abgehängt, haben keine konkurrenzfähigen Unternehmen mehr in der Telekommunikation.

In einem anderen Bereich der digitalen Wirtschaft dominieren hingegen die US-Firmen – im Cloud-Business.

Wolkenlos in Europa

Immer mehr Firmen leisten sich kein teures Rechenzentrum mehr und lagern ihre Daten lieber in die Cloud aus. In diesem Business dominieren ganz klar die Amerikaner. Marktführer ist Amazon Web Services (AWS), die seit 2006 am Markt sind. AWS trägt inzwischen den Löwenanteil zum Gewinn des Unternehmens bei. »Während die Welt immer noch meinte, Amazon sei ein Einzelhandelsunternehmen, verwandelte sich Amazon still und heimlich in ein Cloud-Unternehmen, und zwar das größte der Welt«[29], schreibt der New Yorker Marketingprofessor Scott Galloway in seinem Buch *The Four*.

Nach AWS folgen Microsoft und Google Cloud. Dieses Trio dominiert diesen Markt, der stetig wächst. Sie investieren dabei Milliarden Dollar in den Ausbau ihres Cloud-Geschäfts – nicht jährlich, sondern im Quartal. Bei solchen Summen haben es Newcomer schwer. Da können nur die Onlinegiganten mithalten. So sind unter den Top Ten des globalen Cloud-Business nur amerikanische und chinesische Firmen wie Huawei, Alibaba Cloud und Tencent Cloud zu finden. Weil Europa keine Internetgiganten hat, ist es auch in diesem Bereich nicht vertreten.

Zwar gab es Versuche von europäischer Seite mitzumischen, doch die endeten eher kläglich. Das damalige Bundesministerium für Wirtschaft und Energie rief 2019 die Initiative Gaia-X ins Leben. Das Projekt stand von Anfang an unter keinem guten Stern. Als Minister Peter Altmaier Ende Oktober 2019 die Initiative beim Digital-Gipfel in Dortmund mit starken Worten (»europäischer Moonshot der Digitalpolitik«) verkündete, stürzte er später beim Abgang von der Bühne der Westfallenhalle. Und auch der Name des Projekts ist unfreiwillig symbolhaft. Gaia ist in der griechischen Mythologie eine der ersten Göttinnen aus dem Chaos.

Es herrschte in der Tat von Beginn an eine gewisse Unsicherheit, was dieses Projekt sein sollte. Die Medien hypten es zu einer Konkurrenz von AWS und Co. hoch. Bei CNBC wurde es als »Europas Antwort auf die Macht der US-amerikanischen und chinesischen Cloud-Riesen«[30] gesehen. Doch Gaia-X war nie als Konkurrenz zu AWS und Co. gedacht, sondern eher als eine Plattform. Es sollte auch kein kommerzielles Projekt werden. Man gab sich die Rechtsform eines Vereins nach belgischem Recht, ausgestattet mit 2 Milliarden Euro für sieben Jahre. Das klingt viel, ist aber viel zu wenig, um die Konkurrenz ernsthaft zu erschrecken. »Das ist weniger, als die Cloud-Computing-Dienste von Amazon in einem einzigen Quartal ausgeben«[31], vergleicht Jonathan E. Hillman in seinem Buch *The Digital Silk Road*. Zwischen 10 und 20 Milliarden Dollar investiert AWS durchschnittlich im Quartal. Das Investment der großen amerikanischen Cloud-Anbieter summiert sich auf fast 200 Milliarden Dollar jährlich.

Inzwischen treibt die europäische Wolke etwas ziellos durch die digitale Welt. Kein Silberstreif ist am Horizont erkennbar. Auf Unverständnis bei vielen Branchenexperten stieß man mit der Entscheidung, auch die amerikanische und chinesische Konkurrenz zur

Mitarbeit zuzulassen. Hatte nicht die damalige Forschungsministerin Anja Karliczek bei der Vorstellung von Gaia-X gesagt, dass »die Macht über Daten in Europa nicht mehr in den Händen einiger weniger internationaler Konzerne liegen«[32] solle? Karliczek ist längst weg, die Euphorie auch.

Nein, ein Vorzeigeprojekt ist Gaia-X nicht, kein Moonshot der Digitalpolitik, sondern eher ein Rohrkrepierer. So müssen deutsche Konzerne mangels europäischer Cloud auf die Dienste der US-Konzerne zurückgreifen. Siemens hat ein Kooperationsabkommen mit AWS abgeschlossen. Und auch Volkswagen baut seine Industrial Cloud mit AWS auf. Ja, selbst die Dienststellen der EU-Kommission bedienen sich einer amerikanischen Cloud, nämlich der von Oracle.

Die chinesischen Cloud-Anbieter, die durchaus konkurrenzfähig waren, kriegen übrigens im Westen keinen Fuß in die Tür. Wer will schon seine Daten in einer chinesischen Cloud deponieren?

Das Sagen und die Macht haben also weiterhin die Amerikaner – wie im Himmel so auch auf Erden beziehungsweise auf dem Meeresboden.

Kabbeln um Kabel

Der Laie wundert sich, dachte er doch, der weltweite Internetverkehr erfolge via Satelliten, die tausendfach im Weltraum herumschwirren. Aber nein, die Internetkommunikation erfolgt über Kabel, die auf dem Boden der Meere versenkt sind. Tiefseekabel seien billiger als Satelliten, erklärt der Experte dem Laien. Tauchen wir also ein in diese unbekannte, aber faszinierende Welt der Tiefseekabel, ohne die nirgendwo auf dieser Welt das Internet funktionieren würde. Mehr als 500 Kabelleitungen mit einer Gesamtlänge von 1,3 Millionen Kilometern lagern auf dem Boden der verschiedenen Meere dieser Welt. Bis vor nicht allzu langer Zeit verrichteten sie dort zuverlässig ihre Dienste, egal, was über dem Meeresspiegel passierte.

Doch mit Beginn des Tech-Krieges wurden auch sie zum Politikum: »Wem sie gehören und welche Routen sie nehmen, sind zu Machtfragen eines härter werdenden geo-ökonomischen Wettbewerbs zwischen den USA und China geworden, bei dem Europa bislang nur eine Zuschauerrolle einnimmt. China und die USA sind der EU in ihrem Einfluss auf die Internet-Infrastruktur [...] weit voraus«[33], schreibt der Politikwissenschaftler Josef Braml in seinem Buch *Die transatlantische Illusion*.

Unterwasserkabel werden seit über 150 Jahren verlegt. Das erste wurde 1850 zwischen England und Frankreich versenkt, ehe im August 1858 das erste transatlantische Kabel zwischen Schottland und Neufundland mit einem Telefonat zwischen der englischen Königin Victoria und dem US-Präsidenten James Buchanan eingeweiht wurde. Bis Anfang des 21. Jahrhunderts kümmerten sich um die Verlegung dieser Kabel ausschließlich die betroffenen Telefongesellschaften beziehungsweise Telekomunternehmen. Doch dann kam das Internet, und plötzlich hatten auch die großen Tech-Konzerne Interesse an diesen Glasfaserkabeln auf dem Meeresboden.

Das Verlegen dieser Kabel ist eine sehr komplexe und gefährliche Angelegenheit. Es werden Spezialschiffe benötigt. Die Crew und die Techniker sind oft mehrere Monate unterwegs. Lange Zeit beherrschten dieses Geschäft nur drei Unternehmen: NEC (Japan), Alcatel Submarine Networks (Frankreich/Finnland) und SubCom (USA). Doch vor rund 15 Jahren tauchte ein neuer Wettbewerber auf: HMN Tech. Und der stammt aus China. Früher hieß die Firma Huawei Marine Networks. Inzwischen ist Huawei ausgestiegen, aber das Unternehmen HMN ist immer noch in chinesischer Hand und damit vor allem den USA sehr suspekt. Sie wittern Spionage und möglicherweise auch Sabotage.

Und so wurden die Kabel zum Politikum, zu einem weiteren Streitpunkt im Tech-Krieg. Jüngstes Beispiel: ein Kabel von Hongkong nach Europa. Das Projekt trägt den umständlichen Namen South East Asia-Middle East-Western Europe 6, kurz SEA-MEWE 6. Es sollte von Hongkong über die chinesische Insel Hainan und dann von Singapur, Pakistan, Saudi-Arabien, Ägypten nach Frankreich verlegt werden. Eigentlich sollte den Vertrag die chinesische HMN bekommen. Mit 500 Millionen Dollar war ihr Angebot um ein Drittel günstiger als das der amerikanischen SubCom. »Aber die US-Regierung war besorgt über die Möglichkeit, dass China diese sensiblen Kommunikationskabel ausspionieren könnte, und führte eine erfolgreiche Kampagne durch, um den Auftrag durch Anreize und Druck auf die Konsortialmitglieder an SubCom zu übergeben«[34], ergab eine umfangreiche Recherche des in Singapur stationierten Reuters-Journalisten Joe Brock.

Der Reihe nach stiegen Mitglieder des Konsortiums aus, darunter die Telekomgesellschaften Bharti Airtel (Indien), Sri Lanka Telecom, Orange (Frankreich) und Telecom Egypt. Den Zuschlag bekam stattdessen – wenig überraschend – SubCom. Das Unternehmen mit Sitz in New Jersey führe ein Doppelleben, schreibt Brock. Einerseits beteiligt es sich an privaten Deals, anderseits arbeitet es auch für das US-Militär, verlegt zum Beispiel Kabel zu den US-Marinestützpunkten Guam im Pazifik oder Diego Garcia im Indischen Ozean.

Besonders brisant ist die Lage im Südchinesischen Meer, das ja bekanntlich China nahezu in seiner Gänze für sich beansprucht. Deshalb ist dieses Gewässer für die USA tabu. Als Google, Meta und Amazon neue Kabel zwischen den USA und Hongkong just durch das Südchinesische Meer verlegen lassen wollten, kam ein Nein der US-Regierung. Die Kabel mussten Richtung Japan und Philippinen umgeleitet werden.

Es gilt die neue Regel: Kabel nur noch durch *friendly waters*. Der Tech-Krieg ist auf dem Boden der Meere angekommen.

KAPITEL 5

QUANTENTECHNOLOGIE

Großer Sprung nach vorn

»Quantencomputer könnten für Wirtschaft, Gesellschaft und unsere Lebensweise ein völlig neues Zeitalter einläuten.«

Michio Kaku, amerikanischer Physiker

Wenn – egal, ob in China, den USA oder Europa – über Zukunftstechnologien gesprochen wird, taucht in der Aufzählung eine garantiert immer auf: die Quantentechnologie. Von ihr erwartet man wahre Wunderdinge. Zum Beispiel in der Medizin: Quantensensoren können schnell und kostengünstig Krankheiten wie Alzheimer, Epilepsie oder Parkinson diagnostizieren. Oder in der Pharmazie, wo die Forschungszeiten für Arzneimittel rapide verkürzt werden können. Oder in der Wirtschaft, wo eine schnellere und effizientere Produktion möglich werde. Aber auch im militärischen Bereich, wo mithilfe eines neuen Radars der Gegner leichter aufzuspüren sei.

»Quantentechnologien sind eine Zukunftstechnologie mit disruptivem Potenzial und besonders vielversprechenden Anwendungsperspektiven«[1], schreibt die Bundesregierung in ihrem Handlungskonzept. Sie ist deshalb neben der Künstlichen Intelligenz eine der ganz großen *Enabling Technologies.*

Man muss allerdings sehr tief in die Physik eintauchen, um die Quantentechnologie zu verstehen. Und man muss dabei über 100 Jahre zurückgehen und stößt dabei auf bekannte deutsche Forschernamen. Albert Einstein und Max Planck waren die Begründer der Quantenphysik, der Lehre von den kleinsten Teilen. Auf der Basis ihrer Forschung entstanden die Produkte der Quantentechnologie der ersten Generation: Laser, Halbleiter, MRT und Satellitennavigationssysteme.

An diese ruhmeiche deutsche Vergangenheit erinnert Ex-Bosch-Chef Volkmar Denner, wenn er mahnt: »Die bahnbrechenden Fortschritte der Quantenphysik sind größtenteils in Europa erzielt worden. Wir müssen alles tun, damit aus der Quantentechnologie nicht nur eine amerikanische und asiatische, vielmehr auch eine europäische Erfolgsgeschichte wird.«[2] Diese Worte Denners sind angebracht, denn jetzt – da wir am Beginn der Quantentechnologie der zweiten Generation stehen – muss Europa aufpassen, nicht den Anschluss zu verpassen. In einer Roadmap des European Quantum Industry Consortium (QuIC) heißt es selbstkritisch: »Europa führt diese Entwicklung nicht an. Obwohl Europa auf eine lange Forschungstradition in der Quantenphysik zurückblickt, gibt es in den USA größere IT-Unternehmen mit viel größeren finanziellen Ressourcen, und China hat erhebliche öffentliche Investitionen in die Entwicklung von Quantentechnologie bereitgestellt.«[3]

Der chinesische Staat investiert in der Tat am meisten in die neue Technologie. 15,3 Milliarden Dollar sollen es 2022 nach Angaben der Unternehmensberatung McKinsey gewesen sein. Europas Staaten folgen mit 7,2 Milliarden, die USA mit 3,7 Milliarden Dollar. Aber in den USA fließt statt staatlichem vor allem viel privates Kapital in die Entwicklung der Quantentechnologie. Deshalb gibt es dort auch viele Start-ups in dieser noch jungen Technologie.

Die Quantentechnologie wird in drei Bereiche unterteilt: Quantencomputer, Quantenkommunikation und Quantensensorik.

Die USA und China sind aktuell jeweils in einer Disziplin der Quantentechnologie führend. Die USA bei den Quantencomputern, China bei der Quantenkommunikation. Im dritten Bereich – der Quantensensorik – gibt es keinen klaren Leader. Alle drei Bereiche sind unterschiedlich weit in ihrer Entwicklung. Aber man kann generell sagen, dass es noch einige Zeit braucht, bis die Quantentechnologie der zweiten Generation marktfähige Produkte generiert.

Optimisten rechnen damit, dass es bei den Quantencomputern mindestens noch 5 bis 15 Jahren dauern wird. Solange es die Quantencomputer noch nicht gibt, muss man sich mit den herkömmlichen digitalen Computern begnügen. Von denen gibt es auch einige Prachtexemplare. Der schnellste steht in den USA – oder doch in China?

Supercomputer und ihre Grenzen

Flop ist eigentlich ein negativ besetzter Begriff. Aber nicht in der Sprache der Computerexperten. In Flops wird nämlich die Leistung von sogenannten Supercomputern gemessen. Flops ist das Kürzel von *Floating Point Operations per Second*. Je mehr Flops desto schneller und desto leistungsfähiger sind diese riesigen Computer, die mehrere Tonnen wiegen können. Einer von ihnen heißt Frontier und steht im Oak Ridge National Laboratory im US-Bundesstaat Tennessee. Rund 600 Millionen Dollar hat dieses intelligente Prachtstück gekostet, überwiegend finanziert vom US-Energieministerium, für das es auch arbeitet. Der Frontier schafft mehr als 1,1 Trillionen Berechnungen pro Sekunde. Damit ist er Weltspitze.

Das ergab die aktuelle Liste der Top 500 der leistungsfähigsten Computer der Welt. Sie wird seit 1993 zweimal im Jahr von Jack Dongarra, Informatikprofessor an der University of Tennessee, zusammen mit ein paar Mitstreitern herausgegeben. Im Juni 2023 lag Frontier vorn. Es folgten der Fugaku (Japan) und der Lumi (Finnland). Erst an siebter Stelle tauchte der erste chinesische Supercomputer auf – der Sunway TaihuLight in Wuxi. Auf Platz zehn dann mit dem Tianhe noch ein zweiter chinesischer Megarechner. Aber insgesamt dominieren die Amerikaner mit fünf Computern unter den Top Ten. Auch unter den Top 500 haben die USA mit 150 Computern mehr als China (130). Auf Platz drei dieser Liste liegt übrigens Deutschland mit 36 dieser Supercomputer (der beste auf Platz 12 steht im Kernforschungszentrum Jülich).

Aber spiegelt dieses Ranking auch die Realität wider? Da ist sich selbst Jack Dongarra nicht ganz sicher. Gegenüber der *South China Morning Post* sagte er: »China ist immer noch das Land, das die meisten Supercomputer produziert.«[4] Dongarra, der immer mal wieder in China unterwegs ist, ist auch überzeugt, dass China viel leistungsfähigere Computer hat, als bekannt ist. Sogar solche, die dem Frontier den Titel des Weltmeisters streitig machen könnten. Einer soll im National Supercomputing Center in Shenzhen stehen. Seit ein paar Jahren hält sich China jedoch mit Informationen über seine Supercomputer zurück. Dongarra ahnt warum: »Vielleicht könnte das Schlagzeilen machen und China ins Rampenlicht rücken. Es könnte dazu führen, dass die USA Maßnahmen gegen China ergreifen, die den Technologietransfer nach China weiter einschränken würden.«[5]

China will also durch Erfolgsmeldungen keine schlafenden Hunde in den USA wecken, um dann weitere Sanktionen zu provozieren. Das betrifft vor allem die Chipfrage. Diese Supercomputer benötigen sehr hochwertige Chips, die vor allem aus den USA (AMD, Intel und Nvidia) kommen. Es bleiben offene Fragen: Wie kommen die Chinesen an diese Chips? Wie weit sind sie bei der eigenen Chipentwicklung? Auch wenn man vorerst die Antworten nicht kennt, ist davon auszugehen, dass China bei der Entwicklung seiner Supercomputer weiter ist, als offiziell bekannt ist und auf jeden Fall pari mit den Amerikanern. Schließlich sind diese Rechenmonster sehr hilfreiche Begleiter bei der Entwicklung all der neuen Technologien, die in der chinesischen Prioritätenliste ganz oben stehen. Mit diesen Supercomputern lassen sich zum Beispiel komplexe Vorgänge in der Klimaforschung, der Medizin, der Genetik, aber auch in diversen Wirtschaftsbereichen simulieren. Vor allem bei den verschiedenen Anwendungen der Künstlichen Intelligenz können diese Supercomputer wertvolle Hilfe leisten. Dort braucht man Computer mit gigantischen und schnellen Rechenleistungen.

Hierbei sind selbst die Supercomputer überfordert. Deshalb setzt man nicht nur in der KI-Branche große Hoffnungen auf die Quantencomputer. Diese seien mehr als nur ein weiterer leistungsfähiger Computertyp, sagt der US-Physiker Michio Kaku. »Sie repräsentieren einen völlig neuen Computertyp«[6].

Quantensprung mit dem Quantencomputer

Das Wunderding ist nur 2 mal 2,5 Zentimeter groß. Es besteht aus einem Stück Aluminium, das wiederum auf einem Stück Silizium aufgebracht wurde. Nur zehn Exemplare gibt es davon weltweit. Eines ist seit Juli 2021 in der Elektronikabteilung des Deutschen Museums in München zu bestaunen. Dass dieser nahezu einmalige Winzling in München ausgestellt wird, ist dem hartnäckigen Nachhaken der Kuratorin Luise Allendorf-Hoefer zu verdanken – und der Tatsache, dass München auch Sitz von Google Deutschland ist.

Der Google-Konzern ist nämlich der Besitzer dieses Prozessors namens Sycamore, der historische Bedeutung hat. Er steckte in einem Quantencomputer, der in einem Google-Forschungslabor im kalifornischen Santa Barbara steht. Im Oktober 2019 verkündete Google in der Zeitschrift *Nature*, dass dieser Quantencomputer ein mathematisches Problem in 3 Minuten und 20 Sekunden lösen kann, für das die schnellsten Supercomputer der Welt mehr als 10 000 Jahre benötigen würden. Google reklamierte für sich, damit Quantenüberlegenheit (*quantum supremacy*) erreicht zu haben. Gemessen wird die Leistung dieser neuen Art von Computer nicht mehr in Bits, sondern in sogenannten Qubits. Sycamore brachte es auf 54 Qubits. Doch etwas mehr als ein Jahr später nach Googles Paukenschlag konterten die Chinesen. Am 3. Dezember 2020 vermeldete ein Team der University of Science and Technology of China (USTC) in der Zeitschrift *Science*, dass auch sie einen Quantencomputer ans Laufen gebracht haben. Sein Name: Juizhang (66 Qubits). Er soll zehn Millionen Mal schneller sein als der Sycamore. Und kurze Zeit lieferten die USTC-Forscher noch einen weiteren Computer mit dem Zuchongzhi (ebenfalls mit 66 Qubits) nach. Die chinesische Überlegenheit hielt nur kurz, denn dann präsentierte im November 2021 der US-Konzern IBM den Eagle (127 Qubits) und im November 2022 den Osprey (433 Qubits). Inzwischen kündigt IBM schon für 2024 den Condor mit 1 000 Qubits an, und auch das chinesische Unternehmen Origin Quantum aus Hefei denkt in diesen Größenordnungen.

Es ist ein globales Wettrennen um den schnellsten Quantencomputer ausgebrochen. Es beteiligen sich Konzerne, aber auch Startups. Mit dabei an vorderster Front: Google, Microsoft, Intel, IBM, Rigetti und Honeywell – und die Chinesen. Michio Kaku nennt es ein »Billionen-Dollar-Glücksspiel«.

An euphorischer Begleitmusik fehlt es nicht. Googles CEO Sundar Pichai vergleicht die Entwicklung von Quantencomputern mit dem historischen Flug der Gebrüder Wright anno 1903. Darío Gil, Forschungschef von IBM, schwelgt: »Quantum Computing hat die Kraft, fast jeden Sektor zu verändern und uns dabei zu helfen, die größten Probleme unserer Zeit zu lösen.«[7] Ähnliche Euphorie durchzieht fast das gesamte Buch *Wettlauf um die Zukunft* von Michio Kaku. Der Untertitel seines Werkes verrät seine unbändige Fortschrittsgläubigkeit: *Wie der Quantencomputer die Probleme der Menschheit lösen wird.* Quantencomputer haben – so Kaku – »das Potenzial, die Weltwirtschaft zu revolutionieren, eine nachhaltige Zukunft zu schaffen und eine Ära der Quantenmedizin einzuläuten, die es erlaubt, bisher unheilbare Krankheiten zu heilen.«[8] Etwas nüchterner urteilt das European Quantum Industry Consortium (QuIC): »QC hat ein enormes Potenzial zur Lösung von Optimierungsproblemen in vielen Branchen.«[9]

Die große Frage ist, wann es diesen neuen Computertyp in Serie (nicht für den Endverbraucher, aber für Unternehmen und Institutionen) geben wird. Denn ein solcher Computer ist ein höchst sensibles Gerät. Er reagiert äußerst empfindlich auf geringfügige Störungen im Computer oder seiner Umgebung – seien es zum Beispiel leichte Erschütterungen oder Temperaturschwankungen. Deshalb muss noch viel Geld und Zeit in die Forschung investiert werden, bis ein funktionsfähiger Serienquantencomputer auf den Markt kommt.

Optimisten gehen wie gesagt von 5 bis 15 Jahren aus, Pessimisten prophezeien hingegen, dass er nie kommen werde. Kai-Fu Lee vertritt den realistischen Mittelweg und schreibt: »Angesichts der erwähnten Probleme glauben die meisten Experten, dass es zwischen zehn und 30 Jahren dauern wird, einen funktionstüchtigen Quantencomputer zu entwickeln.«[10]

In Kombination mit der Künstlichen Intelligenz wird er dann ein unschlagbares Duo ergeben. In der Vergangenheit war KI mit digitalen Computern verbunden. Doch für viele KI-Anwendungen sind hohe Rechenleistungen nötig, und da stoßen die klassischen Computer schnell an ihre Grenzen. Die Lösung: der Einsatz der viel, viel stärkeren Quantencomputer. KI und Quantencomputer ergänzen sich nämlich nahezu ideal. Kaku schreibt: »KI hat die Fähigkeit, neue, komplexe Aufgaben zu erledigen, und Quantencomputer können die dazu nötigen rechnerischen Muskeln liefern.«[11] Google-Chef Sundar Pichai sagt: »Ich denke, die KI kann das Quantencomputing beschleunigen, und das Quantencomputing kann die KI beschleunigen.«[12]

Aber die Quantentechnologie ist mehr als nur der Quantencomputer, der sicher der zentrale und vielleicht auch spektakulärste Teil der Quantentechnologie ist. In all ihren drei Bereichen (Computing, Kommunikation, Sensorik) hat das globale Rennen begonnen.

Das Rennen hat begonnen

In den 1940er Jahren des vergangenen Jahrhunderts gab es zwischen den USA und Deutschland ein Wettrennen darum, wer zuerst eine Atombombe bauen kann. In den USA liefen die Forschungen unter dem Tarnnamen Manhattan Project. Rund 150 000 Personen sollen direkt oder indirekt daran beteiligt gewesen sein. Unter der wissenschaftlichen Leitung des Physikers Robert Oppenheimer haben die USA das Rennen gewonnen.

Eine ähnliche amerikanische Kraftanstrengung wie das Manhattan Project fordert nun auch Duncan Earl, diesmal in Sachen Quantentechnologie. In einem Beitrag für das Fachblatt *Physics World* schreibt der amerikanische Quantumphysiker und Serienentrepreneur: »Der Quantenwettlauf der USA mit China könnte in gewisser Weise mit dem Wettlauf um die Entwicklung der Nukleartechnologie in den 1940er Jahren verglichen werden.«[13]

Ist die Quantentechnologie eine ähnlich revolutionäre Entdeckung wie die Nukleartechnologie? Ja, sagen viele Wissenschaftler und auch Praktiker in der Wirtschaft. Und wie die Atomtechnik hat sie auch eine zivile wie militärische Dimension. In allen großen Nationen wurden deshalb Forschungsprogramme aufgelegt, 2018 in den USA der National Quantum Initiative Act und in der EU das Quantum Flagship. Japan gab sich 2022 eine Vision of Quantum Future Society. Und China verankerte die Quantentechnologie im aktuellen Fünfjahresplan als eine von sechs Schlüsseltechnologien.

Interessant ist, dass sich hierbei in den vergangenen Jahren eine Russland-China-Connection entwickelt hat. Im Zentrum steht dabei der junge Shooting-Star Alexey Fedorov (Jahrgang 1993), Forschungschef am Russian Quantum Center (RQC) und jüngster Professor aller Zeiten am Moscow Institute of Physics and Technology. Er sagt gegenüber *The South China Morning Post*: »Es ist sehr wichtig zusammenzuarbeiten, denn gemeinsam können wir Dinge schaffen, die alleine nur schwer zu schaffen wären.«[14] China und Russland würden sich ergänzen. Russland beziehungsweise die Sowjetunion haben und hatten viel wissenschaftliches Know-how in der Physik, wovon sechs Nobelpreise in diesem Fach zeugen. Ruslan Yunusov, Mitbegründer des RQC, sagt: »Nicht viele wissen es, aber die russische Schule der Quantenphysik ist sehr, sehr erfolgreich und sehr stark.«[15]

Da sich die Entwicklung der Quantentechnologie noch in einem relativ frühen Stadium befindet, ist momentan nicht abzusehen, wer in diesem Rennen um die Führerschaft vorn liegt oder letztlich gar das Rennen macht. China und die USA sind sicher in der Poleposition – derzeit jedenfalls. Der eingangs erwähnte Duncan Earl nimmt nochmals den Manhatten-Project-Vergleich auf und fragt etwas besorgt: »Wo ist unser Oppenheimer für den heutigen Wettbewerb um die Entwicklung der Quantentechnologie?«[16]

China hat bereits – wenn man so will – seinen Oppenheimer. Er heißt Pan Jianwei und ist Physikprofessor an der University of Science and Technology of China (USTC) in Shanghai. Und er hat eine interessante Beziehung nach Deutschland.

Die Heidelberg-Connection

Pan Jianwei ist in Chinas Wissenschaftscommunity der große Star. »Father of Quantum« oder »der chinesische Einstein« wird er dort tituliert. Auch internationale Anerkennung wird ihm zuteil. Die Zeitschrift *Nature* zählte ihn schon 2017 zu den zehn wichtigsten globalen Forschern. Weltweite Beachtung fand Pan, als er 2016 mit dem Micius den ersten quantenfähigen Satelliten ins All schickte.

Pan ist Professor für Quantenkommunikation an der University of Science and Technology of China (USTC). Dort hat er auch einst studiert, bevor er anfangs der 2000er Jahre nach Europa ging, erst nach Innsbruck und dann nach Wien, wo er beim Quantenforscher Anton Zeilinger, der 2022 den Nobelpreis für Physik bekam, promovierte und forschte. »Tag und Nacht verbringt Pan im Labor, beherrscht vom Wunsch, Quanten zu verstehen«[17], schreiben Sophia Stahl und Till Eckert über seine Wiener Zeit. Die beiden Autoren zeichnen in ihrem *Correctiv*-Artikel »Wie die Uni Heidelberg Teil von Chinas Quantenstrategie wurde« den Weg von Pan Jianwei nach.

Im Juli 2003 wechselte der damals 33-jährige Pan Jianwei an die Heidelberger Universität. Dort arbeitete er erst mit dem Physikprofessor Jörg Schmiedmayer (heute Uni Wien) und später mit Matthias Weidemüller zusammen. Es gab einen regen personellen Austausch zwischen China und Heidelberg. Schmiedmayer lehrte auch in Beijing, Weidemüller später in Shanghai. Pan holte einige USTC-Forscher nach Heidelberg. Er selbst pendelte häufig zwischen beiden Ländern, ehe er 2009 mit seinem kompletten Labor (wofür China 170 000 Euro überwies) und einigen (chinesischen) Mitarbeitern nach China zurückkehrte.

»So kaufte sich China geballtes Wissen um eine Technologie mit riesigem gesellschaftlichen und wirtschaftlichen Potential ein«, kritisieren die beiden *Correctiv*-Autoren. Pan hat nach seiner Rückkehr in China einige Start-ups gegründet. Außerdem gebe es enge Kontakte zwischen Pan und dem Militär, behaupten Stahl und Eckert. Hat also Pan mithilfe der Heidelberger Uni zum Aufbau der chinesischen Quantenindustrie einschließlich militärischer Nutzung beigetragen? Pan wie die Heidelberger Wissenschaftler beteuern, sie hätten nur Grundlagenforschung betrieben. Aber die Grenzen zwischen dieser und der angewandten Forschung sind nun mal fließend.

Wenn man zynisch sein will, kann man immerhin positiv vermerken, dass die deutsche beziehungsweise europäische Quantenforschung nicht so schlecht sein kann, wenn sich der chinesische Einstein hier die wissenschaftlichen Grundlagen für seine späteren Erfolge geholt hat.

Deutschland mittendrin statt nur dabei

Deutschland hat – wie eingangs des Kapitels erwähnt – eine Reihe berühmter Physiker hervorgebracht: Albert Einstein, Werner Heisenberg, Max Planck. Ihr Glanz strahlt heute noch nach. »Die deutsche Quantenforschung an Universitäten und außeruniversitären Forschungseinrichtungen hat eine lange Tradition und ist international hoch angesehen«[18], heißt es lobend in dem Report »Innovationspotenzial der Quantentechnologie der zweiten Generation«, der von der Deutschen Akademie der Technikwissenschaften (acatech) herausgegeben wurde. Und auch im »Handlungskonzept Quantentechnologien« der Bundesregierung wird Deutschland »eine gute Position« attestiert und die starke Grundlagenforschung als ein Pluspunkt des Landes bezeichnet. Bei Patenten liege Deutschland weltweit auf Platz vier (hinter China, den USA und Japan) und ebenso bei der Anzahl der wissenschaftlichen Papiere (hinter USA, China und Großbritannien). Deshalb zeigte sich Forschungsstaatssekretär Mario Brandenburg Ende April 2023 nach Verabschiedung des Handlungskonzepts mutig: »Unser Ziel ist es, Deutschland in der Quantentechnologie in der Weltspitze zu etablieren.«[19]

In der Quantentechnologie könnte der alte Kontinent tatsächlich neben China und den USA eine wichtige Rolle spielen. Nicht unbedingt bei den Quantencomputern. Da liegen – siehe oben – die USA und China vorn. Aber immerhin steht ein sehr leistungsfähiger

Quantencomputer in Deutschland, nämlich in Ehningen bei Stuttgart. Der gehört zwar IBM, darf aber zum Beispiel von der Fraunhofer Gesellschaft und anderen benutzt werden.

Hoffnung macht, dass die Forschung hierzulande den Elfenbeinturm verlassen hat und schon in der Wirtschaft angekommen ist. »Für alle Quantentechnologien der zweiten Generation gibt es in Deutschland eine große Zahl potenzieller Anwender aus vielen unterschiedlichen Branchen«[20] – so die acatech-Studie. Zum Beispiel in der Autoindustrie: BMW, Daimler und VW beschäftigen bereits seit einigen Jahren Abteilungen mit dieser neuen Technologie. BMW hat schon 2017 Quantentechnologie als wegweisende Zukunftstechnologie identifiziert und auf seinem Digital Campus in München ein interdisziplinäres Projektteam eingesetzt. Es versucht, mithilfe der Quantentechnologie den Robotereinsatz in der Produktion effizienter zu planen oder auch chemische Prozesse in der Batterieforschung zu simulieren.

BMW hat auch 2021 das Quantum Technology and Application Consortium (QUTAC) mitgegründet. Ihm gehören inzwischen 13 deutsche Unternehmen an – von BASF über Merck bis Trumpf. Sie alle haben erkannt, welches Potenzial die Quantentechnologie haben könnte und testen deshalb schon in diesem frühen Stadium in ausgewählten Bereichen deren Einsatz. So simuliert der Pharmakonzern Merck klinische Studien, und der Maschinenbauer Trumpf versucht, den Zeitplan für die Fertigung (das sogenannte *Scheduling*) zu optimieren.

Fast gleichzeitig hat sich auf europäischer Ebene das European Quantum Industry Consortium (QuIC) konstitutiert. Es ist breiter aufgestellt als das deutsche. Auch Start-ups und Mittelständler sind neben den Konzernen dabei. Zum Beispiel auch der Flugzeugbauer Airbus, der mit dem Physiker Thierry Botter den Geschäftsführer des Konsortiums stellt. Airbus baut ja auch Militärflugzeuge und weiß deshalb, dass die Quantentechnologie ebenso eine militärische Dimension hat.

Die militärische Dimension

Ende September 2023 trat NATO-Generalsekretär Jens Stoltenberg auf der Quantum Conference in Kopenhagen auf. Während des Fluges in die dänische Hauptstadt habe er zur Vorbereitung zwei Artikel über Quantenphysik gelesen, sagte er zu Beginn seines Vortrages. Er bekannte offen, dass er wenig verstanden habe. Und dann fügte der studierte Ökonom hinzu: »Auch wenn wir nicht alle Komplexitäten dieser neuen Technologie verstehen, so verstehen wir, dass sie für unsere Gesellschaft und nicht zuletzt für unsere Sicherheit wirklich wichtig ist.«[21] Es reicht also, wenn man die Folgen versteht. Und die sind in der Tat gravierend, auch und gerade für Militärs. Denn die Quantentechnologie wird das Militär und die Kriegsführung verändern.

Die Quantentechnologie ist für die Militärs freilich ein zweischneidiges Schwert. So sagte Stoltenberg auf der Kopenhagener Konferenz auch: »Quantentechnologien können unsere Leistung oder unsere Erkennung in Navigations- und Radarsystemen erheblich verbessern, aber auch Wettbewerbern dabei helfen, unsere Gerätschaften zu verfolgen.«

Bei den Militärs setzt man vor allem auf die Quantensensorik, die gegnerisches Gerät – ob unter Wasser oder in der Luft – viel früher als heute entdecken kann. Aber auch von der Quantenkommunikation erhoffen sich die Militärstrategen viel, im Idealfalle eine nicht mehr vom Feind zu knackende interne Kommunikation. Andererseits müssen die Militärs – solange es diese sichere Kommunikation noch nicht gibt – wachsam sein, denn – so Michio Kaku – »mithilfe eines Quantencomputers könnte ein Hacker vermutlich in jeden digitalen Computer auf der ganzen Welt einbrechen und dadurch Industrien aller Art und sogar das Militär lahmlegen.«[22]

Vieles ist noch Zukunftsmusik, aber geforscht wird schon heute. Die NATO hat in Dänemark das DIANA Quantum Centre etabliert. Es hängt organistorisch an dem Defence Innovation Accelerator for the North Atlantic (DIANA) in London. Bei einem Treffen der NATO-Außenminister Ende November wurde zum ersten Mal eine Quantum-Strategie verabschiedet. Und auch die US Navy und

Air Force haben bereits Quantum Research Labs installiert. Was die chinesischen Militärs genau tun, ist nicht bekannt. Aber immerhin wurde schon 2017 in dem Spezial-Fünfjahresplan für Wissenschaft und Technologie für die Military-Civil-Fusion die Entwicklung der Quantentechnologie als oberste Priorität genannt. Was man aber weiß, ist: Die Forschungsinstitutionen des chinesischen Militärs – wie zum Beispiel die Academy of Military Sciences (AMS) und die National University of Defense Technology (NUDT) – haben ihre Anstrengungen in Sachen Quantentechnologien verstärkt. Und auch die Forscher um Pan Jianwei am USTC sollen ihre Erkenntnisse dem Militär zur Verfügung stellen.

KAPITEL 6

ENERGIE UND VERKEHR

Heiße Pläne

»Bei grüner Energie hat China bereits das Ziel einer dominanten Rolle in diesem Jahrhundert erreicht.«

Daniel Yergin, amerikanischer Energieexperte

UN-Vollversammlung, 23. September 2020. Weil zu der Zeit Corona grassierte, sprachen die Staats- und Regierungschefs per Video in den nahezu menschenleeren Raum. Auch Chinas Staatspräsident Xi Jinping war nur auf dem Bildschirm präsent. Er überraschte die internationale Zuhörerschaft mit der Ankündigung: »Wir streben einen Wendepunkt bei den Kohlendioxid-Emissionen vor 2030 und Kohlenstoff-Neutralität vor 2060 an.«[1] Zum ersten Mal nannte Xi ein Klimaziel, auch wenn es zehn Jahre hinter dem Ziel der deutschen, europäischen und amerikanischen Regierungen liegt. Diese wollen die Neutralität schon 2050 erreichen.

Vor dem Hintergrund dieser Versprechen vieler Nationen rücken alternative Energiequellen zu den fossilen Brennstoffen zunehmend in den Blickwinkel von Politikern, Wissenschaftlern und Unternehmern. Die traditionellen alternativen Energien aus Sonne und Wind erleben einen Boom, von dem vor allem China aufgrund seiner einzigartigen Wertschöpfungskette profitiert. China ist bei erneuerbaren Energien weltweit an der Spitze – in Technologie und Produktion. EU und USA versuchen, mit milliardenschweren Programmen gegenzuhalten – bislang mit mäßigem Erfolg. »Trotz aller Versuche der USA, der EU und anderer fortgeschrittener Volkswirtschaften, die Produktion im Bereich grüner Technologien anzukurbeln, wird China aufgrund seiner Führungsrolle in vielen dieser Bereiche – insbesondere in der Solar-, Wind- und Batterietechnologie – zumindest im nächsten Jahrzehnt ein führender Lieferant bleiben«[2], prophezeit Matthew Oxenford von der Economist Intelligence Unit (EIU).

Neben Sonne und Wind werden aber auch Wasserstoff und weitere, eher futuristisch anmutende Alternativen diskutiert. Zum Beispiel die Kernfusion, die im Gegensatz zur herkömmlichen Kernspaltung sicherer ist. Oder Thorium-Reaktoren. Oder – das klingt sehr nach Science-Fiction – Solarparks im All. An all diesen Alternativen wird geforscht – in den USA, China und auch Europa, allerdings mit unterschiedlicher Intensität.

Da es einen engen Konnex zwischen dem Energie- und dem Verkehrssektor – einem der größten Energieverbraucher – gibt, kommt auch dem Verkehr eine immer größere Bedeutung beim Klimawandel zu. Das zeigt sich beim Boom der Elektroautos. Auch dort ist China einer der Hauptprofiteure, weil es wie bei den erneuerbaren Energien schon frühzeitig eine Batterieindustrie aufgebaut und sich die nötigen Rohstoffe für diese gesichert hat. Auch bei der umweltfreundlichen Bahn fährt China auf seinem immer dichter werdenden Hochgeschwindigkeitsbahnnetz inzwischen vorweg.

Neben diesen traditionellen Verkehrsmitteln auf Straße und Schiene wird in China, aber auch in den USA und Europa über neue Fortbewegungsmittel der nahen und fernen Zukunft nachgedacht, wie zum Beispiel Passagierdrohnen, die am Himmel über Metropolen verkehren. Aber auch über mit Personen besetzte Kapseln, die mit einer Geschwindigkeit von 1 000 Kilometern pro Stunde durch Röhren gejagt werden oder – noch verrückter – über Flugzeuge, die mit mehrfacher Schallgeschwindigkeit in einer Stunde von Frankfurt nach New York fliegen können.

Es ist viel in Bewegung, sowohl auf dem Energie- als auch dem Verkehrssektor.

China – Dominanz bei Sonne und Wind

Sommer ist Taifun-Zeit in Ostasien. So tobte Ende August 2023 einer dieser gigantischen Stürme namens Haikui vor der Küste der südchinesischen Provinz Fujian. Es kam zu großflächigen Überschwemmungen und zahlreichen Evakuierungen. Angesichts dieser Horrorgeschichten wurde über eine Erfolgsmeldung, die der Taifun mit sich brachte, nur dezent berichtet. Draußen auf hoher See wurde nämlich ein neuer Rekord aufgestellt. Dort lieferte eine Windturbine binnen eines Tages so viel Energie wie keine andere vor ihr, nämlich exakt 348,1 Megawatt. Damit kann man fast 170 000 Haushalte für ein Jahr mit dem nötigen Strom versorgen. Die Anlage wurde von China Three Gorges Corporation (CTG) gebaut. Es ist ein nahezu monumentales Machwerk. Jeder Flügel ist 123 Meter lang und wiegt trotz des Einsatzes leichtgewichtiger Karbonfasern immer noch 54 Tonnen. Diese gigantischen Flügel hielten dem Taifun stand und rotierten mit einer bisher noch nie dagewesenen Geschwindigkeit.

CTG ist einer der vielen chinesischen Hersteller von Windturbinen, die technologisch führend sind und in dieser Branche zu den führenden Unternehmen der Welt gehören. Unter den Top Ten der Windanlagenhersteller sind allein sechs chinesische Firmen. Sie heißen Goldwind, Envision, Mingyang, Windey, Shanghai Electric und CSIC. Immerhin: Drei europäische Unternehmen (Vestas, Siemens Gamesa und Nordex) mischen sogar an der Spitze mit – und mit GE auch ein amerikanisches.

Noch deutlicher ist die Dominanz der Chinesen bei den Solarunternehmen. Von den zehn größten Solarzellenherstellern sind sieben aus China, zwei aus den USA und einer aus Kanada. Der amerikanische Energieexperte Daniel Yergin spricht von einer dominanten Rolle Chinas bei grüner Energie: »Im Bereich der grünen Energie hat China bereits das im Programm Made-in-China-2025 ausgegebene Ziel, bei den führenden Technologien eine dominante Rolle zu spielen, erreicht.«[3]

Warum hat China hierbei den Westen abgehängt? »Dies ist das Ergebnis einer Industriepolitik, die sich durch konsequente staatliche Unterstützung, hochintegrierte Lieferketten, Verdrängungswettbewerb, einheimische Innovation und Unternehmertum sowie Größenvorteile auszeichnet, die nur ein Land von der Größe Chinas bieten kann.«[4] Das sagt kein Staatsbeamter oder linientreuer Journalist, sondern Li Shuo, und der war Berater von Greenpeace China.

Vielleicht der wichtigste Pluspunkt Chinas: Das Land dominiert die Lieferkette der grünen Technologien – von den Rohstoffen bis zum Endprodukt.

Außerdem forschen die Chinesen bereits an der neuen Generation von Solarzellen. Statt aus Silizium sollen sie aus dem Mineral Perowskit bestehen. Sie sollen einen höheren Wirkungsgrad erzielen. Bei der Entwicklung dieser Perowskit-Zellen liegen derzeit offenbar die Chinesen vorn, allen voran Forscherteams um Professor Tan Hairen an der Nanjing Universität und Professor Zhu Zonglong an der City University of Hongkong. Die meisten akademischen Papiere – so das japanische Analyseunternehmen Fronteo – stammen inzwischen aus China.

Aber auch in den USA und Europa wird an dieser neuen Zellentechnologie geforscht. Zum Teil auch an einer Kombination von Silizium und Perowskit. Es ist noch zu früh zu sagen, wer bei diesem Wettstreit vorn sein wird. Wer weiß, vielleicht kommen die Europäer und Amerikaner auf diese Weise wieder zurück. Denn die USA waren mal spitze und die Deutschen auch. »Die Solarenergie steht wie keine andere Branche dafür, wie Deutschland seine Spitzenposition aus der Hand gegeben hat«[5], heißt es in der Studie »Weltklassepatente in Zukunftstechnologien« der Bertelsmann-Stiftung.

Droht nun der Windbranche Ähnliches? Jochen Eickholt, Chef von Siemens Gamesa, antwortet in einem Interview mit *Die Zeit:* »Wir fürchten, ein Schicksal wie das der Fotovoltaik-Industrie zu erleiden.«[6] Er fordert von der Politik, dass sie »das Thema bitte schön auch strategischer betrachten« solle. China würde das tun. Die Industriepolitik der EU sei sehr stark auf den Schutz des Wettbewerbs ausgerichtet, aber nicht ansatzweise so stark auf den Schutz und die Weiterentwicklung unserer heimischen Industrie. Das sollte korrigiert werden. Denn das sei in China oder den USA anders.

Allerdings sollte sich Eickholt auch an die eigene Nase fassen, denn Gamesa hat gerade in den vergangenen Jahren große interne Probleme zu vermelden. Es wird von gravierenden Qualitätsmängeln berichtet. Das Unternehmen steckt tief in den roten Zahlen und musste sogar um staatliche Unterstützung betteln.

Bei Sonne und Wind dominieren also die Chinesen. Kann sich das auch beim Wasserstoff, dem dritten großen Hoffnungsträger der alternativen Energien, wiederholen?

Wasserstoff – der Stoff, aus dem die Träume sind

Wenn das Wort Wasserstoff fällt, kommen deutsche Politiker geradezu ins Schwärmen. »Wasserstoff ist das Gas der Zukunft, wir werden einen großen Boom auslösen«[7], versprach Olaf Scholz im September 2022 auf dem Deutschen Arbeitgebertag. Forschungsministerin Bettina Stark-Watzinger verkündete: »Wir wollen Deutschland zur Wasserstoff-Republik machen.«[8] Und Wirtschaftsminister Robert Habeck sieht bereits »die nächste große Geschichte«[9]. Langsam, langsam, meine Dame, meine Herren – möchte man da rufen. Der gelobte Energieträger Wasserstoff ist vorerst nur ein vielversprechender Hoffnungsträger.

Wasserstoff – das ist der Stoff der Träume vieler Politiker, nicht nur in Deutschland. In der EU, in den USA und auch in China wird zunehmend auf Wasserstoff gesetzt. Wird er verbrannt, wird Energie freigesetzt – wie bei Kohle oder Öl. Aber der wichtige Unterschied aus ökologischer Sicht ist, dass beim Verbrennen von Wasserstoff kein verpöntes Kohlendioxid entsteht, sondern lediglich Wasserdampf. Wasserstoff ist also ein sehr sauberer Energieträger.

Aber wie gewinnt man Wasserstoff? Dazu ist ein bisschen Chemie-Unterricht nötig. Eine der wenigen Formeln, die einem durchschnittlich interessierten Schüler im Gedächtnis geblieben ist, lautet H_2O. Das ist Wasser und setzt sich aus H (Wasserstoff) und O (Sauerstoff) zusammen. Diese beiden Stoffe muss man also trennen, um an reinen Wasserstoff zu gelangen. Und wie trennt man diese beiden chemischen Stoffe? Durch Energie. Jetzt wird es bunt: Je nachdem, welche Energie man zum Trennen nutzt, spricht man von grünem, grauem oder blauem Wasserstoff. Werden alternative Energien – also Solar- oder Windenergie – zum Trennen benutzt, erzeugt man grünen Wasserstoff. Von grauem Wasserstoff spricht man, wenn man Gas benutzt und das dadurch entstehende Kohlendioxid in die Luft jagt. Wird das Kohlendioxid hingegen unterirdisch gespeichert, spricht man von blauem Wasserstoff.

Das Ziel ist klar: Man will möglichst schnell nur grünen, also umweltfreundlichen Wasserstoff erzeugen. So steht es in allen inzwischen aufgelegten Wasserstoffprogrammen der großen Industrienationen. Am ambitioniertesten ist die EU. Schon 2020 beschloss sie eine Wasserstoffstrategie mit ehrgeizigen Zielen, die dann im REPowerEU-Vorschlag vom Mai 2022 nochmals erhöht wurden. Die USA forcieren in ihrem Inflation Reduction Act (IRA) vom August 2022 das Thema Wasserstoff und wollen vor allem die Produktion von grünem Wasserstoff mit erheblichen Steuervorteilen ermöglichen. Und China legte im März 2022 den Medium- and Long-Term Plan for the Development of Hydrogen Energy Industry (2021 bis 2035) vor, der eine sukzessive Erhöhung des grünen Anteils an der Wasserstoffproduktion vorsieht.

Angesichts dieser Pläne stellen sich zumindest zwei Fragen: Wer soll all diesen Wasserstoff erzeugen? Wo stehen die Anlagen, woher kommen die Maschinen?

Um Wasser in Wasserstoff und Sauerstoff zu trennen, benötigt man Elektrolyseure. Wer baut diese Kästen in der Größe einer Wohnzimmerkommode? Es ist gerade ein gigantischer Markt im Entstehen. Europa hat noch eine starke Marktstellung, sowohl bei den Patenten als auch bei der Produktion. Aus Deutschland mischen Unternehmen wie Thyssenkrupp und Siemens sowie zahlreiche mittelständische Firmen mit. Als Siemens Anfang November 2023 im Berliner Stadtteil Moabit eine *Gigafactory* – darunter macht man es heutzutage nicht mehr – für Elektrolyseure einweihte, strömten Scholz und Habeck aus ihren nahen Büros herbei und überschlugen sich in Superlativen. Scholz schwärmerisch: »So fangen Märchen an, auch Industriemärchen.«[10] Ob ihm niemand gesagt hat, dass die Chinesen gerade den Weltmarkt für Elektrolyseure aufmischen?

In der Analyse »Elektrolyseure für die Wasserstoff-Revolution« der Stiftung Wissenschaft und Politik (swp) heißt es: »Führende (chinesische) Hersteller von Solaranlagen ebenso wie Staatsunternehmen sind in den Markt eingestiegen und verfolgen die gleiche Strategie, die bereits in anderen Sektoren wie der Solarbranche in die Marktdominanz mündete: massive Skalierung der Produktion, damit verbundene Senkung der Stückkosten und rasche Weiterentwicklung der Technologie.« Die Elektrolyseure aus China würden nur ein Fünftel der europäischen Modelle kosten, stellen die Autoren fest, und das »bei ähnlicher Effizienz und Qualität.«[11] So stammen die drei größten Hersteller der Welt nach Bloomberg-Angaben alle aus China: LONGi, Peric und Sungrow.

Wiederholt sich bei den Elektrolyseuren also die Geschichte der Solaranlagen? »Die Wahrscheinlichkeit ist hoch, dass in der Wasserstoffindustrie die gleiche oder eine ähnliche Geschichte passieren könnte, wie wir sie in der Solarindustrie gesehen haben«[12], sagt die Energie-Expertin von Bloomberg Wang Xiaoting gegenüber dem Newsletter *Recharge*.

Europa schlittert also auch bei der Wasserstoffproduktion in eine chinesische Abhängigkeit hinein, und zwar in eine doppelte Abhängigkeit. Wir benötigen die günstigen Elektrolyseure aus China angesichts des hohen Bedarfs. Und für die Elektrolyseure, die wir in Europa fertigen, brauchen wir Nickel. China hat zwar keine großen Nickelvorkommen, aber eine hohe Verarbeitungskapazität von Nickel. Ein Drittel der weltweiten Raffinadeproduktion von Nickel findet dort statt. Die swp-Autoren stellen deshalb fest: »Es führt an China kein Weg vorbei, will die EU ihre Ziele (bei der Wasserstoffproduktion) erreichen.«[13]

Es ist also immer wieder dasselbe Lied: Man blickt in Europa stolz nach vorn und denkt nicht vom Ende her. Man macht große Pläne und stellt fest, dass man dazu ja Rohstoffe braucht, die man gar nicht hat. Diese haben meist andere Länder, von denen man aber auf keinen Fall abhängig sein will.

Aber Wasserstoff wird trotz allem eine wichtige Energiequelle werden, auch weil seine Gewinnung keine großen technischen Probleme darstellt. Das kann man von den drei folgenden eher futuristischen Technologien zur Energiegewinnung nicht behaupten.

Science-Fiction I: Kernfusion oder wie man eine künstliche Sonne erzeugt

Kernspaltung ist – wie wir wissen – eine gefährliche, manchmal tödliche Angelegenheit. Als Mahnmal fungieren die Namen Harrisburg, Tschernobyl, Fukushima – Orte der Nuklearkatastrophen vergangener Jahrzehnte. Deshalb hat sich Deutschland aus der Atomenergie verabschiedet. Warum aber nicht das Gegenteil versuchen – die Kernfusion? Denn auch sie erzeugt Energie. Wie auf der Sonne. Man muss also »nur« die Bedingungen, die auf der Sonne herrschen, auf der Erde simulieren, also quasi eine künstliche Sonne erzeugen.

Die Kernfusion hat einen großen Vorteil: Sie ist ungefährlicher als die Kernspaltung. Ihr (bisheriger) Nachteil: Technologisch ist die Fusion ein sehr anspruchsvoller Vorgang. Denn es braucht extrem hohe Temperaturen und einen extrem hohen Druck, damit die Atome innerhalb eines Reaktors fusionieren. Die ideale Temperatur liegt bei rund 100 Millionen Grad. Das ist das Sechsfache der Temperatur auf der Sonne.

Ein Ort, an dem dies versucht wird, liegt in Hefei, der Hauptstadt der Provinz Anhui. Dort steht der Reaktor Experimental Advanced Superconducting Tokamak (EAST). Seit 2006 wird dort geforscht. Chef des Projekts ist der Physiker Li Jiangang. Gegenüber *Die Zeit* sagte er: »Obwohl Deutschland ein viel reicheres Land ist als China oder Indien, investieren wir und die Inder mehr Geld in die Fusionsforschung. Aus einem einfachen Grund: Wir brauchen diese neue Energie dringend für unser Wachstum und für die Zukunft.«[14]

Regelmäßig steigert der Versuchsreaktor die Dauer, in der er die zur Kernfusion nötige Temperatur von über 100 Millionen Grad halten kann. Am 12. April 2023 steigerte der EAST seine Bestmarke auf 403 Sekunden, also fast sieben Minuten. Das ist zwar ein großer Erfolg, zeigt aber auch, wie weit diese Technologie noch von einer Nutzung entfernt ist. Trotzdem macht China weiter und plant bereits den Nachfolger: Der China Fusion Engineering Test Reactor (CFETR) soll der erste Kernfusionsdemonstrator der Erde werden. Er soll um 2035 fertig werden.

Aber auch in anderen Ländern wird an der Kernfusion geforscht, unter anderem in den USA, in Großbritannien und in Deutschland. Hierzulande beschäftigen sich zum Beispiel das Max-Planck-Institut für Plasmaphysik in Garching und Greifswald (dort wurde sogar mit acht Minuten die chinesische Bestmarke übertroffen) sowie Start-ups wie Proxima Fusion in München mit der Kernfusion.

Ein weiteres riesiges Projekt, der Internationale Thermonukleare Experimentelle Reaktor (ITER), steht nahe des Städtchens Saint-Paul-lès-Durance in der Provence. Dort ist das französische Kernforschungszentrum Centre CEA de Cadarache. Der ITER – eine gigantische Anlage mit einem Gewicht von über 28 000 Tonnen – steht zwar auf europäischem Boden, ist aber kein europäisches, sondern ein internationales Projekt, an dem über 35 Länder – darunter Deutschland, aber auch China – beteiligt sind. ITER galt anfangs als ein Paradebeispiel für internationale Kooperation.

Frankreichs Präsident Emmanuel Macron überschlug sich förmlich bei seiner Rede anlässlich des Montagebeginns des ITER im Juli 2020: »Stellen Sie sich vor, dass dieses Experiment überzeugend ist und dass industrielle Anwendungen folgen. Wir werden eine neue Form von Energie entwickelt haben. Eine, die umweltverträglich und sicher ist und so gut wie keine Abfallprodukte erzeugt. Eine Form von Energie, die die Bedürfnisse von Bevölkerungen weltweit befriedigt, sich den Herausforderungen des Klimawandels stellen und natürliche Ressourcen erhalten kann.«[15]

Da spielt viel Wunschdenken mit. Bislang blieb der ITER weit hinter den Erwartungen zurück. Das ist fast symptomatisch: Die überzogenen Hoffnungen begleiten die Kernfusion seit den 1950er Jahren, nachdem damals die theoretischen Grundlagen für diese Energiegewinnung geschaffen wurden. Seitdem wurden über 100 Fusionsreaktoren gebaut, aber keinem ist bislang der Durchbruch gelungen. Kritiker sagen sogar, dass sich diese Form der Energierechnung nie rechnen wird.

Die Kernfusion bleibt aber trotz allem ein Hoffnungsträger – wie auch der Thorium-Reaktor.

Science-Fiction II: Thorium statt Uran

Ein Kernkraftwerk am Rande der Wüste Gobi? Da stutzt man. Die brauchen doch viel Wasser, und das gibt es ja bekanntlich dort nicht. Doch dieser Reaktor, der in dem Städtchen Wuwei in der chinesischen Wüstenprovinz Gansu steht, ist ein besonderer. Er braucht kein Wasser und auch kein Uran. Dort steht ein Thorium-Flüssigsalzreaktor. Er nutzt – der Name verrät es – Thorium als Brennstoff statt Uran. Thorium kommt in viel größeren Mengen vor als Uran. Auch ist es ein Abfallprodukt der seltenen Erden, von denen vor allem China viel besitzt beziehungsweise verarbeitet. Daneben hat der Thorium-Reaktor noch weitere Vorteile gegenüber dem mit Uran betriebenen. Er ist sicherer, da keine Kernschmelze möglich ist und auch keine Explosionsgefahr besteht. Zudem fallen weniger hochradioaktive Abfälle an.

»Viele Länder betrachten Thorium als eine praktikable und sehr attraktive Option zur Stromerzeugung und zur Deckung ihres wachsenden Energiebedarfs«[16], sagt Kailash Agarwal, Experte bei der Internationalen Atomenergieagentur (IAEA) und Co-Autor des Reports *Near-term and Promising Kong-Term Options for the Development of Thorium-based Nuclear Energy*, den die IAEA im März 2023 herausgab. Dort werden allerdings auch einige »wirtschaftliche und technische Hindernisse« genannt, die es vor einer Serienfertigung dieser Reaktoren zu lösen gilt. So sei zum Beispiel der Abbau von Thorium teuer, ebenso der Bau und die Durchführung eines Testbetriebs.

Die Chinesen haben entschieden, diese Hürden zu überwinden. Ihr Reaktor in Wuwei ist ein erster, kleiner Test. Er erzeugt nur 2 Megawatt. Das reicht gerade mal für rund 1 000 Haushalte. Der im Juni 2023 gestartete Test ist auf zehn Jahre angelegt. Sollte er erfolgreich sein, wird eine größere Version eines Thorium-Reaktors gebaut. »Kleinreaktoren haben große Vorteile in Bezug auf Effizienz, Flexibilität und Wirtschaftlichkeit«, schreibt Yan Rui, Physikprofessor am Shanghai Institute of Applied Physics in der Zeitschrift *Nuclear Techniques*. Und Yan weiter: »Sie können eine Schlüsselrolle beim zukünftigen Übergang zu sauberer Energie spielen. Es ist zu erwarten, dass Kleinreaktoren in den nächsten Jahren weit verbreitet sein werden.«[17]

Die Chinesen sind aber nicht die Ersten, die einen solchen Versuchsreaktor betreiben. Die Amerikaner befassten sich schon in den 1950er und 1960er Jahren mit dieser Technologie. Ein Prototyp wurde bereits 1954 am Oak Ridge National Laboratory (ORNL) in Tennessee getestet. An gleicher Stelle fand zwischen 1965 und 1969 ein weiterer Test statt. Aber anschließend wurde das Projekt wegen finanzieller Probleme und anderer Prioritäten nicht weiterverfolgt.

Stark in der Entwicklung von Thorium-Reaktoren sind derzeit neben den Chinesen die Inder, die ebenfalls auf großen Mengen dieses Materials sitzen. In der westlichen Welt gibt es inzwischen auch wieder einige Versuche mit dieser Technologie. In Kanada sind das die Unternehmen Terrestrial Energy und Moltex Energy mit Unterstützung durch den Staat, in den USA forscht TerraPower (ein Unternehmen des Multi-Milliardärs Bill Gates) an möglichen Alternativen zu den herkömmlichen Kernkraftwerken. Und auch in den Niederlanden hat das private Unternehmen Thorizon ein Pilotprojekt gestartet.

Noch ist offen, ob diese Reaktoren einen Beitrag zur Lösung des Klimawandels beitragen können. In der IAEA-Studie geben sich die Autoren vorsichtig optimistisch: »Um den wachsenden Energiebedarf zu decken und globale Klimaziele zu erreichen, sucht die Welt nach alternativen nachhaltigen und zuverlässigen Energietechnologien. Thorium könnte eines davon werden.«[18]

Science-Fiction III: Solaranlagen im All

Es klingt utopisch: ein Solarkraftwerk im All, möglichst jenseits der 36 000 Kilometer Höhe, denn dort geht die Sonne nie unter. Und die Idee tauchte auch tatsächlich in einem Science-Fiction-Roman auf. Isaac Asimov beschrieb 1941 in *Reason* die Möglichkeit, ein solches

Kraftwerk zu errichten und dann dessen gesammelte Energie zur Erde zu beamen. Der Vorteil ist, dass das Sonnenlicht in der Atmosphäre rund zehnmal so intensiv ist wie an der Erdoberfläche.

Inzwischen hat diese etwas verrückte Idee die Science-Fiction verlassen und gerät zunehmend in den Bereich der Non-Fiction. In diversen Ländern gibt es Pläne und Programme, so in den USA, China und inzwischen auch in Europa. Dabei hat China wohl den ehrgeizigsten Fahrplan. In vier Phasen will man dem Ziel, Solarparks im All zu platzieren, näherkommen. 2028 wollen die Chinesen erst einmal in 400 Kilometern Höhe einen Satelliten platzieren, der Sonnenenergie auf die Erde liefern soll, 2030 soll dann ein erstes kleines Kraftwerk in 36 000 Kilometern etabliert werden, 2035 eines mit zehn Megawatt-Leistung, und 2050 schließlich eines mit zwei Gigawatt.

In den USA denkt man seit 1978 über die Idee nach – mal mehr, mal weniger. Derzeit mal wieder etwas mehr. Das Caltech in Pasadena hat Anfang Januar 2023 einen Satelliten ins All geschossen. Er ist waschmaschinengroß und dreht in einer Höhe von rund 450 Kilometern seine Runden. An seiner Außenfläche entfalten sich Solarzellen. Von dort wurde inzwischen die erste Sonnenenergie per Mikrowelle nach Pasadena gebeamt. Das Projekt wird mit einer 100-Millionen-Dollar-Spende des Milliardärs Donald Bren finanziert. Parallel läuft in den USA das Projekt »Arachne« des United States Air Force Research Laboratory, dem Forschungsinstitut der US-Luftwaffe.

Während also die Amerikaner und bald auch die Chinesen erste Satelliten ins All schießen, grübelt man in Europa noch. Erst im November 2022 gab der Ministerrat der European Space Agency (ESA) grünes Licht für das Projekt Solaris. Insbesondere Leopold Summerer, Leiter der ESA-Abteilung für Advanced Concepts, hat sich wiederholt für das Projekt stark gemacht. Zunächst sollen Feasability Studies (Machbarkeitsstudien) erstellt werden, auf deren Basis dann Ende 2025 entschieden werden soll, ob man weitermacht.

Da sind die Briten schon etwas weiter. Sie gründeten im März 2022 die Space Energy Initiative (SEI), die von über 50 Mitgliedern aus der Industrie und der Wissenschaft getragen wird. Und sie haben wie die Chinesen einen Fahrplan. »Theoretisch könnten wir im Jahr 2050 die gesamte Energie der Welt liefern«[19], sagt Martin Soltau, Co-Vorsitzender der Space Energy Initiative (SEI). Die Betonung liegt auf theoretisch. Denn in praxi gibt es noch viele Probleme zu lösen. Zum Beispiel braucht es sowohl im All als auch auf der Erde gigantische Anlagen. Außerdem müsste das Equipment für die Solarfelder mit mehreren Raketen ins All transportiert und dort von Robotern zusammengebaut werden. Trotz dieser Schwierigkeiten sind sich Experten einig: Nach Science-Fiction klingt das nicht mehr.

Wer weiß, vielleicht werden um 2050 die Millionen Elektroautos, die dann auf der Erde unterwegs sein werden, mit aus dem All gewonnenem Strom angetrieben.

Chinas Elektroautos – Vorsprung durch Technik

München, Anfang September 2023. Zum zweiten Mal fand die Internationale Automobil-Ausstellung (IAA) statt in Frankfurt in München statt. Sie heißt jetzt dem Zeitgeist entsprechend IAA Mobility. Aber trotzdem war das Auto das große Thema. Vor allem das chinesische Auto. Noch nie war die Präsenz der chinesischen Hersteller so stark. Branchenguru Ferdinand Dudenhöffer sprach von der »IAA der Chinesen«[20]. Sie präsentierten ihre Modelle in den Messehallen, aber auch in den sogenannten Open Spaces an unterschiedlichen Plätzen in der Innenstadt. Die Modelle von BYD zum Beispiel glitzerten auf dem Odeonsplatz in der Sonne. BYD (Build Your Dream) ist der große chinesische Herausforderer. Im ersten Quartal 2023 hat er Volkswagen als Marktführer in China nach Jahrzehnten abgelöst.

Der Konzern aus Shenzhen war zum ersten Mal auf der IAA vertreten. Sein Stand in Halle B3 war direkt neben dem von Daimler und fast doppelt so groß. Und sie waren nicht die einzigen Aussteller aus China. Vertreten waren private Unternehmen wie Geely, Xpeng, Nio, Leapmotor oder Avatr, aber auch staatliche Konzerne wie SAIC.

Sie alle zeigten fast nur E-Autos, während die deutschen Autobauer ihre Verbrenner versteckten und nur ein paar Alibi-E-Autos ins Rampenlicht stellten.

Für die Branche war die Dominanz der Chinesen schon bei der Pariser Automesse Mondial de l'Auto im Oktober 2022 und erst recht bei der Autoshow im April 2023 in Shanghai zu erkennen. Dutzende von chinesischen Unternehmen, vom Telekomkonzern Huawei bis zu nahezu unbekannten No-Names zeigten dort, was sie alles draufhaben, vor allem auf dem Armaturenbrett, das bei den Chinesen längst zum Display mutiert ist. Der Fahrer benutzt keine Hebel und Knöpfe mehr, er kommuniziert per Sprachbedienung und kann viele Programme – wenn es sein muss auch für Karaoke – aufrufen. Schnickschnack würden dazu deutsche Ingenieure sagen.

Es treffen zwei Technikwelten aufeinander. So sieht es auch Ralf Brandstätter, China-Chef von Volkswagen. Bei einem Messe-Rundgang in München mit Journalisten der *Süddeutschen Zeitung* sagt er, dass sich China und der Westen derzeit zu »zwei komplett unterschiedlichen Technologiesphären«[21] entwickeln. Er erklärt das am Beispiel des VW-Elektroautos ID.7, das sowohl in Emden als auch im südchinesischen Foshan gebaut wird. Im Wagen, der in Foshan vom Band rollt, stecke viel mehr Software drin, sagt Brandstätter. Aber es ist nicht allein die Software, die den Unterschied macht. Es ist gerade bei den Elektroautos auch die Tiefe der Fertigung. Neidlos und respektvoll sagt Renault-Chef Luca de Meo: »Die chinesischen Hersteller sind in der Wertschöpfungskette von Elektroautos sehr wettbewerbsfähig. Ich denke, sie sind uns eine Generation voraus.«[22]

Dieser Vorsprung durch Technik der Chinesen wird Folgen haben – auch und gerade für die so stolze deutsche Autoindustrie. Nachdem die chinesischen Hersteller in ihrem Heimatmarkt immer stärker werden, wollen sie künftig auch global eine größere Rolle spielen. Der massive Auftritt in München war ein erstes Ausrufezeichen: Wir kommen! Noch fehlt es in Europa an den nötigen Vertriebsstrukturen und auch am Bekanntheitsgrad. Aber Umfragen zeigen, dass auch in Deutschland die Bereitschaft, ein chinesisches Auto zu kaufen, zugenommen hat, zumal die deutschen Hersteller gerade im Einstiegsbereich der E-Autos keine preisliche Alternative anbieten können. Erleben wir also bald eine ähnliche Angriffswelle wie einst von den Japanern und später dann von den Koreanern? Branchenexperte Stefan Bratzel, Gründer und Chef des Center of Automotive Management (CAM), prophezeit: »Klar ist, dass neben Tesla einige chinesische Wettbewerber in der globalen Automobilindustrie mittel- und langfristig relevante Marktanteile erobern werden.«[23]

Die Welle wird also kommen. Die EU-Kommission verkündet jedoch jetzt schon »Land unter«, obwohl der chinesische Marktanteil in Europa gerade mal 3,7 Prozent beträgt. Trotzdem sprach Ursula von der Leyen – ein paar Tage nach Ende der IAA – bei ihrer Rede zur Lage der Union davon, dass »die Weltmärkte mit billigeren chinesischen Elektroautos überschwemmt«[24] würden. Der Preis dieser Autos würde durch riesige staatliche Subventionen künstlich gedrückt. Deshalb leite die Kommission eine Antisubventionsuntersuchung zu Elektrofahrzeugen aus China ein. Strafzölle könnten die Folge sein, die übrigens die USA schon seit Trumps Zeiten auf Chinas Autos erheben und die mit 25 Prozent recht üppig ausfallen. Aber selbst das ist amerikanischen Hardlinern nicht genug. Sie plädieren für noch höhere Strafzölle.

Aber kann man den chinesischen Autobauern wirklich Dumping vorwerfen, wie es die Amerikaner und Europäer tun? Vielleicht können sie einfach günstiger produzieren, weil die Löhne immer noch geringer sind als in Europa, weil sie aufgrund hoher Stückzahlen Skalenvorteile erzielen und weil sie sich schon früh um eine integrierte Wertschöpfungskette (sprich: Batterien und Rohstoffe) gekümmert haben.

Batterien – europäische Spätzünder

Wer Elektroautos baut, braucht Batterien, und wer Batterien baut, braucht gewisse Rohstoffe. Das ist keine revolutionäre Erkenntnis und auch keine, die China exklusiv hat. Aber es hat diese simplen

Zusammenhänge schneller gesehen und danach gehandelt. Weil China früh auf Elektroautos setzte, zog es rechtzeitig im eigenen Lande eine Batterieproduktion hoch und sicherte sich die hierfür nötigen Rohstoffe durch diverse Beteiligungen und Abkommen in rohstoffreichen Regionen in aller Welt.

Man kann das Weitsicht nennen oder auch Strategie. Beides fehlte der deutschen und europäischen Politik und Wirtschaft bei der Batterienbeschaffung. Die deutsche Autoindustrie hielt lange eine eigene Batteriefertigung nicht für notwendig. Ihre Haltung war: Wir kaufen einfach Batterien, wenn wir sie brauchen. So wie wir eben Reifen oder Bremsbeläge bei unseren Zulieferern bestellen. Aber die Batterie ist ein wichtiger Bestandteil eines Elektroautos – fast so essentiell wie der Motor bei den Verbrennern. Sich deshalb bei Batterien auf Zulieferer zu verlassen (oder sich ihnen auszuliefern), ist ein riskantes Spiel. Langsam dämmert es den europäischen (und übrigens auch amerikanischen) Autobauern, dass sie vielleicht doch eine Batterieindustrie im eigenen Lande benötigen.

So ist in den vergangenen zwei, drei Jahren eine hektische Betriebsamkeit sowohl in Europa als auch in den USA entstanden. Rund 30 Gigafabriken sollen in Europa in Planung sein. VW baut zum Beispiel Fabriken in Salzgitter, im schwedischen Skellefteå und im spanischen Sagunto bei Valencia. Auch in den USA entstehen Batteriefabriken, vor allem im Mittleren Westen und rund um die Tesla-Werke in Kalifornien und Texas.

Auch die Politiker scheinen erkannt zu haben, dass, wenn wir Ja zur E-Mobilität sagen, wir auch Ja zu einer Rohstoffpolitik sagen müssen, und zwar zu einer aktiven Rohstoffpolitik. Plötzlich verstehen sie sich als Handlungsreisende in Sachen Rohstoffe. Bundeskanzler Olaf Scholz besuchte Länder wie Indonesien und Chile, Robert Habeck reiste nach Kanada und schickte seine zuständige Staatssekretärin Franziska Brantner nach Argentinien, Brasilien und Chile sowie nach Australien, um mit diesen Ländern Rohstoffabkommen vorzubereiten oder abzuschließen.

Das sind alles lobenswerte Aktivitäten, die nach Schulzeugnis klingen: Er/sie hat sich stets bemüht. Aber es sind eben nur Bemühungen. Reichen sie aus? Kommt der Westen nicht zu spät? Hat China nicht längst Tatsachen geschaffen?

»Kann die Welt Batterien für Elektroautos ohne China herstellen?«[25] lautete die fragende Schlagzeile in *The New York Times* vom 23. Mai 2023. Gleich zu Beginn geben die Autoren Agnes Chang und Keith Bradsher die ernüchternde Antwort: »Trotz westlicher Milliardeninvestitionen ist China so weit voraus – beim Abbau seltener Mineralien, bei der Ausbildung von Ingenieuren und beim Bau riesiger Fabriken, dass der Rest der Welt möglicherweise Jahrzehnte braucht, um aufzuholen.

Selbst bis 2030 wird China nach Schätzungen der Beratungsgruppe Benchmark Minerals mehr als doppelt so viele Batterien herstellen wie alle anderen Länder zusammen.«[26]

Danach sezieren die Autoren die Wertschöpfungskette einer Lithium-Ionen-Batterie. Es ist ein interessantes Lehrstück, wie China Schritt für Schritt die Batterieproduktion strategisch angegangen ist. Erster Schritt: *Mining*. China hat sich in Minen auf allen fünf Kontinenten eingekauft. Bedeutend für das Batteriegeschäft sind die Engagements im Kongo. Dort gehört fast die Hälfte der Kobaltminen den Chinesen. Ebenso ist es bei Lithium. Zweiter Schritt: *Refining*. Fast alle Rohstoffe werden zur Veredelung nach China geschifft. Das ist ein schmutziges, ein energieintensives Geschäft, das im Westen niemand machen will. Deshalb ist es ein bisschen scheinheilig, wenn der Westen China vorwirft, sich das Raffinieren vieler Rohstoffe unter den Nagel gerissen zu haben. Dritter Schritt: Komponenten. Der wichtigste Teil einer Batterie ist die Kathode. Da sind inzwischen die LFP-Kathoden State of the Art. China produziert derzeit weltweit fast alle dieser Kathoden. Ähnlich ist es bei anderen Komponenten wie Anoden, Separatoren und Elektrolyten. Auch hier hat China eine starke Marktstellung. Vierter und finaler Schritt: *Assembling*, also der Zusammenbau einer Batterie. Das ist kein einfacher Prozess. Hier hat China im Laufe der Jahre viel Know-how aufgebaut.

Bestes Beispiel ist das Unternehmen CATL, das innerhalb weniger Jahre zum größten Batteriekonzern der Welt emporstieg – und inzwischen auch in Deutschland produziert.

CATL – Konzern mit geballter Ladung

Es war 2010, als ein gewisser Herbert Diess – damals Einkäufer bei BMW, später dann VW-Chef – bei Zeng Yuqun auftauchte. Diess war damals auf einer globalen Reise zu Herstellern von Batterien für Handys. Er wollte diese überzeugen, auch Batterien für Elektroautos zu produzieren. Deshalb sprach er auch bei Zeng vor, der damals Chef der chinesischen Tochter des japanischen Elektrokonzerns TDK war, der Batterien für Handys produzierte. Erste Reaktion von Zeng gegenüber Diess: Es sei unmöglich, so große Batterien herzustellen.

Aber Zeng verschwendete dann doch einen zweiten Gedanken an diese Idee. Ein Jahr später übernahm er mit weiteren Investoren das Batteriegeschäft von TDK, nannte die neue Firma CATL (Contemporary Amperex Technology Co. Limited) und fing an, Batterien für E-Autos herzustellen. Der erste Kunde war BMW. Die Münchner hatten hohe Ansprüche, schickten ein 800 Seiten starkes Manual, das Zeng persönlich studierte und sein junges Unternehmen schon früh in der Startphase zur Perfektion zwang. Zeng zeigte später Dankbarkeit: »Diess hat unser Unternehmen in das Geschäft mit Autobatterien gebracht«, sagte er 2020 gegenüber dem *Handelsblatt*, »dafür bin ich ihm dankbar.«[27]

Heute ist CATL mit einem Marktanteil von rund 30 Prozent der weltgrößte Hersteller von Batterien für Elektroautos. Seine Kunden sind unter anderem Tesla, Kia, BMW und Daimler. Der Marktwert des Unternehmens ist so groß wie der von Ford und GM zusammen. Und Zeng Yuqun ist mit einem geschätzten Vermögen von knapp 50 Milliarden Dollar einer der reichsten Unternehmer der Welt.

Er verkörpert wieder eine dieser chinesischen Tellerwäscher-Geschichten, in denen sich private Unternehmen und staatliche Institutionen zum Vorteil beider gegenseitig in die Hände spielen. Der chinesische Staat, der früh auf Elektromobilität setzte, gab zum Beispiel Steuererleichterungen beim Kauf von E-Autos, die chinesische Batterien hatten. Das half natürlich CATL. Robin Zeng – wie er außerhalb Chinas genannt wird – hat zudem früh in die Wertschöpfungskette investiert, beteiligte sich an Minen im Kongo und Indonesien. Morgan Meaker bezeichnet in ihrem Report »The Rise and Precarious Reign of China's Battery King« in der US-Zeitschrift *Wired* dies als einen der Erfolgsfaktoren von CATL, neben dem immensen Forschungsaufwand. Inzwischen hat CATL über 10 000 Mitarbeiter in Forschung und Entwicklung. Erste Erfolge haben sie bei der Umstellung von Lithium-Ionen-Batterien auf Natrium-Ionen-Batterien erzielt. Das ist deshalb wichtig, weil dadurch die Abhängigkeit von dem teuren Rohstoff Lithium reduziert werden kann. Natrium ist viel häufiger verfügbar und deshalb günstiger, hat allerdings nicht die Energiedichte wie Lithium. Mitte August 2023 stellte CATL zudem eine neue Super-Batterie vor: Shenxing Superfast Charging Battery. Nach zehn Minuten am Netz ist die Batterie für 400 Kilometer Reichweite geladen.

Inzwischen ist CATL auch in Deutschland vertreten. Im Gewerbegebiet »Erfurter Kreuz« bei Arnstadt hat das Unternehmen sein erstes ausländisches Werk hochgezogen. Seit Ende 2022 werden dort Batterien für die deutschen Autohersteller produziert. Einige Hundert Experten wurden aus China eingeflogen, um Bau und Betrieb zu unterstützen.

Verkehrte Welt: Früher flogen deutsche Ingenieure und Techniker nach China, um dort beim Aufbau von Fabriken und Anlagen zu helfen. Jetzt ist es zumindest im Batterie-Business umgekehrt.

Diesen Rollentausch vom Lehrer zum Schüler hat die europäische Bahnindustrie schon hinter sich.

Bahn – Stillstand hier, Fortschritt dort

In Nortrup bei Osnabrück steht der letzte Transrapid aus deutscher Produktion. Dort auf dem Firmengelände von The Family Butchers dient er als Meeting- und Schulungsraum, wo die Manager der Wurstfabrik über Schinken und anderes diskutieren. Für knapp 200 000 Euro hat die Inhaberfamilie Kemper – einer ihrer Vorfahren hatte übrigens 1934 das Patent der elektromagnetischen Schwebebahn angemeldet – den Zug mit der Nummer 09 aus nostalgischen Gründen gekauft.

Deutlicher könnte der Kontrast nicht ausfallen: In Deutschland, wo die Technik erfunden wurde, landet der Transrapid auf dem Abstellgleis einer Wurstfabrik, in China rast er dagegen mit einer Geschwindigkeit von maximal 430 Kilometern pro Stunde durchs Land. In Shanghai ist der Transrapid bereits seit Ende 2002 im Einsatz, allerdings nur auf einer kurzen, 30 Kilometer langen Strecke vom Flughafen Pudong Richtung Innenstadt Shanghai.

War diese erste Magnetschwebebahn noch mit tatkräftiger Hilfe der deutschen Konzerne Thyssenkrupp und Siemens gebaut worden, soll die neue Generation Marke Eigenbau sein. Weiterentwickelt wurde sie von der staatlichen China Railway Rolling Stock Corporation (CRRC), dem größten Eisenbahnhersteller der Welt. In dessen Werk in Qingdao wurde die neue Magnetbahn im Juli 2021 vorgestellt. Sie kann in der Spitze bis zu 600 Kilometer pro Stunde erreichen, liegt also zwischen den Hochgeschwindigkeitszügen (350 Kilometer pro Stunde) und Flugzeugen (800 bis 1 000 Kilometer pro Stunde). Die Magnetbahn ist nicht als Ersatz, sondern als Ergänzung zu den Hochgeschwindigkeitszügen geplant. Sie soll vor allem zwischen Metropolen (zum Beispiel zwischen Chengdu und Chongqing) oder in Metropolregionen verkehren. Wann ist es so weit? Chefingenieurin Liang Jianying antwortete gegenüber dem Fernsehsender CCTV: »In fünf bis zehn Jahren.«[28] Es müssen nicht nur Züge, sondern auch Trassen gebaut werden. Aber dass China die Disziplin des zügigen Ausbaus beherrscht, ist ja bekannt.

Innerhalb von wenigen Jahren wurde in dem riesigen Land das größte und dichteste Netz an Hochgeschwindigkeitstrecken geknüpft. Derzeit beträgt es 42 000 Kilometer, was mehr ist, als alle anderen Länder dieser Welt zusammen haben. Bis zum Jahr 2035 soll jede größere Stadt – und China hat allein über 190 Millionenstädte – mit einem der rasenden Züge erreichbar sein. Das würde fast eine Verdoppelung des derzeitigen Schienennetzes bedeuten. Ein solcher massiver Ausbau kann nur in einem System erfolgen, in dem von oben verordnet wird und das Betreiben eines solchen aufwendigen Schienennetzes nicht unbedingt gewinnorientiert sein muss. Denn viele Strecken sollen trotz respektabler Ticketpreise nicht profitabel sein. Nur die knapp 1500 Kilometer lange Rennstrecke zwischen Beijing und Shanghai – auf der jeden Tag 50 Züge verkehren – soll ordentlich Gewinn abwerfen.

Warum China dermaßen schnell so viele Strecken bauen kann, hat aber auch mit den Fortschritten im Streckenbau zu tun. Chinas Bahnfirmen setzen vermehrt Roboter ein, die zunehmend die arbeitsintensiven Teile zum Beispiel des Gleis- und Trassenbaus übernehmen. Dank ihrer Mithilfe und ihres 24-stündigen Einsatzes können jeden Tag zwei Kilometer Schienen verlegt werden, inzwischen auch in den Nachbarländern. Seit März 2023 verkehrt eine abgespeckte Version des schnellen Zuges vom chinesischen Kunming (Hauptstadt der Provinz Yunnan) in die laotische Hauptstadt Vientiane. Von dort soll er bald bis Bangkok durchrasen und dann von der thailändischen Hauptstadt irgendwann via Kuala Lumpur (Malaysia) ins südostasiatische Zentrum nach Singapur.

Mit dem Tempo der Chinesen kann niemand mithalten – vielleicht noch die Japaner mit ihren acht Shinkansen-Linien, aber keine Europäer und erst recht keine Amerikaner. Obwohl diese im 19. Jahrhundert mit zu den Pionieren des Eisenbahnbaus zählten, ist Amerika schon lange kein Bahnland mehr. Auch wenn zwischen Washington und Boston der Acela Express verkehrt und etwas großspurig mit seinen 150 Kilometern pro Stunde als Hochgeschwindigkeitszug deklariert wird.

Aber wer weiß, vielleicht gelingt den Amerikanern ein *leapfrogging*, also ein Technologiesprung bei der Bahn in Richtung Hyperloop. Auslöser wie bei so vielen vermeintlich verrückten Ideen ist wieder einmal Elon Musk.

Hyperloop – menschliche Rohrpost

In Kalifornien wird seit Jahren über den California High-Speed Rail gesprochen und gestritten. Er soll mit 350 Kilometern pro Stunde von San Francisco nach Los Angeles rasen. Aber das Projekt kommt nicht richtig voran. Das nervt natürlich solche Dynamiker wie Elon Musk. Ihm sind die 350 Kilometer pro Stunde zu langsam, ebenso der Planungsprozess. Deshalb trat Musk im August 2013 wieder einmal mit einer visionären Idee an die Öffentlichkeit. In einem Weißbuch skizzierte er den »Hyperloop Alpha«. Das ist eine Art Röhre, durch die eine Kapsel mit hoher Geschwindigkeit geschossen wird. Und in dieser Kapsel sitzen Menschen. Allerdings muss fairerweise darauf hingewiesen werden, dass die Idee in seinen Grundsätzen nicht von ihm entwickelt wurde, sondern von ein paar klugen Leuten, die einige Jahrzehnte und gar Jahrhunderte vor ihm gelebt haben. So meldete etwa der englische Erfinder George Medhurst bereits 1799 ein Patent über die Verwendung von Druckluft zum Antrieb von Fahrzeugen an.

Sei's drum: Musk hat mit seinem Gespür für Trends diese uralte Idee aus der Schublade geholt.

Wie dieses »Transportmittel, das das Reisen revolutionieren könnte«[29] aussehen könnte, hat Musk aber schon relativ konkret beschrieben. In der Kapsel sollen maximal 28 Personen Platz haben. Alle 30 Sekunden soll eine solche Kapsel in die Röhre geschickt werden. Diese Röhren werden auf Stelzen gebaut, und zwar meist entlang des Interstate-5-Higwhways zwischen den beiden kalifornischen Metropolen Los Angeles und San Francisco. Da die Kapseln in den Röhren eine Geschwindigkeit von rund 1 200 Kilometern pro Stunde erreichen werden, beträgt die Fahrzeit gerade mal 35 Minuten. Kosten für eine Fahrt: 20 Dollar. Kosten des Projekts laut Musk: 6 bis 7,5 Milliarden Dollar.

Allerdings hat der vielbeschäftigte Tausendsassa keine Zeit, diese Idee selbst zu verwirklichen. Das überlässt er großzügig anderen. So machten sich in den vergangenen Jahren – aufgeweckt durch Musks Pläne – in vielen Ländern Forscher an die Arbeit, um einen Hyperloop zu realisieren – in den USA, in Europa, in Indien, Japan, Südkorea und auch in China. An dem Rennen um das visionäre Verkehrsmittel beteiligen sich die üblichen Fantasten wie Richard Branson (Virigin Hyperloop One), aber auch Studenten der TU München (TUM Hyperloop), Start-ups in den Niederlanden (Hardt) und den USA (HTT, Hyperloop Transportation Technologies), Forscher des Indian Institute of Technology Madras und des Korea Railroad Research Institute (Korail). In all diesen Ländern entstehen – wenn auch kurze – Teststrecken, werden Kapseln und Röhren entwickelt, Pläne geschmiedet. Oft ist es eher eine Achterbahnfahrt der Gefühle. Große Hoffnungen wechseln sich mit Abstürzen ab. Mal fehlt der lange Atem, mal das Geld, mal die staatliche Unterstützung. Es ist – Stand heute – schwer zu sagen, wer an der Spitze dieser schnellen Bewegung steht.

Sind es wieder mal die Chinesen? Jedenfalls hat das Projekt offenbar die Unterstützung der chinesischen Führung. Sie sieht den Hyperloop (1 000 Kilometer pro Stunde) als Ergänzung zu den Hochgeschwindigkeitszügen (350 Kilometer pro Stunde) und den Magnetschwebebahnen (600 Kilometer pro Stunde). Im Januar 2023 wurden in Datong auf dem Gelände des staatlichen Rüstungskonzerns China Aerospace Science and Industry Corporation (CASIC) in einer zwei Kilometer langen Röhre drei Tests durchgeführt. Demnächst soll die Röhre auf 37 Kilometer erweitert werden (nur mal zum Vergleich: die Teströhre des TUM Hyperloop in Ottobrunn ist 24 Meter lang).

In China wird nicht gekleckert, sondern geklotzt. Nach einem Bericht der Chinese Academy of Engineering soll auch schon feststehen, auf welcher Strecke der erste Hyperloop verkehren soll. Zur Auswahl standen Beijing-Shijiazhuang, Guangzhou-Shenzhen sowie Chengdu-Chongqing. Den Zuschlag bekam Shanghai-Hangzhou. Spätestens 2035 soll zwischen diesen 170 Kilometer entfernten Städten eine erste Hyperloop-Strecke fertig sein. Dann würden knapp über dem Boden Passagiere so schnell befördert werden wie in einem Jet, den die Chinesen inzwischen auch selber bauen können.

Das neue Luftfahrt-ABC: Airbus, Boeing und Comac

Am Morgen des 28. Mai 2023 hob die Maschine mit der Flugnummer MU 9191 vom Flughafen Hongqiao in Shanghai ab. Dass es ein besonderer Flug war, konnte man an den Gästen und der Bewirtung erkennen. Die Passagiere hatten eine hohe Dichte an Polit-Promis. Und an Bord gab es auf dem rund zweistündigen Flug nach Beijing ein besonderes Menü. Auch das ein oder andere Glas Champagner fand seinen Weg durch die Kehlen. Aus denen wurden patriotische Lieder geschmettert, und dazu wurden chinesische Fähnchen geschwenkt. Es gab ja schließlich etwas zu feiern – den ersten Linienflug eines in China entwickelten und gebauten Jet, der C919.

Die C919 (das C steht übrigens für China, 9 für Ewigkeit und 19 für 190, der geplanten maximalen Anzahl von Sitzplätzen) war und ist für China ein Prestigeprojekt. Mit ihm wollen die Chinesen beweisen, dass sie auf dem Weg zu einer Hightech-Nation sind. Bislang dominieren die hohe Kunst des Flugzeugbaus die Amerikaner und die Europäer. Die einen haben Boeing, die anderen Airbus. Doch dieses Duopol von Airbus und Boeing wollen die Chinesen mit der C919 knacken. Die C919 mit ihrer Reichweite von maximal 5 500 Kilometern und einer Passagierzahl zwischen 156 und 168 zielt auf das lukrativste Segment der Luftfahrtbranche, die Mittelstreckenmodelle. Dort dominieren bislang Airbus mit seiner A 320 und Boeing mit seiner 737-Reihe den Weltmarkt.

Die Planung für einen Passagierjet made in China begann schon vor vielen Jahren. Damals wurde eigens ein neues Unternehmen gegründet: Comac – Commercial Aircraft Cooperation of China. Mehrmals mussten freilich die zu optimistischen Planungen geändert werden. So war beispielsweise der Jungfernflug für 2014 geplant. Tatsächlich fand er aber erst im Mai 2017 statt. Ebenso verschob sich die Erstauslieferung von 2019 auf Ende 2022.

Konstruktion und Bau eines solchen Passagierflugzeugs sind ein komplexes Unterfangen, bei dem China einiges an Lehrgeld zahlen musste. Hinzu kommt, dass Comac beim Bau der C919 auf viele Zulieferer aus dem Ausland angewiesen war, weil das Know-how im Lande nicht vorhanden war und zum Teil nach wie vor nicht ist. So kommen die Fahrwerke von Liebherr Aerospace. Am wichtigsten ist freilich das Triebwerk, das Herzstück eines jeden Passagierflugzeuges. Es wird von CFM geliefert, einem Joint Venture von General Electric (USA) und Safran Aircraft Engines (Frankreich). Zwar versuchen die Comac-Ingenieure eigene Triebwerke zu entwickeln, aber Experten gehen davon aus, dass diese frühestens 2025 in die C919 eingesetzt werden können.

Laut Comac liegen inzwischen für die C919 über 1 000 Bestellungen von 28 Kunden vor. Fast alle sind aus China. Denn ins westliche Ausland darf die C919 noch nicht fliegen, weil sie dort noch nicht zugelassen ist. Die Behörden in den USA (FAA) und Europa (EASA) prüfen noch. Sie werden sich Zeit lassen, um ihre Platzhirsche Boeing und Airbus zu schützen. Derweil plant Comac schon das nächste, größere Modell – die C929 mit einer Kapazität von 250 bis 320 Sitzen. Ein detailliertes Design gibt es bereits.

In der »alten« Luftfahrtbranche tat und tut sich China also schwer. Das soll sich aber in der »neuen« nicht wiederholen, sagt der chinesische Ingenieur Hu Huazhi in der südchinesischen Metropole Guangzhou – und hat hochfliegende Pläne.

Öffentlicher Nahverkehr in der Luft

Wenn Hu Huazhi von seinem Wohnhaus zur Zentrale des von ihm gegründeten Unternehmens EHang will, steigt er in kein Auto. Er schlüpft stattdessen in ein Flugobjekt, das einem Minihubschrauber ähnelt. Mit ein paar Klicks programmiert er das Gefährt und fliegt los. Senkrecht steigt die EH 216 – so der Name des Zweisitzers – zunächst nach oben, bis es die Flughöhe von 50 Metern und mehr erreicht hat. Kein Pilot steuert die Maschine. Hu, der an der Tsinghua einst Informatik studiert hat, sitzt allein da und verlässt sich auf die Software, die er selbst programmiert hat. Nach ein paar Minuten landet Hu, der für diese Flüge eine Sondergenehmigung hat, auf dem Gelände von EHang. Bislang immer sicher.

Willkommen in der Zukunft des Luftverkehrs, die bald Realität werden könnte. Die EH 216 ist ein sogenanntes eVTOL-Fluggerät, wobei eVTOL für den englischen Ausdruck *electric vertical take-off and landing* steht. Sie starten und landen wie ein Hubschrauber, sind aber viel kleiner. Die Vielfalt ist groß. Es gibt Zweisitzer, Viersitzer und auch schon Siebensitzer. Sie fliegen mit oder ohne Piloten. Die Geschwindigkeiten reichen von 100 bis 300 Kilometern pro Stunde, und auch die maximalen Entfernungen variieren.

Sie könnten den Verkehr in den Ballungsräumen revolutionieren. In fast allen Städten staut sich der Verkehr auf den Straßen und verpestet die Luft. Lufttaxis – mit Batterien betrieben – könnten deshalb eine Alternative sein. Ein Riesenmarkt tut sich auf. Gut durchfinanzierte Start-ups, die etablierten Konzerne der traditionellen Luftfahrt, aber auch Autohersteller – sie alle beteiligen sich an diesem vielversprechenden Rennen um einen attraktiven Verkehrsträger der Zukunft. Weltweit »basteln« derzeit rund 350 Firmen an Prototypen. Viele werden im übertragenen Sinne abstürzen. Kersten Heineke vom Frankfurter Büro der Unternehmensberatung McKinsey prophezeit: »Bis 2030 werden wir immer noch eine beträchtliche Anzahl von Unternehmen sehen: 10, 15, vielleicht sogar 20. Letztendlich denke ich aber, dass weltweit nur Platz für etwa 5 sein wird.«[30]

Welche das letztendlich sein werden, ist derzeit schwer zu prognostizieren. Das chinesische EHang könnte dazugehören, aber auch die US-Firmen Joby Aviation (das ab 2025 zwischen dem Flughafen JFK und Manhattan fliegen will) und Wisk Aero (das inzwischen ganz dem US-Flugzeugbauer Boeing gehört) oder auch die deutschen Start-ups Lilium oder Volocopter. Letzteres Unternehmen mit Sitz in Bruchsal und einem hochkarätigen Investorenkreis von Daimler über Geely und Blackrock hat ähnlich dem EH 216 mit dem VoloCity einen Zweisitzer im Programm. Er soll schon 2024 bei den Olympischen Spielen in Paris zum Einsatz kommen. Derzeit wartet Volocopter aber noch auf die Zulassung durch die European Aviation Safety Agency (EASA).

Die Zulassungsbehörden sind das Nadelöhr, durch das alle müssen. Ob die EASA in Europa, FAA in den USA oder CAAC in China –

sie lassen sich Zeit, weil hier ein völlig neues Verkehrsmittel der Lüfte entsteht, das sich bislang nur in noch wenig benutzten Sphären bewegt. Das erfordert eine sorgfältige Prüfung durch die Behörden. EHangs eingereichte Unterlagen basierten auf Erfahrungen von über 10 000 Flügen in vielen Ländern und bei sehr unterschiedlichen Bedingungen – im starken Nebel und gar im Taifun. Mitte Oktober 2023 bekam EHang von der CAAC die Zulassung für die EH 216 – mit gewissen Auflagen. Es war weltweit die erste Genehmigung eines solchen Fluggeräts. Firmenchef Hu Huazhi sprach deshalb von einem »bedeutenden Kapitel in der Geschichte der Luftfahrt«[31]. Fast parallel tauchten allerdings aus den USA Gerüchte über angeblich gefälschte Zahlen von EHang auf. Hu dementierte und schmiedet mit seinem Team Pläne für die Aufnahme des Flugbetriebs. Den Machern schwebt ein »Hundert-Linien-Plan« vor, zunächst vor allem in der Greater Bay Area, wie die Region zwischen Hongkong und Guangzhou heißt. In diesem Gebiet, das so viele Einwohner wie ganz Frankreich hat, sollen die Lufttaxis verkehren und Passagiere von Vertiport zu Vertiport transportieren. So heißen die Start- und Landeplätze, die zum Beispiel auf Dächern von Gebäuden sind. Wie viel der Spaß kosten wird, ist noch nicht klar. Hu Huazhi sagt nur so viel: »Sie dürfen nicht nur ein Spielzeug für Reiche sein.«[32]

Während dieses Flugobjekt also bald im Linienverkehr abheben wird, schwebt schon das nächste futuristische Flugobjekt herbei – das Hypersonic-Flugzeug.

Überschallflugzeuge oder in zwei Stunden von Shanghai nach New York

In einer Stunde von Frankfurt nach New York? Oder in zwei Stunden von Shanghai nach New York? Fast 25 Jahre nach dem Absturz des Überschallflugzeugs Concorde in der Nähe von Paris im Juli 2000 wird wieder von superschnellen Flugzeugen geträumt. Aber diesmal in ganz anderen Sphären. Die Rede ist von Hyperschallflugzeugen, die in vier- oder fünffacher Schallgeschwindigkeit durch die Luft düsen. Das sind mehr als 6 175 Kilometer pro Stunde.

Die Träumer sitzen in China, den USA, Russland, aber auch in Turin oder im Schweizer Kanton Waadt. Sie alle planen Hypersonic-Flugzeuge. Das chinesische Unternehmen Space Transportation (Beijing Lingkong Tianxing Technology) zeigt bereits seine kühnen Pläne in einem Video. Zwölf Personen sitzen in einem Spaceplane. Es startet senkrecht mit dem Anschub von zwei Raketen. Die werden nach Erreichen der Reiseflughöhe abgestoßen. Und weiter geht es mit einer Geschwindigkeit von 7 000 Kilometern pro Stunde. Die Landung erfolgt dann wieder senkrecht auf drei ausklappbaren Beinen. Das Video sieht aber wenig professionell aus und ist deshalb mit Vorsicht zu genießen.

Etwas seriöser sind anscheinend die Pläne des Beijing Institute of Technology (BIT). Deren Flugobjekt soll etwas länger als eine Boeing 737 sein, aber nur Platz für zehn Personen haben. Die Reisegeschwindigkeit soll Mach-6 betragen, also rund 7 350 Kilometer pro Stunde. Ab 2035 soll der Flugverkehr aufgenommen werden, erst mit zehn Personen, nach 2045 dann mit 100 Personen.

Auch in den USA macht man sich Gedanken über solche superschnellen Flugzeuge. Zunächst hat die NASA erst mal zwei Marktstudien in Auftrag gegeben, um herauszufinden, ob es genügend Kundschaft für solche Flüge geben würde. Beide – die eine von Deloitte, die andere von BryceTech und SAIC – kamen zu dem Ergebnis, solche Flüge würden sich rechnen. Die Deloitte-Studie nennt mehrere sogenannte *Crown-Jewel*-Routen: New York-London/Paris, Miami-Sao Paulo, Los Angeles-Sydney und Sydney-Singapur.

Doch wer soll diese Flugzeuge bauen? In Atlanta zum Beispiel das Start-up-Unternehmen Hermeus. Deren CEO AJ Piplica, ein Mitdreißiger, sagt aber, es sei schwierig, privates Geld für ein solches Zukunftsprojekt einzusammeln. Deshalb holt er sich zunächst mal Aufträge vom Militär, das an solchen schnellen Flugzeugen sehr interessiert ist (siehe hierzu auch das Kapitel 11). Die private Firma Sierra Space baut für das US-Militär gerade den Dream Chaser. Das ist ein Transportflugzeug, das Material und Menschen binnen drei

Stunden von den USA nach überall auf dieser Welt hinfliegen kann. Auch der Rüstungskonzern Lockheed Martin, der Motorenbauer Rolls Royce und das private Raumfahrtunternehmen Virgin Galactic sollen unter anderem an solchen Überschallflugzeugen arbeiten.

Am weitesten scheint aber das 2014 in Denver gegründete Unternehmen Boom Supersonic zu sein. Am Piedmont Triad International Airport in North Carolina wird bereits eine Superfactory hochgezogen. In ihr sollen maximal 33 Überschallflugzeuge namens Overture gebaut werden können. Deren Geschwindigkeit soll »nur« 2 100 Kilometer pro Stunde betragen und eine Kapazität von 65 bis 88 Plätzen haben. Es liegen bereits Bestellungen von Japan Airlines, American Airlines und United Airlines vor. Letztere wollen 2029 Flüge mit Overture starten.

Auch in Europa, wo einst die Concorde entwickelt wurde, hat man wieder hochfliegende Pläne. Unter dem Namen Stratofly arbeitete in den vergangenen Jahren ein Team an einem Flugzeug, das in Mach-8-Geschwindigkeit, also über 9 500 Kilometern pro Stunde, durch die Lüfte fliegen kann. Koordinatorin war Nicole Viola, Professorin an der Polytechnischen Universität in Turin. Sie und ihre Mitstreiter entwickelten auch bereits den Prototyp MR3, der 94 Meter lang ist und Platz für 300 Passagiere hat. Allerdings gibt es den Prototypen bislang nur als Modell am Computer. Das aus dem EU-Topf Horizon finanzierte Projekt ist inzwischen beendet, aber Nicole Viola ist überzeugt: »Ich bin sicher, dass ich in meinem Leben noch ein Hyperschallflugzeug sehen werde.«[33]

Vielleicht kann sie irgendwann in ihrem Leben jenseits der Alpen ein solches bestaunen. In Payerne im schweizerischen Kanton Waadt wird von dem Start-up Destinus an einem wasserstoffgetriebenen Überschalljet geforscht. Hinter dem Unternehmen steckt der vermögende russische Oppositionelle Mikhail Kokorich. Aber auch die spanische Regierung hat Geld in das Unternehmen gesteckt. Der geplante Jet soll in fünffacher Schallgeschwindigkeit Passagiere in etwas mehr als vier Stunden von Frankfurt nach Australien befördern. 2030 soll ein erstes Flugzeug fertig sein.

KAPITEL 7

BIOTECH UND MEDIZIN

Doktor Big Data

»Die USA sind der unangefochtene Marktführer in der Biotechnologie, aber China holt in einigen Bereichen der Biotech mächtig auf.«

The Great Tech Rivalry: China vs the U. S. (Harvard Kennedy School)

Jake Sullivan hatte am Morgen des 16. September 2022 nur einen kurzen Weg zu dem Ort zurückzulegen, an dem er eine bedeutende Rede halten sollte. Vom Weißen Haus, wo er als Nationaler Sicherheitsberater Joe Bidens fungiert, waren es nur ein paar Schritte ins Capitol Hilton. In diesem Hotel fand an jenem Tag der Global Emerging Technology Summit statt. Sullivan war frühmorgens um 8.30 Uhr der erste Sprecher mit einer technologiepolitischen Grundsatzrede. Darin sprach er von »drei Technologiefamilien«, die im kommenden Jahrzehnt für die USA von besonderer Bedeutung sind: »Computing-related industries, clean energy technologies – and biotechnologies and biomanufacturing.« Sullivan fügte hinzu: »Die Führung in jedem dieser Bereiche ist ein Gebot der nationalen Sicherheit.«[1]

Warum etwas überraschend Biotech in dieser Trias auftauchte, hat sicher auch mit den Erfahrungen der Corona-Epidemie zu tun, in der den Amerikanern plötzlich klar wurde, wie abhängig sie von gewissen pharmazeutischen (Vor-)Produkten aus dem Ausland – sprich: China – sind. Deshalb nun die klare Ansage von Sullivan, dass man bei Biotech und Pharma unabhängiger werden möchte.

Die Ausgangslage ist nicht schlecht: Die USA sind bei Biotech weltweit führend und haben innovative, global operierende Pharmakonzerne. Aber diese Spitzenstellung ist zumindest bei Biotech in Gefahr: »China entwickelt sich schnell zu einem *Powerhouse* in der Biotechnologie und stellt eine Bedrohung für die langjährige Dominanz der Vereinigten Staaten in diesem Sektor dar«[2], analysieren die beiden Wissenschaftler Scott Moore (University of Pennsylvania) and Abigail Coplin (Vassar College) in einem *ChinaFile*-Beitrag. Denn auch Chinas Führung hat Biotech und Pharma zu strategischen Industrien erklärt und investiert seit Jahren große Summen, die sich vor allem in der Biotechnologie auszahlen.

Aber es ist nicht nur die strategische Bedeutung, die – ich nenne mal einen etwas umfassenderen Branchenbegriff – den Gesundheitsmarkt so attraktiv macht. Dieser verspricht auch ein Riesengeschäft, zumal er künftig von einer Revolution in der Medizin profitieren dürfte. Durch Künstliche Intelligenz wird sich die Arbeit von Ärzten in Praxen und Krankenhäusern gravierend verändern – und zwar von der Diagnose über die Behandlung bis zur Nachsorge. Eine personalisierte Medizin, bei der der Patient sehr individuell behandelt werden kann, wird realistisch. Und auch in der Forschung tun sich mithilfe von KI und leistungsfähigen (Quanten-)Computern ganz neue Möglichkeiten auf, insbesondere in der Krebs- und Hirnforschung.

Bei all diesen Anwendungen ist Voraussetzung, dass eine große Menge an Daten zur Verfügung steht. Das könnte China und auch den USA zum Vorteil gereichen, während Europas restriktiverer Datenschutz zum Nachteil werden könnte.

Biotech: Die neue Front – USA gegen China

Die Biotech-Branche rückt immer mehr in den Blickpunkt der US-Politiker. Am 12. September 2022, also wenige Tage vor Jake Sullivans Auftritt, verkündete Joe Biden eine sogenannte *Executive Order* mit dem Titel »National Biotechnology and Biomanufacturing Initiative«. Danach sollen die Forschung und Produktion von Biotech- und Pharmaprodukten in den USA gefördert werden. Im Statement des Weißen Hauses heißt es: »Andere Länder positionieren sich, um weltweit an die Spitze für biotechnologische Lösungen und Produkte zu kommen.«[3] Es ist klar, wer damit gemeint war: China. So titelte

The Washington Post am Tag danach: »Chinas Konkurrenz beflügelt Bidens Vorstoß für Biotech-Subventionen«[4].

Wie bei Chips und bei erneuerbaren Energien versuchen die Amerikaner mit Subventionen ihre Biotech-Unternehmen zu päppeln und auch zu schützen. Es drohen deshalb Sanktionen gegen China wie bereits in der Chips- und anderen Hightech-Industrien. Alan Estevez, Unterstaatssekretär im US-Handelsministerium, hat schon mal angedeutet, dass die Biotech-Branche »auf meinem Radar« stehe. Einigen chinesischen Biotech-Unternehmen, die an den US-Börsen gelistet sind, droht bereits ein De-Listing.

Dabei ist die Zusammenarbeit zwischen amerikanischen und chinesischen Biotech-Firmen traditionell sehr eng und gut. Es gibt seit Dezember 2010 ein »US-China Collaborative Biomedical Research Program«. Viele Biotech-Firmen haben sowohl in China als auch in den USA ein Standbein, um die Vorteile beider Standorte zu nutzen. China hat den Vorteil der umfangreichen Patientendaten, der klinischen Tests. Dazu gibt es Steuererleichterungen und staatliche Subventionen. Die USA hingegen haben die besseren Talente und – ganz wichtig – dort sitzt die FDA, die Food and Drug Administration. Eine Zulassung für ein Produkt von dieser Behörde ist quasi ein nahezu globales Gütesiegel. So ergab sich in den vergangenen Jahren eine grobe Arbeitsteilung zwischen amerikanisch-chinesischen Biotech-Firmen – in den USA wird geforscht und zugelassen, in China getestet und produziert. Auch gab es bislang einen regen Austausch von Wissenschaftlern zwischen beiden Ländern. Viele chinesische Biotech-Experten haben in den USA studiert.

All diese Kooperationen sind nun in Gefahr, weil die US-Regierung China auch in der Biotechnologie als Gegner betrachtet, den es im umfassenderen Tech-Krieg zu bekämpfen gilt. Den USA passt nicht, dass China auch auf diesem Gebiet immer stärker geworden ist und einige erfolgreiche Unternehmen geschaffen hat. Wie zum Beispiel Shanghai Junshi Biosciences, das mit seinem Krebsmedikament Toripalimab so erfolgreich ist, dass die FDA es Ende Oktober 2023 zulassen musste. Pascal Soriot, Chef des britischen Pharmakonzerns AstraZeneca, spricht im *Guardian* gar von einer »Explosion von Biotech-Unternehmen«[5] in China.

Europa und speziell Deutschland, das ja mal aufgrund seiner erfolgreichen Pharmakonzerne als »die Apotheke der Welt« bezeichnet wurde, verlieren hingegen weiter an Boden, auch wenn durch den Erfolg des Impfstoffinnovators BioNTech kurz Euphorie hochkam. Pascal Soriot muss eingestehen, dass Großbritannien und der Rest von Europa bei der Gründung von Biotech-Firmen hinter den USA und China zurückgefallen sind. Diesen Trend bestätigt auch eine Studie des Verbandes der forschenden Arzneimittelhersteller (vfa) und der Consultingfirma Kearney. Eine zentrale Aussage darin lautet: »Die Erosion des Innovationsstandorts Deutschland hat längst begonnen.«[6]

Das gilt auch mit gewissen Einschränkungen für die Krebsforschung.

Krebsforschung – konkurrieren oder kooperieren?

Jede Minute sterben in China fünf Menschen an Krebs. Die meisten haben Lungenkrebs. Angesichts der Umweltverschmutzung und der hohen Raucherquote ist das kein Wunder. Chinas Regierung hat Krebs inzwischen als eine der fünf Krankheiten mit hoher Priorität im »Health China Action Plan« eingestuft und diverse Aktivitäten zur Krebsbekämpfung entwickelt.

Die EU meldet jedes Jahr 1,3 Millionen Krebstote. Nach Herzkreislauf-Erkrankungen ist Krebs die Todesursache Nummer zwei. In Europa dominiert der Brustkrebs vor dem Darm-, Prostata- und Lungenkrebs. Auch Brüssel reagierte auf diese hohen Zahlen. Im Februar 2021 stellte die EU-Kommission zum ersten Mal einen Plan zur Krebsbekämpfung vor und stattete ihn mit 4 Milliarden Euro aus.

Die USA vermelden – im Vergleich zu der EU – mit über 600 000 Toten jährlich eine wesentlich geringere Rate. Trotzdem sind diese Zahlen für Joe Biden und seine Frau Jill, die sich in dieser Frage besonders engagiert, immer noch viel zu hoch. Im Februar 2022 reaktivierte deshalb das Ehepaar Biden die schon 2016 gestartete Initiative »Cancer Moonshot«. Das ist eine Anspielung auf den »Moonshot«, den einst John F. Kennedy ausrief, um das Rennen im Weltraum mit den Sowjets zu gewinnen. Nun ist der Feind ein anderer – die wuchernde Krebszelle. Mit dem »Cancer Moonshot« soll die Zahl der Todesfälle in den USA in den nächsten 25 Jahren um die Hälfte reduziert werden. Um dies zu erreichen, hat Biden sogar ein Krebs-Kabinett installiert.

Schwerpunkt in allen drei Ländern und Regionen: eine verstärkte Krebsforschung, die im wissenschaftlichen Terminus Onkologie heißt. Wie ist da der Stand der Dinge? »Die Globalisierung der Onkologie-Forschung läuft zusehends auf ein Duopol der USA und China hinaus, gegenüber dem sich Europa zur ›Semiperipherie‹ entwickelt«[7], sagt Harald Katzmair, Chef des Wiener Instituts FAS Research. Sein Institut veröffentlichte 2020 die Studie »›Zentrum oder Peripherie?‹ Europas Stellung in der globalen Forschungslandschaft – Netzwerkanalyse am Beispiel der Onkologie«. Sie kam unter anderem zu dem Ergebnis, dass unter den weltweit 30 führenden Krebsforschungszentren – jeweils gemessen an der Zahl der klinischen Studien und Publikationen – lediglich zwei europäische Institutionen vertreten sind: das schwedische Karolinska-Institutet (Platz 24) und das Deutsche Krebsforschungszentrum (DKFZ) in Heidelberg (Platz 28). Führend seien fast ausschließlich amerikanische und chinesische Zentren. Ganz vorn ist das MD Anderson Cancer Center der University of Texas in Houston vor der Sun Yat-sen Universität in Guangzhou. Unter den 30 wichtigsten onkologischen Wissenschaftsstandorten sind 20 aus China und den USA, 8 aus Europa, darunter Heidelberg und München.

Der amerikanische Pharmakonzern Pfizer war Sponsor obiger Studie. Carl Janssen, Leiter Onkologie bei Pfizer Deutschland, versucht die europäische Leistung etwas zu relativieren: »Auch in Europa wird Spitzenforschung geleistet. Doch ist der Austausch der großen europäischen Länder (England, Frankreich, Deutschland, Italien) miteinander weniger intensiv als der Austausch, den jedes dieser Länder für sich mit den USA pflegt. Das heißt, wir schöpfen das Potenzial Europas in der Onkologie nicht aus.« Sein Petitum deshalb: »Ich wünsche mir ein Europa auf Augenhöhe mit den Hubs USA und China.«[8]

Immerhin will nun die EU als Einheit gegenüber den USA auftreten. Im Mai 2023 wurde eine Gesundheits-Taskforce EU-USA gegründet, die sich prioritär um die Themen Kinder- und Lungenkrebs kümmern will. Bei der Vorstellung dieser Idee sagte die EU-Gesundheitskommissarin Stella Kyriakides: »Wir sehen die transatlantische Zusammenarbeit bei Krebs als eine der wichtigsten gesundheitspolitischen Prioritäten an.«[9]

Auch zwischen den USA und China wird trotz aller politischen Differenzen in der Krebsforschung weiter kooperiert. Bestes Beispiel ist die Zusammenarbeit zwischen dem legendären Memorial Sloan Kettering Cancer Center in New York und der Chinese Thoracic Oncology Group (CTONG) in Guangzhou. Die beiden tauschen Daten ihrer klinischen Trials aus. Bob Li, Onkologe am MSKCC, sagt laut dem Wissenschaftsmagazin *Nature*: »Wenn der Krebs jemals besiegt werden soll, brauchen die Vereinigten Staaten und China einander.«[10]

China hat bei der Bekämpfung von Krebs auch einiges zu bieten. In der CAR-T-Zelltherapie (bei der sich das körpereigene Abwehr- oder Immunsystem gegen die Tumorzellen richtet) liegt China mit vorn. So schreibt das Beratungsunternehmen McKinsey: »China ist weltweit führend in der Zelltherapie.«[11] Das bestätigt auch die amerikanische Belfer-Studie, die China bei CAR-T gar als »Spitzenreiter« sieht. Insbesondere das chinesische Unternehmen Legend Biotech sei dort mit seinen Produkten spitze.

Und auch bei CRISPR, der Genschere, schneidet China gut ab.

CRISPR – die zweischneidige Genschere

CRISPR – das klingt nach Müsliriegel. Die sechs Buchstaben bilden aber keinen Kunstnamen irgendwelcher Marketingstrategen, sondern sind ein Kürzel. Und das steht für *Clustered Regularly Inter-*

spaced Short Palindromic Repeats. Das hört sich kompliziert an. Ist es auch. Deshalb benutze ich im Folgenden lieber das Wort Genschere. Das versteht man eher. Mit ihr lässt sich die DNA gezielt schneiden und verändern. Gene können eingefügt, entfernt oder ausgeschaltet werden, und zwar sowohl bei Pflanzen als auch bei Tieren und Menschen.

Diese Genschere ist eine zweischneidige Sache. Auf der einen Seite wird sie als Wunderwaffe der Molekularbiologie, als Hoffnungsträger der Medizin und der Landwirtschaft bezeichnet, weil sie Krankheiten – im Idealfall sogar Erbkrankheiten – heilen und schädlingsresistente Agrarprodukte kreieren kann. Auf der anderen Seite befürchten die Gegner Genmanipulationen und sprechen apokalyptisch von künftigen »Designermenschen«.

Entdeckt haben die Genschere schon 2012 die Französin Emmanuelle Charpentier (sie forscht derzeit an einem Max-Planck-Institut in Berlin) und die Amerikanerin Jennifer Doudna. Acht Jahre später bekamen die beiden Wissenschaftlerinnen den Nobelpreis für Chemie. Doch so ganz für sich haben sie den Ruhm nicht. Denn da ist noch eine Forschertruppe in Boston um den chinesischstämmigen Amerikaner Zhang Feng. Er und seine Kollegen reklamierten für sich, damals fast zur gleichen Zeit die Genschere entdeckt zu haben. Daraus entwickelte sich ein bizarrer Streit darüber, wer die Patentrechte besitzt. Die US-Behörden gaben Zhang und seinen Kollegen Recht, das Europäische Patentamt den beiden Frauen.

Während Amerikaner und Europäer streiten, sind die Chinesen der handelnde Dritte. Sie hantieren am häufigsten mit der Genschere. Vor allem bei der Entwicklung von Agrarpflanzen nutzen sie diese. Beliebtestes Objekt ist dabei der Reis, das Grundnahrungsmittel der Chinesen. Eine zentrale Figur ist hier Li Jiayang, in Personalunion einer der führenden Pflanzenbiologen Chinas und stellvertretender Agrarminister. Er forscht an ertragreicheren und resistenteren Reissorten.

Li ist sozusagen der gute Genforscher. Das böse Pendant ist ein gewisser He Jiankui, der lange Zeit ein relativ unbekannter Wissenschaftler in Shenzhen war. Er kam 2012 dorthin, war der erste Professor an der Biologiefakultät der Sustech. Vorher studierte He an der Rice University in den USA. Danach machte er seinen Doktor an der Stanford University.

Am 10. Juni 2017 traf sich He Jiankui mit zwei Ehepaaren an der Southern University of Science and Technology in Shenzhen. Beide Paare wollten Kinder, aber beide Väter waren HIV-positiv. He fragte sie in einem 50-minütigen Gespräch, ob sie an einem bislang einmaligen Experiment teilnehmen wollten. Nach einer Bedenkzeit sagten sie ja. Das Experiment wurde durchgeführt. Mithilfe der Genschere veränderte He die DNA der Embryos im Mutterleib. Hes hehre Absicht war, die Kinder dadurch gegen HIV widerstandsfähig zu machen. Mögliche Nebenwirkungen, unvorhersehbare Langzeitfolgen oder andere gravierende Risiken hat He dabei offenbar nicht sehen wollen oder bewusst in Kauf genommen.

Ende November 2018 kam der *MIT Technology Review* mit der sensationellen Story über die genmanipulierten Zwillinge heraus. Der Aufschrei war groß und ging um die ganze Welt. Wissenschaftler und Öffentlichkeit fielen über ihn her, nannten sein Vorgehen unverantwortlich. Er bekam den wenig schmeichelhaften Titel »Chinas Frankenstein«. Auch Chinas Wissenschaftscommunity verurteilte die Arbeit von He. Mehr als 120 chinesische Forscher unterschrieben einen öffentlichen Brief, in dem sie He wegen seiner »verrückten und unethischen« Arbeit kritisierten. Ende 2019 wurde He zu drei Jahren Haft und einer hohen Geldstrafe verurteilt, während die Gesundheit der Zwillinge seit ihrer Geburt überwacht wird. Im Frühjahr 2022 wurde er offenbar etwas früher entlassen. Die Journalistin Dana Goodyear hat zu ihm Kontakt aufgenommen und einen Artikel in *The New Yorker* veröffentlicht. Sie schreibt, dass He in Beijing ein Labor starten wird, wo er Patienten mit der Muskeldystrophie Duchenne – einer Muskelschwäche, die vor allem bei Jungen im Kindesalter vorkommt – mithilfe von CRISPR heilen will.

Der Vorteil – wenn man so will – ist, dass es in China bislang keine gesetzliche Regulierung für die Anwendung von CRISPR gibt. Ähnlich ist es in den USA, wo das Landwirtschaftsministerium (USDA) schon 2018 verkündete, dass es »nicht regelt und auch keine

Regulierung plant«. Nur die Europäer reglementieren den Einsatz der Genschere. Schon im Juli 2018 urteilte der Europäische Gerichtshof (EuGH), dass CRISPR unter die strengen Regeln der Gentechnik falle. Der Münsteraner Genforscher Jörg Kudla kommentiert dieses Urteil in *Spektrum*: »Die Rechtsprechung ist realitätsfremd und basiert auf dem wissenschaftlichen Stand der 1990er Jahre.«[12]

Während sich die Europäer also mal wieder selbst ausbremsen, forschen die Chinesen munter weiter. Ihr Schwerpunkt liegt dabei bei der Veränderung von (Agrar-)Pflanzen, denn China braucht Gen-Food, um seine vielen Menschen zu ernähren.

Speiseplan der Zukunft: Gen-Food und künstliches Fleisch

China hat ein Ernährungsproblem. Ganz simpel ausgedrückt lautet es: In diesem gigantischen Land gibt es wenige Äcker und Weiden und viele Menschen. China mag zwar auf der Landkarte riesig aussehen, aber landwirtschaftlich nutzbar ist nur ein geringer Teil des Landes. Schon 1995 fragte deshalb Lester Brown in seinem berühmten Buch: *Who will feed China?* Eine Antwort: der Rest der Welt. China muss viele Agrarprodukte importieren. Aber China ist ja auf dem Unabhängigkeits-Trip und will nicht mehr so stark von Importen abhängig sein. Aus diesem Dilemma gibt es aus chinesischer Sicht zwei Auswege: genmodifizierte Produkte und künstliche Lebensmittel.

Den Weg der Genprodukte geht das Land schon länger, kommt aber nicht so richtig voran. Der Plan war und ist, in vier Etappen voranzuschreiten: Erst einmal ging es darum, Agrarprodukte, die nicht zum Verzehr geeignet sind, gentechnisch zu manipulieren. Das ist bei Baumwolle gelungen. Im zweiten Schritt sollten Produkte, die indirekt in Lebensmittel einfließen (also zum Beispiel Futtermittel), dran sein, dann Obst und Gemüse und erst am Schluss Grundnahrungsmittel wie Reis oder Weizen. Aber der Prozess stockt. Nur die Gen-Papaya darf bislang verkauft werden. Der Grund für das

Hinterherhinken im Plan ist nicht etwa eine unfähige Wissenschaft, die nicht liefert. Im Gegenteil: Chinesische Wissenschaftler sind bei der Erforschung und Entwicklung genmodifizierter Agrarprodukte weltweit führend. Nein, der Grund ist die mangelnde Akzeptanz in der Bevölkerung. Insbesondere in den sozialen Medien wird Stimmung gegen Gen-Food gemacht, so dass die Regierung zögert, weitere Genprodukte zum Anbau freizugeben.

Weil dem so ist, versucht die Regierung nun stärker künstliche Lebensmittel zu forcieren. So tauchte zum ersten Mal im aktuellen Fünfjahresplan (2021 bis 2025) des Landwirtschaftsministeriums ein Abschnitt »future foods« auf. Explizit wird dabei »cultivated meat« erwähnt. Weil der Fleischverbrauch besonders hoch ist (der Pro-Kopf-Verbrauch verdreifachte sich in China seit Ende der 1990er Jahre) und die Tierhaltung, abgesehen von ethischen Einwänden, extrem umweltschädlich ist, ist diese Fixierung auf künstliches Fleisch sinnvoll. Es firmiert in der Diskussion unter verschiedenen Namen: Cultured Meat, In-Vitro-Fleisch oder auch Laborfleisch. Und es wird folgendermaßen gewonnen: Zunächst wird einem Tier Muskelgewebe entnommen, aus dem Stammzellen gewonnen werden. Diese werden mit einem Nährmedium in einem Behälter (Bioreaktor) vermehrt. Dabei entwickeln die Zellen Muskeln und wachsen zu einer größeren Masse zusammen. Auf diese Weise entstehen sehr dünne Fleischschichten. Die Masse ähnelt Hackfleisch. Rund 20 000 dieser Muskelzellfasern benötigt man etwa für einen Burger.

So war es auch logisch, dass das erste Kunstfleisch ein Burger war. Serviert wurde er 2013 von Professor Mark Post von der Uni Maastricht in den Niederlanden. Der Geschmack soll okay gewesen sein, der Preis freilich nicht. Rund 250 000 Euro soll die Herstellung des Burgers gekostet haben. Sergey Brin, einer der beiden Google-Gründer, hatte Geld zugeschossen. Inzwischen ist die Forschung weiter – und Mark Post auch. 2016 gründete er mit anderen die Mosa Meat, die seine Idee kommerzialisieren soll. Das Start-up hat bereits einige Finanzierungsrunden hinter sich. US-Schauspieler Leonardo DiCaprio steuerte im September 2021 einen unbekannten Betrag bei, einen Monat später (man beachte die Reihenfolge) auch die EU. Noch ist Mosa Meat nicht mit einem Produkt auf dem Markt. Die rund 100 Mitarbeiter arbeiten daran. Auf der Homepage heißt es tröstlich: »Wir streben eine erste Markteinführung in den nächsten Jahren an.«[13]

Konkurrenz bekam Mosa Meat im eigenen Lande, und zwar von Meatable, das ebenfalls 2016 gegründet wurde. Einer aus dem Gründertrio ist ein ehemaliger Mitarbeiter von Mark Post. Das Unternehmen ist im Umfeld der TU Delft angesiedelt und hat schon fast 100 Millionen Euro eingesammelt. Im August 2023 teilte das Unternehmen mit: »In Singapur werden die Produkte des Unternehmens, darunter Würstchen und Teigtaschen, ab 2024 in ausgewählten Restaurants sowie bei Einzelhändlern erhältlich sein.«[14]

Warum Singapur? Weil dieses Land als erstes schon 2020 Kunstfleisch zugelassen hat. Im Juni 2023 folgten die USA. Damals wurde den beiden Unternehmen Upside Foods und Good Meat (Slogan »Meat without slaughter«) durch das US Department of Agriculture die Zulassung erteilt, ihr Hähnchenkunstfleisch zu verkaufen. In Europa hat noch kein Unternehmen eine Zulassung bei der EFSA (European Food Safety Agency) beantragt. Weil eine solche dauert, kann man jetzt schon sagen, dass Europa ein paar Jahre hinter den USA liegt. Das gilt erst recht für Deutschland. »Trotz bester Voraussetzungen droht Deutschland den Anschluss bei dieser Zukunftsstrategie zu verlieren«[15], urteilt das Good Food Institute.

Und wo liegt China?

Nachdem im Fünfjahresplan das Kunstfleisch quasi das amtliche Siegel bekommen hat, fließt staatliches, aber auch privates Geld in diese neue und noch junge Branche. Die ersten Start-ups melden sich mit ersten kleinen Erfolgen. Zum Beispiel Jimi Biotech aus Hangzhou oder CellX in Shanghai. Beide Gründer geben sich optimistisch. Jimi-Biotech-Gründer Cao Zhehou: »Unser Ziel ist der Preis von 100 Yuan (knapp 13 Euro) für ein Kilogramm im Jahr 2027. Es ist eine Herausforderung, aber wir müssen es erreichen, damit mehr Verbraucher kultiviertes Fleisch akzeptieren.«[16]

Konkurrent CellX lud Mitte August 2023 Bürokraten, Investoren und Medien zu einer ersten Verköstigung ein. Es gab Fleischkebab und Tofu mit Hackfleisch. Dabei kündigte CEO Yang Ziliang an: »Unsere Kosten liegen bei etwa 100 Dollar pro Pfund, aber bis wir in zwei oder drei Jahren auf den Markt kommen, könnte der Preis um das Zehnfache sinken.«[17]

Während der bezahlbare künstliche Hamburger noch auf sich warten lässt, hat sich eine Neuerung im chinesischen Gesundheitssystem schon längst durchgesetzt.

Digital Healthcare: Diagnose per Bildschirm

Bob kennt sich aus und ist gut vorbereitet. Rund 38 Millionen medizinische Fachartikel hat er gelesen, 30 000 Krankheiten und 20 000 Diagnosen hat er studiert. Dieses Pensum schafft kein Mensch. Deshalb ist Bob auch kein Mensch. Bob ist 2019 in den Labors des chinesischen Versicherungskonzerns Ping An entstanden. Sein phänomenales Wissen stellt Bob sowohl Ärzten als auch Patienten zur Verfügung. Rund 1,3 Millionen Ärzte in China holen inzwischen bei ihm medizinischen Rat ein.

Der Service »AskBob Doctor« ist sicher das Vorzeigeprodukt des Unternehmens Ping An Healthcare and Technology, das 2014 unter dem Dach des Versicherungskonzerns Ping An gestartet ist. AskBob ist aber nur ein Teil des Angebots von Ping An. Das Unternehmen ist ein Rundumversorger. Es koordiniert Arzt- und Krankenhaustermine, versendet Arzneien und checkt online chronisch Kranke und vieles mehr. Über 440 Millionen Chinesen nutzen den Service. Ping An liegt damit weit vor der innerchinesischen Konkurrenz von JD Health (120 Millionen) und Alibaba Health (110 Millionen). Allen ist aber gemein: Sie sind One-Stop-Lösungen, das heißt der Kunde hat eine Adresse für all seine Probleme rund um die Gesundheit.

Die Akzeptanz dieser neuen, privaten Dienstleistungen ist unter den Chinesen auch deshalb so hoch, weil das staatliche Gesundheitssystem des Landes chronisch überfordert ist. Wer krank ist, muss in eines der meist überlasteten Krankenhäuser, denn es gibt keine Arztpraxen wie bei uns. Die Bereitschaft, online medizinischen Rat einzuholen, ist deshalb in China viel höher als in den USA und erst recht in Europa, wo die digitalen Pläne im Gesundheitssektor nur langsam vorankommen. In den USA startete die mächtige Food and Drug Administration (FDA) immerhin im Jahr 2020 das Digital Health Center of Excellence (DHCoE), das die Digitalisierung des Gesundheitswesen vorantreiben soll.

Inzwischen tut sich in den USA auch etwas auf Unternehmensseite: Der Onlinehändler Amazon bietet seit November 2022 seinen Service »Amazon Clinic« an. In der Werbung heißt es: »No appointments, no waiting rooms«. Geht man auf die Homepage von Amazon Clinic werden dort 30 Krankheiten alphabetisch angezeigt. Der Kunde, pardon, Patient klickt auf seine vermutete Krankheit. Dann muss er noch schriftlich ein paar Fragen beantworten, ehe er mit der Entscheidung konfrontiert wird, ob er eine Videobehandlung durch einen leibhaftigen Arzt will oder nur per Text-Chat kommunizieren will. Ersteres kostet ab 75 Dollar, der Chat ab 35 Dollar.

In Europa ist man von solchen Angeboten noch weit entfernt, weil man keine Onlineunternehmen wie Amazon oder Ping An hat, die solche Dienste anbieten könnten. Aber auch weil die Akzeptanz für solche Dienstleistungen wesentlich geringer ist. Man setzt sich hierzulande lieber ins Wartezimmer als vor den PC. Immerhin werden die Chancen nun auch in Europa erkannt. Im September 2022 einigten sich die Gesundheitsminister aus 53 europäischen Ländern auf einen »Digital Health Action Plan«. Und in Deutschland legte Minister Karl Lauterbach im Frühjahr 2023 eine 44-seitige Digitalisierungsstrategie für das Gesundheitswesen und die Pflege vor. Er nannte dies einen »Turbo-Schub«. Zeitnah sollen sowohl eine elektronische Patientenakte als auch E-Rezepte eingeführt werden. Außerdem verkündete Lauterbach seine »Vision 2030« für ein digitales Gesundheitssystem. Dann soll hierzulande teilweise Wirklichkeit werden, was in China schon heute praktiziert wird.

Angesichts der unterschiedlichen Entwicklungen urteilt eine Citibank-Studie: »Das digitale Gesundheitsökosystem in Asien ist dem Westen um mehrere Jahre voraus.«[18]

Gilt dieser Vorsprung auch bei der Anwendung von KI in der Medizin?

Doktor Big Data: Wie KI die Medizin revolutioniert

Der Kunde oder Patient setzt sich vor ein Gerät, das aussieht wie bei einem Optiker. Hier wird aber keine Sehstärke gemessen, hier werden Krankheiten entdeckt – oder auch nicht. Mit dem Gerät wird die Netzhaut gescannt. Das Bild wird dann in die Cloud geschickt, wo bereits über eine Million Bilder zum Vergleich lagern. In 20 bis 30 Millisekunden – das ist nicht einmal ein Wimpernschlag – kommt die Diagnose auf das Handy des Patienten. Entwickelt hat das Gerät und den Prozess Airdoc in Beijing, eines der führenden medizinischen KI-Unternehmen Chinas. Dessen Gründer Ray Zhang sagt: »Wir nutzen einen Algorithmus in der Cloud, um das Leben von Menschen zu retten, die nicht einmal wissen, dass sie ernsthafte Probleme haben.«[19] Zwischen 20 bis 30 Krankheiten kann Airdoc derzeit erkennen – von Diabetes über Bluthochdruck bis Arteriosklerose. Es sollen aber mehr werden. Erst 50, irgendwann 200.

Das Auge gilt als »Fenster der Gesundheit«. Ray Zhang ist bei weitem nicht der Einzige, der durch dieses Fenster blickt. In London vermeldeten im September 2023 Forscher des University College und des Moorfields Eye Hospital ein KI-Modell namens RETFound, das durch den Blick ins Auge neben Augenkrankheiten auch frühzeitig Herzinfarkte, Schlaganfälle und sogar Parkinson prognostizieren kann.

Der Augenkontakt ist nur ein Beispiel, wie KI die Medizin verändern wird. Die Auswertung von medizinischen Bilddaten mithilfe der KI ist heute schon sehr weit fortgeschritten. Aber auch die Sprache hilft bei der Diagnose, auch wenn noch nicht mit der Genauigkeit von Bildern. So erkannte zum Beispiel eine auf Schriftsprache trainierte KI, ob Menschen in den kommenden Jahren an Alzheimer erkranken würden – allein anhand ihrer Wortwahl und ihrer

Schreibfehler. Ein anderes KI-System prognostizierte basierend auf Unterhaltungen, ob Jugendliche innerhalb von zwei Jahren eine Psychose entwickeln werden.

»Der Einsatz von künstlicher Intelligenz in der Medizin wird in den nächsten Jahren eines der dominierenden Riesenthemen in der Gesundheitsforschung sein«[20], steht in einem Papier der Helmholtz-Gemeinschaft mit dem programmatischen Titel »Wie KI die Medizin verändert«. KI wird künftig Ärzte von der Prävention über die Diagnostik und Behandlung bis hin zur Nachsorge unterstützen, aber nicht ersetzen, wie immer wieder betont wird. Überall auf der Welt wird derzeit an KI-Lösungen geforscht. Ob da irgendein Land weiter oder schneller ist, kann man in diesem frühen Stadium nur schwer diagnostizieren.

Aber eines kann man sagen: »China hat einen enormen Datenvorteil, wenn es um medizinische KI-Forschung geht.«[21] Das behauptet Eric Topol, amerikanischer Mediziner und Buchautor (*Deep Medicine: How Artificial Intelligence Can Make Healthcare Human Again*). Diese Aussage bestätigt quasi im Umkehrschluss Julia Schnabel, Professorin für Computational Imaging and AI in Medicine an der TU München. In einem Interview mit der *Süddeutschen Zeitung* sagt sie: »Der mangelnde digitale Zugang zu geordneten Daten (in Deutschland) stellt eine große Herausforderung dar. An die müsste die Gesellschaft dringend ran, sonst verlieren wir in Deutschland das Rennen in der medizinischen KI-Forschung.«[22]

KI-Experte Carsten Marr vom Helmholtz Zentrum München wundert sich: »Jeder wirft in sozialen Netzwerken mit persönlichen Informationen um sich, aber bei medizinischen Daten, die der Forschung dienen sollen, muss man unzählige Hürden überwinden. Forscher interessieren sich nicht für die Namen, sondern für die Informationen dahinter.«[23] Er und seine Kollegen hätten immer wieder Probleme, an medizinische Daten für die Forschung zu kommen – wenn sie denn überhaupt vorhanden seien.

Der im Vergleich zu China und den USA restriktivere Umgang mit Daten hierzulande könnte zu einem Nachteil der deutschen und europäischen Forscher werden. Das betrifft auch einen relativ neuen Zweig der Medizin – die Präzisionsmedizin oder personalisierte Medizin. Denn auch sie braucht jede Menge Daten.

Präzisionsmedizin: Behandlung à la carte

Ob alt oder jung, ob dick oder dünn, ob erblich vorbelastet oder nicht – jeder bekommt die gleiche medizinische Behandlung, jedem wird die gleiche Medizin verabreicht. Ist das noch zeitgemäß in einer Welt, wo man Patienten immer genauer screenen kann? Nein, sagen inzwischen einige Ärzte und Forscher, die sich hinter einem relativ neuen Thema versammeln: der Präzisionsmedizin oder – wie sie in Deutschland auch genannt wird – der personalisierten Medizin. Es klingt in der Tat verlockend, eine auf den Patienten zugeschnittene Therapie zu verordnen oder eine speziell für ihn angepasste Arznei zu verschreiben.

In den USA und China hat man sich dieses Themas schon seit geraumer Zeit angenommen. Noch unter Präsident Barack Obama wurde 2015 die »Precision Medicine Initiative« ins Leben gerufen und mit einem Etat von 215 Millionen Dollar versehen. Kurze Zeit später, im März 2016, kündigte China eine 9-Milliarden-Dollar-Initiative zur Präzisionsmedizin an.

Diese beiden Länder sind – wieder einmal – an der Spitze dieser Bewegung. »China und die USA führen das globale Wettrennen an, beide mit dem Ziel, diesen neuen und vielversprechenden Bereich der Medizin zu dominieren«[24], schreibt Christoph Franz, ehemaliger Verwaltungsratspräsident beim Schweizer Pharmakonzern La Roche in *Die Welt*. Vor allem China habe da einige Vorteile. Das Land besitze – so Franz – das weltweit größte Genlabor und die größte Lagerstätte für menschliches genetisches Material. Je mehr Daten, desto bessere Vergleichsmöglichkeiten, desto gezieltere Behandlungen.

Die wichtigsten Daten sind die sogenannten Biomarker. Dazu zählen traditionelle Daten wie der Blutdruck oder der Puls. Später kamen der Blutzucker, das EKG und der Ultraschall dazu. Neuerdings werden bei Patienten auch Eiweiße und Botenstoffe (Hormone) in Blut und Urin erfasst. Inzwischen können dabei auch kleinste Eiweißstrukturen analysiert werden, was insbesondere bei der Krebsbehandlung hilfreich ist. Deshalb ist die Präzisionsmedizin insbesondere in der Onkologie stark. Einige Krebsarten können so besser und individueller behandelt werden.

Auch in Europa wird die personalisierte Medizin eingesetzt. Aber sie wurde nicht wie in China und den USA von oben, also von der Politik verordnet (Top-down-Ansatz), sondern sie entstand unten an der wissenschaftlichen Basis (Bottom-up-Ansatz). Bereits 2016 wurde das International Consortium for Personalised Medicine (ICPerMed) ins Leben gerufen. Es ist eher eine Plattform, die aus mehreren Workshops heraus entstanden ist, die die EU-Kommission veranstaltet hatte. Die investierten Summen sind – im Vergleich zu China und den USA – sehr bescheiden. Das Sekretariat des Konsortiums bekam für die ersten vier Jahre gerade mal 2 Millionen Euro, 2021 wurden nochmals 2 Millionen Euro für die nächsten drei Jahre genehmigt.

Ansonsten betreibt jedes europäische Land seine eigene Strategie. Die Länder verfolgen dabei unterschiedliche Ansätze. *Top-down* agieren Frankreich und Großbritannien, *bottom-up* hingegen Italien, Schweden und Deutschland. Hierzulande hat sich das Deutsche Netzwerk für Personalisierte Medizin (DNPM) gegründet, ein Zusammenschluss von 21 Zentren, die jeweils einer Universitätsklinik angeschlossen sind und eine individuelle Krebsbehandlung anbieten. Federführend ist das Zentrum für personalisierte Medizin (ZPM) des Universitätsklinikums Tübingen. Dessen Leiter Professor Nisar Malek verbindet mit dem Begriff der personalisierten Medizin »die Hoffnung auf die Entwicklung neuer Therapien für bislang unbehandelbare und komplexe Erkrankungen wie Krebs, Demenz, Herz-Kreislauf-Erkrankungen und viele andere.« Er sieht Deutschland im europäischen Vergleich in einer Führungsrolle, weiß aber diese auch international richtig einzuschätzen: »Verglichen mit dem wissenschaftlichen Output der USA wird jedoch deutlich, dass Europa und auch Deutschland nicht mithalten können.«[25]

Die USA ist immer noch das Maß aller Dinge – offenbar auch in der Hirnforschung.

Geheimnisvolles Hirn

Mu-ming Poo – gebürtiger Festlandchinese, aber auf Taiwan groß geworden – hat über 40 Jahre seines Berufslebens in den USA verbracht. Dort forschte er bei besten Adressen. Inzwischen ist er, obwohl längst amerikanischer Staatsbürger, wieder in China zurück und leitet in Shanghai das Institute of Neuroscience (ION). In dieser Funktion ist er der Kopf eines anspruchsvollen landesweiten Forschungsvorhabens – dem China Brain Project (CBP). Es läuft seit 2016. Der Staat spendierte 5 Milliarden Yuan (rund 750 Millionen Dollar). Der Zweck ist, das wichtigste, aber rätselhafteste Organ des Menschen zu verstehen – das Gehirn.

Dort kommunizieren rund 100 Milliarden Nervenzellen über 100 Billionen Synapsen miteinander und bilden ein äußerst komplexes Gebilde. Dieses zu entwirren und zu verstehen, ist bislang noch niemandem gelungen. Doch je mehr man weiß, desto besser die Behandlung von Krankheiten wie Depressionen oder Parkinson. Aber es gilt auch: Je mehr man weiß, desto leichter die Manipulation.

Die Chinesen sind natürlich nicht die Einzigen, die wissen wollen, was im Kopf der Menschen vorgeht. Sowohl die USA als auch Europa haben fast zeitgleich gigantische Forschungsprojekte aufgelegt. Die USA, wo der Congress schon die 1990er Jahre als das »Jahrzehnt des Gehirns« ausgerufen hat, befassen sich am längsten und intensivsten mit der Hirnforschung. Dort läuft seit April 2013 die U.S. Brain Research Through Advancing Innovative Neurotechnologies (BRAIN) Initiative. Der Auftrag lautet: »Revolutioniert unser Verständnis des menschlichen Gehirns«. Jedes Jahr stieg der Etat für das Projekt. Für 2023 betrug er knapp 700 Millionen Dollar. Im Oktober 2023 veröffentlichten Forscher der Initiative einen Neuro-Atlas, der mehr als 3 000 Zelltypen im Gehirn identifizierte.

Enthusiastisch feierten sie diesen als »Beginn einer neuen Ära der Hirnforschung«.

Europa startete ebenfalls 2013 sein »EU Human Brain Project«. Es war mit knapp 1 Milliarde Euro dotiert und eines der ehrgeizigsten Forschungsvorhaben Europas. Rund 500 Wissenschaftler aus 19 Ländern waren beteiligt. Zu Beginn gab es große Versprechungen, insbesondere durch den Initiator Henry Markram, Professor an der ETH Lausanne. Er träumte von einer kompletten Computersimulation des Gehirns und sah dies als Ziel des Projekts an. Zu unrealistisch, sagten damals viele Mitstreiter. Markram wurde nach einer Revolte besonnenerer Wissenschaftler schnell durch die Hirnforscherin Katrin Amunts ersetzt. Sie ist Professorin an der Uni Düsseldorf und am Forschungszentrum Jülich.

Dort fand am 12. September 2023 ein Symposium statt. Es war die Abschlussveranstaltung des EU Human Brain Project, das auf zehn Jahre angelegt war. Dabei wurde auch Bilanz gezogen. Die beiden wichtigsten Erfolge: ein 3D-Hirnatalas, eine Art Google-Map des Gehirns, und möglicherweise ein Hirnimplantat, durch das Blinde wieder sehen können.

Das europäische Projekt ist damit beendet, das US-Projekt läuft hingegen weiter – zumindest bis 2026. Das Projekt der Chinesen ist bis 2030 terminiert. Übrigens haben die Forscher dort einen großen Vorteil. Sie können auf ein großes Reservoir an Versuchsaffen zurückgreifen. In Europa und USA wird deren Einsatz restriktiv gehandhabt. Derzeit herrscht dort ein Mangel an Affen. Liegt das daran, weil China den Export bewusst zurückhält?

Das Affentheater

Es ist ein Handel, der sich im Verborgenen abspielt – in Frachträumen von Flugzeugen und in Containern auf Schiffen. Die Rede ist vom Handel mit Versuchsaffen. Sie stammen aus Südostasien, Sri Lanka und vor allem aus China, wo sich inzwischen die größten

Zuchtstätten befinden. Abnehmer der tierischen Fracht sind Labors in Forschungsinstituten oder Pharmaunternehmen im Westen. Doch dort kommen immer weniger Versuchsaffen an. Die Klagen von westlichen Wissenschaftlern und Forschern in Unternehmen nehmen zu. Karin Loré zum Beispiel vom schwedischen Karolinska Institutet berichtet gegenüber *Bloomberg* von fehlenden Versuchstieren und klärt über die Folgen auf: »Ich kann mir vorstellen, dass einige Studien nie durchgeführt werden.«[26] Auch die National Health Institutes (NIH) in den USA schlagen Alarm. Dort sind trotz aller Restriktionen weltweit die meisten Affen im Einsatz. 68 000 waren es 2019 nach offiziellen Angaben der FDA. 35 000 davon wurden importiert, mehrheitlich aus China.

China begann 1985 mit der Zucht von Totenkopfäffchen. 1990 startete das Land mit den Exporten. Erste Einschränkungen erfolgten 2013, weil in China die inländische Nachfrage Priorität vor dem Export bekam. Während der Corona-Pandemie kam es zu einem völligen Exportstopp, der auch danach nicht aufgehoben wurde. China begründete dies mit der Angst, durch die Affen den Virus zu verbreiten. In gewissen westlichen Kreisen vermutet man indessen andere Motive. China wolle ganz bewusst den Export drosseln, um den USA eins auszuwischen. Motto: Wenn du mir keine Chips mehr lieferst, schicke ich dir keine Affen mehr. Außerdem könne China auf diese Weise die westliche Forschung behindern und ihre eigene bevorzugen. Es ist ja kein Geheimnis, dass China in der Pharmaindustrie aufholen und zum Westen aufschließen will.

Die Folge der Verknappung: Die Preise für die Primaten steigen. Betrug er 2018 noch 1 800 Dollar, stieg er zu Beginn der Corona-Zeit auf 7 000 Dollar. Inzwischen spricht Karin Loré gar von 11 500 Euro, die man bezahlen müsse.

In den USA will man nun vermehrt die Primaten selber züchten. Das NIH unterhält sieben National Primate Centers. In Europa ist diese Möglichkeit wegen der restriktiven Bestimmungen zu Tierversuchen eher beschränkt. So könnten die europäischen Forscher und Pharmakonzerne die großen Verlierer sein.

KAPITEL 8

RAUMFAHRT

All-Macht-Fantasien

»Der Kampf um den Weltraum könnte das 21. Jahrhundert prägen – und China fliegt voran.«

Tim Marshall, Autor von *Die Geographie der Zukunft*

Der Weltraum rückt zunehmend ins Visier der Großmächte. Es gibt drei ernsthafte Raumfahrtnationen: USA, China und Russland. Nur ihnen ist es bislang gelungen, Menschen in den Weltraum zu befördern. Das sogenannte »Space-Race« findet zwischen diesen Ländern statt. Allerdings schwächelt Russland aus finanziellen und anderen Gründen, so dass es sich derzeit nur noch um ein Duell zwischen China und den USA handelt. Beide Nationen planen bemannte Raumflüge zum Mond und später zum Mars.

Analog zum ersten Kalten Krieg beginnt also ein neues Wettrennen im Weltraum. Wie damals geht es auch um Prestige. Es geht darum, die Überlegenheit des eigenen Systems der Weltöffentlichkeit zu präsentieren. Denn es gilt nach wie vor der Schluss: Wer Menschen in den Weltraum schießen kann, ist technologisch eine Supermacht. Aber diesmal hat der Wettlauf noch eine ökonomische Dimension. Auf dem Mond – und auch den vielen Asteroiden zwischen Erde und Mond – werden Rohstoffe und auch Energieträger vermutet, die auf der Erde immer rarer werden. Das Stichwort heißt *Space Mining*. Wer dort als Erster die Claims abstecken kann, hat einen strategischen Vorteil.

Weil der Weltraum inzwischen auch Standort Tausender Satelliten ziviler und militärischer Nutzung geworden ist, entwickeln sich die Sphären außerhalb der Erde immer mehr zu möglichen Schauplätzen militärischer Auseinandersetzungen. Europa will sich da raushalten und versteht sich eher als zivile Weltraummacht. Allerdings spielt Europa sowieso nicht in der ersten Liga der Weltraummächte mit. Nicht, weil es technologisch nicht mithalten kann, sondern weil die Europäer und speziell auch die Deutschen in Richtung Weltraum nicht sonderlich ambitioniert sind. Und auch, weil Europa keine so verrückten Typen wie Jeff Bezos und Elon Musk hat, die schon früh nach Höherem strebten.

New Space …

Jeff Bezos, dem Gründer des amerikanischen Onlinehändlers Amazon, war es schon relativ früh auf der Erde zu eng. Seine Gedanken, Pläne und Träume schweiften ab in Richtung All. So gründete er im September 2000 – sechs Jahre nach dem Start von Amazon – ein weiteres Unternehmen: Blue Origin, ein Raumfahrtunternehmen. Seine visionäre Motivation für dieses Unternehmen, das jährlich 1 Milliarde Dollar an Investitionen verschlingt, formuliert er so: »Wir müssen ins All expandieren, um neue Energiequellen zu finden und um bestimmte Industrien, die die Erde belasten, ins Weltall zu verlagern.«[1]

Ihm schweben zunächst Fahrten zum Mond vor. Mit Blue Moon hat er bereits eine Mondfähre vorgestellt. Und kürzlich präsentierte er mit Orbital Reef eine Weltraumstation. Am 20. Juli 2021 – natürlich nicht zufällig das Datum der ersten amerikanischen Mondlandung – begab sich Jeff Bezos zur Ortsbesichtigung selbst ins All. Mit dem New-Shepard-Raumschiff flog er rund zehn Minuten bis auf eine Höhe von 106 Kilometer und freute sich danach wie ein kleines Kind. Es gehe ihm aber nicht um Weltraumtourismus, wiederholt Bezos immer wieder.

Fast ähnlich tickt ein anderer positiv verrückter Unternehmer: Elon Musk. Noch vor seinem Einstieg beim Elektroautobauer Tesla gründete er im Mai 2002 das Unternehmen SpaceX, das heute eine breite Palette von Weltraumprodukten anbietet und eng mit der NASA kooperiert. Außerdem gibt es noch den Engländer Richard Branson, der mit seiner Marke Virgin in vielen Branchen unterwegs ist – seit 2004 mit Virgin Galactic auch in der Raumfahrt. Branson zielt – im Gegensatz zu Bezos und Musk – vornehmlich auf den Weltraumtourismus. Im August 2023 schickte sein Raumfahrzeug VSS Unity zum ersten Mal drei Passagiere ins All. Künftig will er das regelmäßig tun – am liebsten jeden Monat.

Diese Aktivitäten der drei Multimilliardäre mit Hang zur Exzentrik und Spurenelementen von Wahnsinn haben die globale Raumfahrt verändert. Aufgrund ihres durchaus umstrittenen Wirkens wurde ein neuer Begriff geprägt, der sich inzwischen weltweit durchgesetzt hat: *New Space*. Darunter versteht man die Raumfahrtambitionen privater Akteure – im Gegensatz zu *Old Space*. Früher dominierten fast ausschließlich staatliche Akteure die teure Raumfahrt – von der amerikanischen NASA über die chinesische CNSA und die russische Roskosmos bis hin zur europäischen ESA.

Lange Zeit hat man im Universum des Old Space die privaten Protagonisten eher belächelt. »Über viele Jahre wurde der Begriff New Space vorwiegend mit den Raumfahrtunternehmungen dieser drei Milliardäre assoziiert und in Europa zunächst nicht sonderlich ernst genommen«[2], heißt es in der 2023 erschienen Studie »Deutschland und der New Space« der deutschen Expertenkommission Forschung und Innovation (EFI). Erst 2015 habe Europa angefangen, sich mit dem Trend von New Space ernsthafter auseinanderzusetzen. Inzwischen soll es in Europa 700 bis 800 private Unternehmen geben, davon rund 100 in Deutschland. Diese Firmen will man künftig bei Projekten wie einer neuen europäischen Trägerrakete oder eines europäischen Raumtransporters miteinbeziehen, beschlossen die Minister Anfang November 2023 beim ESA-Gipfel in Sevilla.

Fast gleichzeitig wie Europa entdeckte auch China den New Space. Im November 2014 gab Chinas Führung die *Guidance of Innovation of Investment and Financing Mechanisms in Key Fields to Encourage Private Investment* heraus, die die Privatwirtschaft zu mehr Engagement in der Branche aufforderte. Inzwischen soll es auch dort mehr als 100 private Raumfahrtfirmen geben. Viele sind Spin-offs von Staatsbetrieben.

Es kommt zunehmend zu einer neuen Arbeitsteilung zwischen privaten und staatlichen Akteuren, die vor allem in den USA sehr ausgeprägt ist. Aber noch dominieren, schon aus finanziellen Gründen, die Vertreter des Old Space.

... und Old Space

Es war der berühmteste Schock des 20. Jahrhunderts: der Sputnik-Schock. Am 5. Oktober 1957 (russische Ortszeit) schoss die Sowjetunion den Satelliten Sputnik 1 ins All und löste damit Schockwellen in der westlichen und vor allem der amerikanischen Welt aus. Die USA befanden sich damals mitten im Kalten Krieg mit der Sowjetunion und waren sich sicher, dass sie das bessere und auch technologisch überlegenere System haben – bis der Sputnik sie widerlegte. Doch die USA erholten sich schnell und reagierten unter dem damaligen Präsidenten Dwight D. Eisenhower in doppelter Hinsicht. Die Regierung startete eine Bildungsoffensive, und sie organisierte ihre Raumfahrtaktivitäten neu.

Diese wurden aus dem militärischen Komplex ausgegliedert und einer neuen zivilen Behörde unterstellt. Am 1. Oktober 1958 nahm die neu gegründete National Aeronautics and Space Administration (NASA) in Washington mit rund 3000 Beschäftigten ihren Dienst auf. Ihr klarer Auftrag: Die Sowjets im All ein- und überholen. Es war eine holprige Aufholjagd. Zunächst mussten die Amerikaner noch hinnehmen, dass die Russen am 12. April 1961 mit Juri Gagarin den ersten Menschen ins All schickten. Aber danach legten die USA los und gingen sukzessive in Führung, wenn man dieses erste Weltraumwettrennen in sportlichen Kategorien werten will. Fast die gesamten 1960er Jahre über duellierten sich die beiden Kalter-Krieg-Gegner im All, ehe dann am 21. Juli 1969 die USA einen nahezu finalen Sieg landeten. An jenem Tag setzte ein gewisser Neil Armstrong als erster Mensch seinen klobigen Fuß auf den Boden des Mondes, begleitet von seinem legendären Satz: »Dies ist ein kleiner Schritt für einen Menschen, aber ein riesiger Sprung für die Menschheit.«

Neils Mondfahrt war quasi der umgekehrte Sputnik-Schock. Bis zuletzt glaubten die Russen, dass sie als Erste auf dem Mond ihre Fußspuren hinterlassen werden. In der Folgezeit konnte die sowjetische Raumfahrt durchaus noch einige Erfolge verzeichnen: Flüge zum Mars und zur Venus oder eine erste Raumstation. Aber nach dem Ende der Sowjetunion konnte und wollte sich Russland das teure Programm nicht mehr leisten. Die Prioritäten waren andere.

Unter Putin, der ja der verlorenen Weltmachtrolle nachtrauert, wurde jedoch wieder mehr investiert. Ein deutliches Zeichen ist das neue Kosmodrom Wostotschny, das den Weltraumbahnhof Baikonur ersetzen soll. Früher lag dieser in der UdSSR, aber nach deren Zusammenbruch im zentralasiatischen Staat Kasachstan. Wostotschny liegt im russischen Fernen Osten, nicht weit von der Grenze zu China entfernt. Diese Standortverlagerung hat durchaus Symbolcharakter: Russland rückt näher an China heran. Aber die Rollen sind nun anders als früher verteilt: Jetzt ist der einstige Lehrmeister Russland nur noch der Juniorpartner Chinas.

Und der Rivale der USA im All heißt nicht mehr Russland, sondern China.

China – der neue Rivale

Quasi im Schatten der beiden Weltraumgiganten USA und Sowjetunion und deshalb wenig beachtet stieg China Rakete für Rakete zu einem ernsthaften Rivalen auf. Schon im Oktober 1956 – die Volksrepublik war damals in vielerlei Hinsicht noch auf Dritte-Welt-Niveau – fiel unter Mao Zedong die Entscheidung, in die Raumfahrt zu investieren. Das Land hatte dabei zwei wichtige Geburtshelfer: den großen sozialistischen Bruderstaat UdSSR und einen verlorenen Sohn namens Qian Xuesen. Die Sowjets halfen mit Know-how. Viele junge Chinesen durften zum Studium der Raumfahrt in die UdSSR. In der Wüste Gobi wurde mithilfe der Sowjets eine Versuchsanlage errichtet – bis es dann 1960 zum Bruch der beiden kommunistischen Staaten kam.

Mindestens ebenso wichtig für den Aufbau der chinesischen Raumfahrt war Qian Xuesen. Dieser hatte Anfang der 1930er Jahre an der Jiaotong Uni in Shanghai studiert, übersiedelte dann in die USA, erst ans MIT in Boston, dann ans Caltech in Pasadena. Im Zweiten Weltkrieg arbeitete er an vorderster Front bei geheimen Raketenprojekten in den USA mit. Qian fühlte sich längst als Amerikaner und wollte deshalb 1949 die US-Staatsbürgerschaft annehmen. Die wurde ihm jedoch verwehrt. In der McCarthy-Ära bedeutete Chinese gleich Kommunist. Also wurde er der Spionage verdächtigt und fünf Jahre unter Hausarrest gestellt.

1955 durfte er unter Vermittlung des damaligen Außenministers Zhou Enlai in sein Geburtsland ausreisen. Tim Marshall kommentiert den Abflug so: »Ein Verlust für die Amerikaner – und ein großer Gewinn für China.« Und er zitiert den ehemaligen amerikanischen Marineminister Dan A. Kimball: »Die Vertreibung Qians ist das Dümmste gewesen, was Amerika je getan habe.«[3]

Für die junge Volksrepublik war die Rückkehr des bestens ausgebildeten Raumfahrtexperten Qian ein Geschenk des Himmels. Im »fünften Büro« des Verteidigungsministeriums – zuständig für Kernwaffen und Raketen – fing er als Chefingenieur an und wurde schnell zum führenden Kopf der chinesischen Raumfahrtaktivitäten. Unter seiner Ägide wurden die ersten Raketen vom Typ Dongfeng (Ostwind) und dann die späteren Modelle mit dem Namen Changzheng (Langer Marsch) entwickelt. Er war verantwortlich für die ersten chinesischen Satelliten, die ins All geschossen wurden. Und er legte die Grundlagen für Chinas bemanntes Raumfahrtprogramm. Im Oktober 2003 flog Yang Liwei als erster Chinese ins All. Nach seiner Rückkehr beeilte er sich, beim damals 92-jährigen Qian Xuesen vorbeizuschauen und ihm zu danken.

2009 starb Qian, aber Chinas Raumfahrtpläne leben natürlich weiter. Inzwischen hat China mit der Tiangong (Himmelspalast) eine eigene Raumstation und so viele Raketenbahnhöfe wie kein anderes Land. Und mittlerweile hat sich auch der Fokus der chinesischen Weltraumpolitik geändert. War diese anfangs vor allem auf militärische Zwecken fixiert, so ist sie inzwischen längst auch ein

Propaganda-Instrument. Man will der Welt zeigen, was das Land technologisch draufhat. So schreibt Xi Jinping im Ende Januar 2022 veröffentlichten Weißbuch *China's Space Program: A 2021 Perspective*: »Das unendliche All zu erforschen, die Raumfahrtindustrie aufzubauen und China zu einer Weltraummacht zu entwickeln, ist unser großer Traum.«[4]

Der naheliegendste Traum – zeitlich wie räumlich – ist ein Flug zum Mond.

Das zweite Space-Race

Der Mond ist dem Planeten Erde am nächsten, obwohl er rund 385 000 Kilometer entfernt ist. Trotz dieser unvorstellbaren Distanz wissen wir inzwischen sehr viel über den Erdtrabanten. Er ist gut erforscht und kartiert. Viele Mondsonden diverser Länder lieferten in den vergangenen Jahren Gesteinsproben von seiner Oberfläche. So wissen wir Menschen auf der Erde, dass es auf dem Mond viele Rohstoffe gibt, wie zum Beispiel Silizium, Titan, seltene Erden und Aluminium. Aber auch Energie (Helium) und Wasser (in gefrorener Form) sollen dort in riesigen Mengen vorhanden sein. Diese Vorkommen wecken natürlich Begehrlichkeiten. Vor allem bei Amerikanern und Chinesen. Aber auch Russen, Inder, Europäer und Araber wollen etwas abbekommen.

Alle streben deshalb Richtung Mond. Ein neuer Wettlauf zu diesem Himmelskörper hat begonnen. Die besten Startbedingungen haben die Amerikaner und Chinesen. Die Amerikaner waren zuletzt im Dezember 1972 in persona Eugene von Cernan auf dem Mond. Danach hatten sie lange Zeit keine allzu großen Ambitionen mehr, auch weil die Russen als Wettbewerber mehr oder weniger ausfielen und sie sich nicht mehr mit ihnen messen mussten. Außerdem war ihnen ihr Apollo-Programm schlicht zu teuer. Aber nachdem China als neuer Konkurrent aufstieg, hat bei den Amerikanern ein Umdenken stattgefunden.

Die NASA legte das neue Artemis-Programm auf und kooperierte dabei erstmals auch mit privaten Space-Unternehmen. Der Zeitplan der NASA: Im November 2024 sollen drei Männer und eine Frau den Mond umrunden, für 2025 ist dann eine Landung auf dem Mond geplant. Die Chinesen peilen eine Mondlandung für Ende des Jahrzehnts an. Für diesen Zeitpunkt planen sie auch eine feste Station auf dem Mond. Dabei wollen sie mit den Russen kooperieren. Die Chinesen erzielten 2019 einen Prestigeerfolg, als ihre unbemannte Sonde Chang'e auf der Rückseite des Mondes landete, was bis dato noch niemandem gelungen war.

Aber sowohl für die Amerikaner als auch für die Chinesen ist der Mond nur eine Durchgangsstation. Denn neben dem relativ nahen Mond rückt der Mars in den Fokus der beiden Weltraummächte. Seine Entfernung von der Erde beträgt im Schnitt 228 Millionen Kilometer. Rund sieben Monate dauert die Reise dorthin. Einige ferngesteuerte Fahrzeuge (Mars-Rover) sind schon da. Am aktivsten sind – auch hier – die Amerikaner und die Chinesen. Beide Nationen haben schon mit der Kartierung des Mars angefangen. Zwei NASA-Rover sind derzeit auf dem Mars unterwegs: Perseverance (seit Februar 2021) und Curiosity (seit 2012). Seit Mai 2021 kurvt auch der chinesische Rover Zhurong (Feuergott) auf dem Planeten herum. China will eine weitere Sonde schicken. Und auch die europäische Raumfahrtagentur ESA liebäugelt mit einer Mars-Mission und peilt dafür das Jahr 2028 an.

Und wann wird der erste Mensch auf dem Mars landen? Elon Musk gibt sich bekannt großmäulig und prophezeit 2029. Die NASA ist vorsichtiger und verkündet: »Vielleicht 2039«. China – eher langfristig planend – geht von einem Zeitraum zwischen 2040 und 2060 aus.

Der Abbau der vermuteten Rohstoffe auf Mond und Mars ist allerdings ein technisch schwieriges Unterfangen. Die Ausbeutung von Asteroiden könnte deutlich früher gelingen. Sie werden auch Kleinplaneten genannt, weil sie viel kleiner sind als die großen Planeten des Sonnensystems. Aber auch die Asteroiden besitzen viele Rohstoffe: Seltene Erden, Gold, Silber, Kobalt, Titan, Eisen. »Bereits kleinere Asteroiden mit einem Durchmesser von mehreren hundert Metern können je nach Zusammensetzung und Beschaffenheit viele Milliarden Euro wert sein«[5], sagt der Würzburger Professor für Raumfahrttechnik Hakan Kayal.

Chinas National Space Science Center hat ambitiöse Pläne, diese auszubeuten. Doch zunächst gilt es herauszufinden, welche der vielen Millionen Asteroiden überhaupt für das sogenannte *Asteroid Mining* infrage kommen. Und dann gilt es, die anspruchsvolle logistische Infrastruktur zu schaffen, um die Rohstoffe abzubauen und zur Erde zu transportieren. Aber sowohl in China als auch in den USA und ein paar anderen Ländern arbeitet man daran.

Über all diesen rohstoffgetriebenen Missionen zu den Asteroiden und Planeten schweben allerdings grundsätzliche Fragen: Wem gehören eigentlich diese Rohstoffe? Dürfen Nationen einfach ihre Flaggen in den staubigen und unwirtlichen Boden von Mond und Mars rammen und dann sagen: »Das ist meins«? Bahnt sich da eine Wiederkehr des Kolonialismus an? Gibt es denn keine Regeln auf Erden für diese fernen Abenteuer?

Anarchie im Weltraum

Doch, doch, es gibt schon Regeln, die auch vertraglich auf geduldigem Papier fixiert sind. Zum Beispiel existiert der Weltraumvertrag (Outer Space Treaty) und der Mondvertrag (Agreement Governing the Activities of States on the Moon and Other Celestial Bodies). Der eine stammt aus dem Jahre 1967, der andere aus dem Jahr 1979. Sie sind also ziemlich veraltet und gingen von hehren Vorstellungen aus, die leider von der Realität längst überholt wurden. So heißt es im Weltraumvertrag, dass die Erforschung und Nutzung des Weltraums der gesamten Menschheit obliegen. Rohstoffe auf Mond oder Mars würden nach dieser Definition allen gehören, nicht nur denen, die als Erste dort landen. In der Sprache der Juristen wären das sogenannte *Global Commons* oder auf Deutsch: globale öffentliche Güter.

Leider haben viele Länder diese Verträge mit den idealen Wunschvorstellungen erst gar nicht unterschrieben, darunter in weiser und arroganter Voraussicht just jene Staaten, die gerade im Wettrennen zum Mond führend sind: die USA, China und Russland. Jeder macht, was er will und was in seinem Interesse ist. Professor Kai-Uwe Schrogl, Experte für Weltraumrecht, spricht deshalb von einer »Anarchie im Weltraum«[6]. Die gemeinsame und verantwortungsvolle Raumfahrt liege derzeit in Trümmern, klagt Schrogl in der Zeitschrift *Internationale Politik*. Mit der neuen Anarchie sei die Respektierung des Weltraums als staatsfreier Raum zerfallen.

Statt einer Anpassung oder Neufassung internationaler Abkommen oder Gesetze drohen nun bilaterale Abkommen. Sehr aktiv in dieser Richtung sind die USA unterwegs. Seit 2020 drängen sie andere Länder, die mit ihnen bei ihren Weltraummissionen kooperieren wollen, in sogenannte Artemis Accords. Das sind bilaterale Abkommen, deren Inhalte von denen des Weltraum- und Mondvertrags abweichen. In diesen Artemis Accords spiegelt sich die amerikanische Meinung wider, dass man Ressourcen auf dem Mond auch dann ausbeuten könne, wenn man formal kein Eigentum an ihnen halte. So wie man eben auch auf hoher See Fische fangen dürfe, ohne dass man Besitzansprüche auf den Ozean habe.

Der Völkerrechtler Stephan Hobe, der das Institut für Luftrecht, Weltraumrecht und Cyberrecht an der Universität Köln leitet, kritisiert in *Spiegel Online* diese Haltung: »Wir sind wieder an einen Punkt gekommen, wo die Größeren den Kleineren diktieren, was sie gerne hätten: Das Recht muss aber auf der Seite der Schwächeren sein.«[7] Europa, das ja bei der Raumfahrt auf Zusammenarbeit mit den USA angewiesen ist, hat sich der amerikanischen Haltung angeschlossen. So macht Frankreich bei den Artemis Accords mit, und Deutschland inzwischen auch.

Von einer eigenständigen Raumfahrtpolitik sind die Europäer Lichtjahre entfernt.

Und Europa? Bleibt am Boden – vorerst

Bereits 1975 wurde die Europäische Raumfahrtagentur ESA (European Space Agency) in Paris gegründet. Die zehn Gründerstaaten wollten den Weltraum und dessen Erforschung nicht allein den damals dominierenden USA und der Sowjetunion überlassen. Anders als diese beiden Kalte-Krieg-Konkurrenten ging es den Europäern nicht um irgendwelches Machtgehabe oder um möglichen militärischen Nutzen durch die Raumfahrtaktivitäten. Europa verstand sich damals wie auch heute als zivile Weltraummacht. Die ESA, die übrigens keine Organisation der EU ist und heute 22 Mitgliedsländer hat, hat in den vergangenen Jahren einiges erreicht, aber ernsthaft konnte sie in den Wettstreit der großen Weltraummächte nie eingreifen. Nicht in den zwischen den USA und der Sowjetunion, und auch nicht in den aktuellen zwischen den USA und China.

»In den letzten Jahren hat sich der Abstand in der Raumfahrt zwischen Europa auf der einen sowie den USA und China auf der anderen Seite erheblich vergrößert. Es braucht in Deutschland und Europa größere politische Ambitionen.«[8] Das schreibt und fordert der Bundesverband der Deutschen Industrie (BDI) in seinem Papier »Wir machen New Space«. Und auch die Expertenkommission Forschung und Innovation (EFI) kritisiert: »Die Raumfahrtindustrie in Deutschland und Europa agiert in einem Umfeld, das von ausgeprägten einzel- und überstaatlichen Interessen, einer komplexen Förderlandschaft und in Deutschland von Unsicherheit über den zukünftigen regulatorischen Rahmen bestimmt wird.«[9]

Es ist nicht so, dass es den Europäern an Know-how fehlt. Josef Aschbacher, Generaldirektor der ESA, sagt selbstbewusst: »Europa ist ein Technologieführer in vielen Bereichen. Auch im Bereich Weltraum sind wir führend, mit Ausnahme des bemannten Weltraumflugs.«[10] Die ESA habe das Fachwissen und die Ambition. Ja, die ESA ist wohl ambitioniert. Aber sind es die Mitgliedsstaaten auch, allen voran Deutschland, der größte ESA-Geldgeber? »Obwohl Deutschland das erste Land war, das eine Rakete ins All schoss, bleibt seine heutige Rolle in der Weltraumindustrie fast unsichtbar. Es fliegt sozusagen unter dem Radar«[11], schreibt Tim Marshall in seinem Buch *Die Geografie der Zukunft.*

Immerhin: Deutschland hat sogar eine Weltraumstrategie. Die erste wurde bereits 2010 niedergeschrieben. Die Einleitung verfasste ein gewisser Philipp Rösler, damals Bundeswirtschaftsminister. Doch es brauchte über zehn Jahre, bis Ende September 2023 eine Neufassung präsentiert wurde. Das 62-Seiten-Papier sei jedoch »zu wenig ambitioniert«, sagt Matthias Wachter, Raumfahrtexperte beim Bundesverband der Deutschen Industrie (BDI), gegenüber *tagesschau.de.* Das zeige sich auch daran, dass parallel im Bundeshaushalt die Mittel für die Raumfahrt von 370 auf 313 Millionen Euro gekürzt wurden. Wachter weiter: »Deutschland läuft Gefahr, Fehler bei anderen Zukunftstechnologien, wie etwa bei Halbleitern, zu wiederholen.«[12] Europa habe – beklagt Wachter – momentan sogar temporär seinen Zugang ins All verloren.

Die treue europäische Trägerrakete Ariane 5 hat im Mai 2023 nach 27 Jahren ihren Dienst eingestellt. Das Nachfolgemodell Ariane 6, an dem seit 2014 gebaut wird, steht entgegen der Planungen immer noch nicht zur Verfügung. Der Jungfernflug ist jetzt für 2024 angekündigt. Bis Ariane 6 voll funktionsfähig ist, muss Europa – wie peinlich – Raketen bei Elon Musks SpaceX buchen. Josef Aschbacher sagt deshalb: »Der Weltraumtransport ist eine der größten Herausforderungen, denen wir heute in Europa gegenüberstehen.«[13]

Oder ist es doch eher die Militarisierung des Weltraums?

Star Wars – die Militarisierung des Weltraums

Lange Zeit galt bei den Militärs die klassische Dreiteilung: Heer, Luftwaffe, Marine. Die verschiedenen Einheiten operieren zu Land, in der Luft und auf dem Wasser und koordinieren im Ideal- und Ernstfall ihre Aktivitäten. Seit ein paar wenigen Jahren fügen jedoch die Militärstrategen vieler Länder ihren Streitkräften eine neue Dimension hinzu – den Weltraum. Die Russen waren am frühesten dran. Schon

1992 wurden die Russia Space Forces etabliert, die aber 2015 in die Russian Aerospace Forces integriert wurden. In China wurde im Rahmen einer militärischen Reorganisation zum Jahresende 2015 die PLA Strategic Support Force (PLASSF) etabliert. Sie soll vor allem die Aktivitäten während eines möglichen Weltraumkrieges koordinieren.

Erst ein paar Jahre später zogen die USA nach. So wurde dort noch unter US-Präsident Donald Trump im Dezember 2019 die US Space Force gegründet. Sie wurde mit einem satten Etat von 26 Milliarden Dollar und rund 16 000 Mitarbeitern ausgestattet. Trump damals: »Wenn es darum geht, Amerika zu verteidigen, reicht es nicht, nur eine amerikanische Präsenz im Weltraum zu haben. Wir müssen amerikanische Vorherrschaft im Weltall haben.«[14] Im August 2020 definierte die neue Einheit in dem Grundsatzpapier »Spacepower: Doctrine for Space Forces« ihre Aufgaben. China (und Russland) werden in dem 41-Seiten-Papier nicht namentlich erwähnt, aber zwischen den Zeilen ist unschwer zu erkennen, dass diese beiden Staaten als potenzielle Gegner im All betrachtet werden. In ihrer »Defence Space Strategy 2020« haben die USA den Weltraum zur »warfighting domain« erklärt, also zum potenziellen Austragungsort militärischer Konflikte.

Fast zeitgleich mit den Amerikanern – und das ist sicher kein Zufall – hat auch die NATO ihren Horizont in Richtung Weltraum erweitert. Auf ihrem Londoner Gipfel im Dezember 2019 hat das westliche Militärbündnis den Weltraum zum fünften Einsatzgebiet – neben Boden, See, Luft und Cyberraum – erklärt. Folgerichtig wurde 2021 im rheinland-pfälzischen Ramstein das NATO Space Center gegründet als eine Überwachungsstelle für den Weltraum. Und auch in den großen NATO-Mitgliedstaaten wird dem Weltraum immer mehr Bedeutung beigemessen. So hat Frankreich 2019 ein Weltraumkommando in der Nähe von Toulouse eingerichtet, die Briten folgten zum 1. April 2021 mit ihrem UK Space Command. Frankreich und Großbritannien betrachten den Weltraum wie die USA (sowie China und Russland) als »warfighting domain«.

So weit gehen die deutschen Politiker und Militärs noch nicht, aber nichtsdestotrotz haben sie im Juli 2021 ein »Weltraumkommando der Bundeswehr« (internes Kürzel: WRKdoBw) eingerichtet, das bis zu 250 Mitarbeiter haben soll. Als die damalige Verteidigungsministerin Annegret Kramp-Karrenbauer diese Zentrale in Kalkar-Uedem einweihte, warnte sie vor abenteuerlichen Assoziationen von Jules Verne bis zum Raumschiff Enterprise. Die Realität sei »längst nicht so reißerisch«[15]. Nein, hier am Niederrhein würden keine Star Wars vorbereitet, versicherte damals AKK. Es gehe vor allem um die Beobachtung von Satelliten, von denen sich inzwischen Tausende im All tummeln, darunter viele mit militärischem Auftrag.

Satelliten: Gedränge zwischen Himmel und Erde

Die genaue Zahl der Satelliten weiß keiner. Man kann sie nur schätzen. Über 10 000 sollen es sein, viele davon sind schon verglüht und vagabundieren als Weltraumschrott durchs All. Die vielen Satelliten befinden sich je nach Funktion in unterschiedlichen Höhen. Dazu muss man kurz erklären, wo die Grenze zwischen Himmel und Erde verläuft, wo also der Weltraum anfängt und wie er eingeteilt ist. Die NASA sagt: 80 Kilometer über der Erde beginnt der Weltraum. Andere sagen 100 Kilometer. Dort ist die sogenannte Kármán-Linie. Darüber ist der Weltraum dreigeteilt: Low Earth Orbit (LEO, zwischen 100 und 2 000 Kilometer), Medium Earth Orbit (MEO, 2 000 bis 35 786 Kilometer) und Geostationary Orbit (GEO, jenseits der 35 786 Kilometer). In allen drei Zonen sind Satelliten aller Art und jeglicher Größe unterwegs.

Im unteren Bereich kreisen zum Beispiel Internetsatelliten, aber auch die Internationale Raumfahrtstation ISS. Im mittleren Bereich tummeln sich Navigationssatelliten, die zum Beispiel ermöglichen, dass das GPS funktioniert. Im geostationären Bereich sind TV- und Wettersatelliten stationiert. In dieser Entfernung haben die Satelliten dieselbe Geschwindigkeit wie die Erde und können deshalb stets aus der gleichen Position die Erde beobachten. Warum in den vergangenen Jahren so viele Satelliten ins All geschossen wurden, hat mehrere Gründe: Der Transport von Satelliten ist viel einfacher und kostengünstiger geworden. Immer mehr Staaten haben die Möglichkeit, Satelliten ins All zu schießen. Der NASA-Manager Roger Hunter spricht deshalb von einer Demokratisierung des Weltraums. Naja, in der Praxis sieht das etwas anders aus.

Es dominieren zumindest im Westen die Milliardäre wie zum Beispiel Elon Musk. Er hatte durch den Verkauf seiner PayPal-Anteile so viel Geld verdient, dass er mit einem Teil davon 2002 das Raumfahrtunternehmen SpaceX gründen konnte. Nach einigen Anfangsschwierigkeiten ist SpaceX inzwischen Weltmarktführer bei Satellitenstarts. Von seinen Abschussbasen an der Ost- und Westküste Amerikas sowie an der Golfküste von Texas bringen SpaceX-Raketen fast im Wochenrhythmus Satelliten ins All. SpaceX schickt fremde, aber vor allem seine eigenen Starlink-Satelliten in den Orbit. Rund 5 000 Starlink-Satelliten sind schon dort, über 40 000 sollen in den nächsten Jahren folgen. Sie dienen vor allem der Internetkommunikation und bekommen eine zunehmende militärische Bedeutung. Internetverbindungen via Satelliten sind sicherer als via Kabel, die jederzeit zerstört werden können. Deshalb sind zum Beispiel für die Ukraine die Starlink-Satelliten enorm wichtig, denn nur mit ihrer Hilfe können ihre Truppen miteinander kommunizieren. Die Starlink-Satelliten müssen aber von Elon Musk freigeschaltet werden. Im Falle der Ukraine hat er es getan. Wie würde er sich in einem Konflikt um Taiwan verhalten? Würde er den Taiwanesen die Nutzung seiner Satelliten erlauben, wo er doch starke wirtschaftliche Interessen in China hat? Fragen, die zeigen, wie ein egomanischer Milliardär letztendlich über Krieg und Frieden entscheiden kann.

Das gewaltige Expansionsprogramm von Starlink alarmiert die Chinesen. Ihnen passt nicht, dass Musk so viel Macht bekommt und SpaceX Räume besetzt, denn auch die scheinbar unendlichen Räume des Weltalls sind endlich, vor allem im Low Earth Orbit. China hat deshalb ein eigenes Satellitenprogramm unter dem Code »GW« an der Space Engineering University in Beijing gestartet. GW steht für *Guowang* – nationales Netzwerk. Mehrere Schwärme von insgesamt knapp 13 000 Satelliten wollen die Chinesen deshalb in den nächsten Jahren ins All entlassen.

Europa ist mit drei Satellitenprogrammen im All unterwegs: Galileo (Navigation), Copernicus (Erdbeobachtung) und demnächst IRIS (Kommunikation). Mit Letzterem wollen die Europäer vom amerikanischen Starlink-Netz unabhängiger werden. Europas Satelliten sind primär ziviler Natur, während amerikanische und chinesische Satelliten auch militärischen Zwecken dienen, sei es zur Feindbeobachtung oder zur logistischen Unterstützung der eigenen Truppen.

Sowohl China als auch die USA, aber auch Indien und Russland entwickeln deshalb sogenannte Antisatellitenwaffen (ASATs), mit denen sie gegnerische Satelliten zerstören können. Das können Raketen sein, die vom Boden, aber auch von hochfliegenden Militärjets abgeschossen werden. Aber auch an Laserwaffen wird gearbeitet. Viele dieser möglichen Attacken werden sich im Low Earth Orbit abspielen, denn dort sind die meisten Satelliten platziert. Eine Ebene darüber – im mittleren Orbit – gibt es mehr Freiräume. Doch auch dort herrscht west-östliche Rivalität, denn in diesem Abschnitt des Weltraums befinden sich die Satelliten für die verschiedenen Navigationssysteme.

GPS und seine Alternativen

Wenn ein Blick auf Google Maps oder eine andere App verrät, wo Sie sich gerade befinden, oder Ihnen erklärt, wie sie von A nach B kommen, dann sind irgendwelche Satelliten im Spiel, die in über 20 000 Kilometern Entfernung über Ihnen ihre Kreise ziehen und Sie auf Schritt und Tritt verfolgen. Diese Satelliten sind der wichtigste Teil des GPS – *Global Positioning System*. Inzwischen ist das amerikanische GPS aufgrund seiner Bekanntheit und Omnipräsenz zum Gattungsbegriff geworden. Aber das GPS ist nur ein Navigationssatellitensystem. Es ist das älteste und auch das zuverlässigste, aber nicht das einzige.

Es gibt noch drei Konkurrenten: das chinesische Beidou, das europäische Galileo und das russische Glonass. Den Beginn des amerikanischen GPS kann man auf Anfang der 1970er Jahre datieren. Wie bei vielen Entwicklungen war der Treiber auch hier das Pentagon, das amerikanische Verteidigungsministerium. Die US-Militärs wollten ein sicheres Satellitennavigationssystem für ihre Einsätze rund um die Welt. Bereits 1993 war das GPS voll funktionsfähig. Aktuell liefern 31 Satelliten die nötige Standortbestimmung für die privaten und militärischen Nutzer des GPS. Auch die Russen fingen früh, nämlich 1976, mit der Entwicklung eines eigenen Navigationssystems an. Aber erst 2011 war ihr System Glonass voll operabel.

China und die EU waren die Nachzügler. Ursprünglich wollten die Europäer mit den Chinesen kooperieren. Das war noch zu Zeiten, als man in Europa China noch nicht als systemischen Rivalen betrachtete. Im Oktober 2004 wurde deshalb ein Kooperationsabkommen zwischen der EU und China unterzeichnet. Aber das gefiel den Amerikanern überhaupt nicht. Sie zwangen mit mehr oder weniger sanftem Druck die Europäer, die Zusammenarbeit mit den Chinesen aufzukündigen. Fortan gingen die beiden getrennte Wege: Die Europäer entwickelten ihr Galileo, die Chinesen ihr Beidou. Die EU wollte schon 2008 mit ihrem System Galileo an den Start gehen, aber dieser verzögerte sich um acht Jahre. Finanzierungsprobleme und kleinliche Streitereien um den Sitz des irdischen Kontrollzentrums (es wurde schließlich Prag) waren die Ursachen für die Verspätung.

Die Chinesen ließen sich noch etwas mehr Zeit, denn Beidou war für sie ein Prestigeobjekt, das perfekt werden musste. Schließlich konnte Ende Juli 2020 Xi Jinping in einer Zeremonie in der Großen Halle des Volkes höchstpersönlich den Beginn des Vollbetriebs von Beidou verkünden. Beidou soll fast so gut sein wie das GPS: »China bietet jetzt eine Alternative zu GPS mit äußerst wettbewerbsfähigen Funktionen, die es vorher im Grunde nicht gab. Beidou ist eindeutig eine bessere Alternative als Galileo und Glonass.«[16] Das schreiben keine lobhudelnden Chinesen, sondern die US-Militärs David H. Millner, Stephen Maksim und Marissa Huhmann in dem Artikel »Beidou: China's GPS Challenger Takes Its Place On World Stage«, der in einer Publikation der National Defense University veröffentlicht wurde.

Auch hier herrscht also der ewige Zweikampf China versus USA mit dem Zuschauer Europa.

KAPITEL 9

PATENTE UND STANDARDS

Moderne Papierkriege

»Technische Standards sind zu einem zentralen Gegenstand des machtpolitischen Wettbewerbs um Technologie zwischen den USA und China geworden.«

Tim Rühlig, Deutsche Gesellschaft für Auswärtige Politik (DGAP)

Normen und Standards – ach, wie langweilig. Das klingt nach DIN A4 und CE-Kennzeichnungen für Elektrostecker. Stoff also für Bürokraten, aber nicht für Geostrategen. Von wegen. Aus der scheinbar drögen Materie ist in den vergangenen Jahren ein Machtfaktor geworden. Wer Normen und Standards setzt, kann erst Märkte besetzen und sie später dominieren. Es gelten nach wie vor die Worte des alten Werner von Siemens, einst Gründer des gleichnamigen Konzerns: »Wer die Standards setzt, hat den Markt.«[1]

Lange Zeit arbeiteten die Normungsspezialisten relativ geräuschlos im Hintergrund. Sie trafen sich und einigten sich in Hunderten von technischen Komitees der großen internationalen Standardisierungsorganisationen. Sie waren die unsichtbaren Wegbereiter der Globalisierung, weil ihre Normen weltweit gültig waren und somit einen reibungslosen Warenaustausch über alle Grenzen hinweg ermöglichten. Es waren Fachleute – Techniker, Ingenieure, Wissenschaftler –, die in diesen Gremien saßen. Dominiert wurden diese lange Zeit von westlichen Experten. Das waren in der Regel keine Bürokraten, sondern sie stammten aus Unternehmen und privatwirtschaftlich organisierten Normierungsinstituten wie zum Beispiel dem DIN in Berlin. Die Regierungen hielten sich weitgehend aus der Normsetzung heraus und überließen sie eben diesen Fachleuten.

Doch dieses Wirken der Standardorganisationen im mehr oder weniger politikfreien Raum hat sich in den vergangenen Jahren verändert. Und das hat mit China zu tun. Denn China hat die strategische Bedeutung von internationalen Normen erkannt. Dort ist dieses Thema Chefsache, sprich: Die politische Führung kümmert sich darum. Deshalb hat China sein Engagement in den diversen Standardorganisationen verstärkt, ohne diese allerdings bislang zu dominieren.

Seit Normen und Standards durch Chinas aktiveres Auftreten zum internationalen Politikum geworden sind, sind die Regierungen im Westen aufgewacht. Nachdem China 2020 ein Strategiepapier zur Standardpolitik vorgelegt hat, zogen die EU und die USA nach und produzierten ihrerseits entsprechende grundsätzliche Leitlinien. Die EU veröffentlichte diese 2022, die USA folgten ein knappes Jahr später.

Aber nicht nur bei Normen will China globale Maßstäbe setzen, sondern auch bei zwei anderen Kategorien von Dokumenten und Papieren: Patenten und wissenschaftlichen Studien. Beide sind so etwas wie Frühindikatoren. Und beide sind wichtige Gradmesser, die erklären, wie es um den technologischen und innovativen Status eines Landes steht. Sowohl bei Patenten als auch bei wissenschaftlichen Aufsätzen haben Chinas Forscher und Wissenschaftler in den vergangenen Jahren gewaltig aufgeholt. Kritiker aus dem Westen sagen, das sei mehr Masse statt Klasse. Stimmt, aber es nimmt neben der Quantität auch die Qualität chinesischer Patente und Aufsätze zu.

Privat oder staatlich – die unterschiedlichen Strategien

Fast jeder hierzulande hat schon mal von DIN A4 oder A5 gehört. Aber wenige wissen, wer sich hinter DIN verbirgt. Das Kürzel steht für Deutsches Institut für Normung. Es wurde schon 1917, allerdings noch unter anderem Namen, gegründet und hat seinen Sitz mitten in Berlin, unweit des Zoologischen Gartens. Das DIN ist ein gemeinnütziger Verein. Der DIN e. V. finanziert sich vor allem durch Verkäufe von Normen. Der deutsche Staat steuert nur 9 Prozent zum

Etat bei. Rund 530 Mitarbeiter hat das DIN. Viele von ihnen sind häufig in Brüssel, denn dort treffen sie regelmäßig ihre Kollegen aus den anderen europäischen Ländern, um gemeinsame europäische Standards zu entwickeln.

Auf europäischer Ebene sind dabei drei Organisationen entscheidend. Das Comité Européen de Normalisation (CEN) mit Sitz in der Brüsseler Rue de la Science. Es setzt Normen und Standards für alle Branchen, außer der Elektrotechnik und Telekommunikation. Für diese beiden Industrien wurden separate Institute geschaffen: das CENELEC für Elektrotechnik (ebenfalls in Brüssel) und das ETSI für die Telekommunikation (im südfranzösischen Sophia Antipolis). Auch diese europäischen Institutionen sind wie das DIN privatwirtschaftlich organisiert.

Das Pendant in den USA ist das ANSI (American National Standards Institute) in Washington. Es wurde schon 1918 gegründet und ist ebenfalls, wie die europäischen Normungsinstitute, eine Non-Profit-Organisation. Das war lange Zeit der westliche Ansatz: Standards werden von privatwirtschaftlichen Institutionen wie DIN, CEN oder ANSI gesetzt.

Ganz anders dagegen in China. Dort dominiert der Staat, allen voran die Standardization Administration of China (SAC). Diese Organisation wurde erst im Oktober 2001 gegründet. »Im Vergleich zu anderen führenden Normungsmächten wie Europa oder den USA gilt China als Nachzügler in der internationalen Normung«, sagt Professorin Sabrina Weithmann (TH Aschaffenburg), die zu diesem Thema promoviert hat. Sie sieht jedoch in diesem späten Einstieg Chinas durchaus einen Vorteil, denn »China kann aus den Erfahrungen anderer Nationen lernen und selbst ein Normungssystem etablieren, welches die besten Aspekte anderer Systeme aufgreift.«[2]

Und genau dies hat China getan. Im 2018 verkündeten neuen Normungsgesetz, aber auch in dem 2020 veröffentlichten Regierungspapier »China Standard 2035« verabschiedete sich China etwas von seinem staatsnahen Ansatz. Der deutsche China- und Standardisierungsexperte Tim Rühlig, der für die Deutsche Gesellschaft für Auswärtige Politik (DGAP) arbeitet, kommentiert: »Das Standardisierungsgesetz stärkt die Rolle des Privatsektors.« Aber er relativiert sofort: »Obgleich diese Reformen eine erhebliche Liberalisierung darstellen, bleibt das chinesische System ein staatszentriertes.«[3]

Interessant ist die gegenläufige Entwicklung bei den westlichen Standardorganisationen, die ja bislang privatwirtschaftlich organisiert waren. Sowohl in dem Entwurf der EU-Kommission für eine neue europäische Standardisierungsstrategie von Februar 2022 als auch in der im Mai 2023 veröffentlichten »United States Goverment National Standard Strategy for critical and emerging Technology« wird mehr politischer Einfluss angekündigt. Sowohl in Brüssel als auch in Washington sieht man inzwischen das Setzen von Normen und Standards als strategische und damit auch politische Aufgabe an. So heißt es in der China-Strategie der Bundesregierung halb anerkennend, halb besorgt: »Der Wettbewerb um Technologieführerschaft wird auch auf dem Gebiet der Normung und Standardisierung ausgetragen. China geht hier sehr strategisch vor.«[4] Ergo müssen auch die EU und die USA strategisch vorgehen.

Dazu gehört auch, dass die EU und die USA enger kooperieren wollen. Im Mai 2022 wurde zwischen den beiden der »Strategic Standards Information (SSI) Mechanismus« eingeführt, »der der Europäischen Union und den Vereinigten Staaten ermöglichen wird, Informationen über internationale Normungsaktivitäten auszutauschen und umgehend auf gemeinsame strategische Fragen zu reagieren.«[5]

Man darf gespannt sein, wie sich diese Neuausrichtung der Akteure auf die Arbeit in den internationalen Organisationen auswirken wird.

Standardorganisationen: Kampf um Posten und Einfluss

Genf ist ein schöner Ort in der neutralen Schweiz. Dieses Ambiente wissen auch Diplomaten aus aller Welt zu schätzen. Die Stadt, die vor rund 100 Jahren bereits den UN-Vorläufer Völkerbund beherbergte, ist neben New York der zweite offizielle Hauptsitz der Vereinten

Nationen. Hier haben die Weltgesundheitsorganisation (WHO) und die Welthandelsorganisation (WTO) ihren Sitz. Diese Organisationen und ihre Kürzel kennt man. Aber wer bitte verbirgt sich hinter ISO, IEC oder ITU, die alle auch ihre Headquarters in Genf haben?

Die drei sind die größten und bedeutendsten globalen Standardorganisationen. Ausgeschrieben heißen sie International Organization for Standardization, International Electrotechnical Commission und International Telecommunication Union.

Es gab eine Phase, wo China alle Vorsitzenden dieser drei Organisationen stellte. Zhao Xiaogang war der erste Chinese, der ISO-Präsident war. Die IEC wurde drei Jahre lang von Shu Yinbiao geführt. Und auch die ITU hatte bis Anfang 2023 mit Zhao Houlin acht Jahre lang einen chinesischen Präsidenten. Alle drei waren Apparatschiks mit Vergangenheit in Staatsunternehmen oder der Regierungsbürokratie.

Doch aus dieser chinesischen Dominanz an der Spitze zu schließen, dass die Chinesen diese Organisationen beherrschen, wäre falsch, auch wenn das manche Beobachter im Westen tun. Selbst amerikanische Studien kommen eher zu einem gegenteiligen Schluss: »Die Vereinigten Staaten dominieren die meisten internationalen SDOs«[6], so der Report »Standardizing the Future« des Atlantic Council (SDO steht für *Standards Developing Organizations*). Zu einem ähnlichen Urteil gelangt Tim Rühlig: »Obwohl China erhebliche Fortschritte gemacht hat, dominiert es die internationale Normung noch nicht.« Und weiter: »Die Strategien, mit denen China seinen Einfluss auf die internationale technische Standardisierung ausbaut, unterscheiden sich nicht grundlegend von denen etablierter westlicher Staaten.«[7]

Jedes Land versucht halt, so viele Experten wie möglich in den Organisationen zu platzieren. Und dabei sind offenbar die Deutschen besonders geschickt vorgegangen. Denn deutsche Experten sind in den internationalen Standardorganisationen zahlreich vertreten. So steht in der Atlantic-Council-Studie: »Wenn ein Land im Verhältnis zu seiner Bevölkerung und Wirtschaftskraft in SDOs überrepräsentiert ist, dann ist es Deutschland.«[8] Trotz dieser übermächtigen Präsenz kündigt die Bundesregierung in ihrer China-Strategie an, dass sie weiter powern will: »Wir werden das Engagement deutscher und europäischer Akteure in internationalen Gremien stärken.«[9]

Das wollen natürlich auch die Chinesen. Doch China tut sich schwer, weil es in diesen Gremien, die traditionell von den Industriestaaten dominiert sind, nicht so viele Verbündete hat. Beispiel hierfür war der chinesische Versuch, den Vorsitz der World Intellectual Property Organization (WIPO) zu übernehmen. Wang Binying, eine erfahrene WIPO-Veteranin, strebte dort den Vorsitz an. Aber sie unterlag im März 2020 in einer Kampfabstimmung dem Kandidaten aus Singapur Daren Tang.

Die WIPO ist zwar keine Standardorganisation, aber im Bereich des geistigen Eigentums ist die UN-Teilorganisation eine wichtige globale Institution. Ebenfalls in Genf angesiedelt setzt sie internationale Regeln vor allem im Umgang mit Patenten.

Patentweltmeister China, aber auch Weltmacht?

Patente sind so etwas wie der Frühindikator für Innovationen. Wer ein Patent anmeldet, verrät der Öffentlichkeit, welche Idee er gerade entwickelt hat und möglicherweise in ein Produkt umsetzen will. Seit zehn Jahren meldet China weltweit die meisten Patente an. 2022 waren es zum ersten Mal über drei Millionen. Das war Weltrekord. Keine Nation hat jemals so viele Patente bei den zuständigen Behörden registrieren lassen.

Aber ist Masse auch gleich Klasse? Nein, so das Ergebnis der Bertelsmann-Studie »Weltklassepatente in Zukunftstechnologien«. Die drei Autoren untersuchten nicht alle Patente, sondern nur die oberen 10 Prozent, die sie dann als Weltklassepatente bezeichneten. Dabei kommen die Autoren zu dem Schluss: »Der reine Blick auf die Patentanmeldungen überzeichnet die Stärke Ostasiens.«

Die USA seien immer noch die unangefochtene »Patent-Supermacht« und würden das auch mittelfristig bleiben. Und was die Situation Europas anbetrifft, urteilen die Autoren: Deutschland sei immer noch die stärkste europäische Patentmacht, falle aber weltweit allmählich zurück. Ihr Warnhinweis an die deutsche Adresse lautet: »Der Anspruch, eine führende Technologienation zu sein, gerät aber immer stärker unter Druck.«[10] Zum gleichen Ergebnis kommt übrigens auch die SWOT-Analyse in der Zukunftsstrategie Forschung und Innovationen der Bundesregierung. Dort wird unter Schwächen registriert, dass Deutschland bei Patentanmeldungen in den Schlüsseltechnologien nur noch im Mittelfeld liege.

Dass die USA und die EU noch vor China und den anderen ostasiatischen Technologiestaaten Japan und Südkorea stehen, sollte die beiden westlichen Mächte nicht dazu verleiten, sich auszuruhen und unangreifbar zu fühlen. Denn die Forscher der Bertelsmann-Stiftung stellen auch fest, »dass China bei den Weltklassepatenten enorm zugelegt hat und mittlerweile in fast allen Technologien kräftig aufholt.«[11] Interessant ist, dass China insbesondere bei den grünen Technologien die USA und Deutschland, das sich ja immer gerne in der grünen Vorreiterrolle sieht, abgehängt hat. Einzige Ausnahme: die Windbranche.

Wenig verwunderlich ist, dass China im Bereich der Digitalisierung ein eifriger Patentanmelder ist. Unangefochtener Spitzenreiter ist dabei Huawei. Der Telekomkonzern aus Shenzhen, der rund 10 Prozent seines Umsatzes in Forschung und Entwicklung investiert, ist im Besitz von über 120 000 Patenten. Dieses riesige Portfolio hat einen schönen finanziellen Nebenaspekt: Das Unternehmen kassiert jedes Jahr kräftig Lizenzgebühren von jenen, die Huaweis Patente nutzen. Zuletzt kamen so 560 Millionen Dollar in die Kassen Huaweis.

Noch gilt bei Chinas Patenten aber mehr Masse als Klasse. Stimmt das auch für ein weiteres Kriterium, mit dem sich die Innovationsfähigkeit eines Landes messen lässt – für die Anzahl wissenschaftlicher Publikationen?

Kopieren? Das war gestern

Die beiden wöchentlich erscheinenden Magazine heißen *Nature* und *Science*. Wer in diesen renommierten Wissenschaftsblättern – das eine britisch, das andere amerikanisch – seine Forschungsergebnisse veröffentlichen darf, zählt zur globalen Elite der klugen Köpfe. Es wird vorher sorgfältig geprüft, was dort publiziert wird. In sogenannten *Peer Reviews* checken vor der Veröffentlichung unabhängige Wissenschaftler vom Fach die eingereichten Artikel unter anderem auf Originalität und Plausibilität. Vor über 25 Jahren stammten nahezu alle wissenschaftlichen Artikel in diesen und auch anderen angesehenen Magazinen von Autoren aus Nordamerika, Europa oder Japan. Heute dagegen finden sich in diesen Zeitschriften immer mehr Beiträge chinesischer Wissenschaftler. Ja, inzwischen ist China sogar der größte Produzent von wissenschaftlichen Publikationen. Das Institute of Scientific and Technical Information des chinesischen Forschungsministeriums untersuchte über 54 000 Artikel in 159 wissenschaftlichen Fachzeitschriften weltweit und stellte fest, dass 2022 etwas mehr als 30 Prozent der Artikel von Chinesen stammten und 26,7 Prozent von Amerikanern. Zum ersten Mal habe China damit die USA überholt.

Lange Zeit galt auch für wissenschaftliche Papiere aus China, was für chinesische Patente galt: viel Masse, aber wenig Klasse. Aber auch bei den Elaboraten der Wissenschaftler stimmt das in dieser Pauschalität nicht mehr. »China ist eines der Spitzenländer der Welt, sowohl was die Quantität als auch die Qualität der wissenschaftlichen Arbeiten angeht«[12], sagt Shinichi Kuroki, Forscher bei der Japan Science and Technology Agency gegenüber *Nikkei Weekly*. Er verweist auf den Jahresbericht des National Institute of Science and Technology Policy, das dem japanischen Wissenschaftsministerium angegliedert ist. Darin wird berichtet, dass China inzwischen die USA bei den Papieren, die in der Wissenschaftscommunity am meisten zitiert werden, überholt habe. Insbesondere in den Bereichen Materialwissenschaften, Chemie, Engineering und Mathematik sei China stark, während die USA bei Biowissenschaften und Physik noch dominieren.

Die Erkenntnis der Japaner deckt sich mit einer 2022 veröffentlichten Studie von Caroline S. Wagner, Lin Zhang und Loet Leydesdorff in der Zeitschrift *Scientometrics*. Die drei Forscher untersuchten nur die Toppapiere, das oberste 1 Prozent. In dieser Spitzenkategorie kommen inzwischen die meisten Veröffentlichungen von chinesischen Wissenschaftlern. China habe in dieser Kategorie die USA 2019 überholt, die EU schon 2015. Besonders deutlich habe China die USA bei der Anzahl von Veröffentlichungen im Bereich KI abgehängt, und zwar im Verhältnis zwei zu eins.

Co-Autor Loet Leydesdorff, der an der Universiteit van Amsterdam lehrt, sagt: »In vielen westlichen Ländern wird argumentiert, dass China die USA bereits bei der Gesamtzahl der Papiere übertroffen habe, aber nicht bei den Top-Veröffentlichungen. Aber das stimmt nicht mehr.«[13] Und Caroline Wagner räumt mit einem weiteren (westlichen) Vorurteil auf: »Unsere Forschung ergab, dass die chinesische Forschung überraschend innovativ und kreativ war – und nicht einfach nur westliche Forscher kopierte.«

Das Fazit der Wissenschaftlerin an der The Ohio State University: »China ist nicht mehr länger ein Nachahmer oder Anbieter von nur minderwertiger Wissenschaft. China ist heute eine wissenschaftliche Macht, die sowohl quantitativ als auch qualitativ den USA und Europa ebenbürtig ist.«[14]

KAPITEL 10

TALENTE

Globales Buhlen um kluge Köpfe

»Der Wettbewerb um nationale Stärke ist auch ein Wettbewerb um Talente. Wer die besten Talente an sich binden kann, wird in diesem Wettbewerb einen Vorteil haben.«

Xi Jinping, chinesischer Staatspräsident

Für all die in den vorigen Kapiteln beschriebenen Technologien benötigt man viele Leute, die forschen und entwickeln. Informatiker, Mathematiker, Computerspezialisten, Ingenieure, Neurowissenschaftler und so weiter. Die beiden Kürzel, unter denen dieser begehrte Personenkreis zusammengefasst wird, heißen im Deutschen MINT und im Englischen STEM. MINT steht für Mathematik, Informatik, Naturwissenschaften und Technik, STEM für Science, Technology, Engineering and Mathematics. Um Studierende und Absolventen in diesen Fächern ist ein globaler Kampf ausgebrochen, ein *War of Talents*. Dieser Begriff wurde schon 1997 von der Unternehmensberatung McKinsey in die Diskussion eingeführt, hat aber in den vergangenen Jahren enorm an Bedeutung gewonnen, weil gerade in den STEM-Fächern eine eklatante Diskrepanz zwischen Angebot und Nachfrage besteht.

Diese Lücke gibt es in allen Ländern und Regionen, die sich im globalen Technologiewettstreit befinden. Das Problem besteht in den USA, die zwar die weltbesten Unis haben, aber dafür große Schwächen im Schulsystem. Das Problem haben die Europäer (mit einer gewissen Ausnahme der Deutschen), weil viele Schulabgänger lieber BWL, Jura oder irgendetwas mit Medien studieren statt eines der MINT-Fächer. Aber auch China meldet in manchen Branchen gewisse Defizite. Doch das Land hat zwei gewichtige Vorteile. Zum einen den Vorteil der Masse. Jedes Jahr verlassen rund elf Millionen Chinesen die Unis, darunter viele Ingenieure. Und China hat noch ein weiteres Plus: Kein Land betreibt eine solch aktive und konsequente Politik, Studierende und Wissenschaftler ins Ausland zu entsenden und sie nach der dortigen Aus- und Weiterbildung wieder zurückzubeordern.

Während also China seine Landsleute, die massenhaft im Ausland studieren, zurückholen kann, müssen die anderen Nationen im globalen Tech-Rennen auf ausländische Kräfte setzen. Überall wird deshalb mit vereinfachten Immigrationsverfahren um Wissenschaftler gebuhlt. Singapur hat für sie einen Overseas Networks & Expertise Pass eingeführt, die Vereinigten Arabischen Emirate vergeben ein Golden Visa, Großbritannien hat seit 2020 ein Global Talent Visa Scheme und Kanada ein Express Entry System.

Auch die EU inklusive Deutschland bemüht sich, Tech-Talente anzuwerben, tut sich aber schwer. Kritisiert wird von den infrage kommenden Kandidaten vor allem die überbordende Bürokratie und die nicht besonders ausgeprägte Gastfreundschaft. Aber auch die USA – traditionell ja ein Einwanderland – haben immer mehr Probleme, ausländische Talente zu halten und neue zu bekommen. So ging die Zahl der chinesischen Studierenden in den USA in den vergangenen zwei Jahren zurück (während übrigens die Zahl der indischen Studierenden stark zugenommen hat). Eric Schmidt, der ehemalige Google-Chef und jetzige Technologielobbyist, warnt: »Wenn die USA weltweit führend in Sachen Innovation bleiben wollen, können sie es sich nicht länger leisten, die Talente zu ignorieren, die außerhalb ihrer Grenzen warten.«[1] Angesichts der zunehmenden antiasiatischen Ressentiments fällt es den USA schwer, gerade die vielen chinesischen Studenten nach Ende ihres Studiums zum Bleiben zu animieren. Viele gehen lieber zurück in ihr Heimatland.

Dabei waren gerade die USA für viele junge Chinesen einmal das gelobte Land.

Chinas Studenten im Westen

Das kaiserliche China hat sich fast während seiner ganzen Herrschaftszeit vom Westen abgekoppelt. Die Herrscher im Reich der Mitte waren überheblich, sie glaubten, den Barbaren jenseits ihrer Grenzen überlegen zu sein. Das war eine arrogante Fehleinschätzung, die mit den Niederlagen gegen die technisch und militärisch besser ausgerüsteten westlichen Nationen in den Opium-Kriegen Mitte des 19. Jahrhunderts auf brutale Weise bestraft wurde. Erst danach reifte die Erkenntnis, dass man von den Ausländern vielleicht doch etwas lernen könne. So wurden gegen Ende der Qing-Herrschaft in den 1880er und 1890er Jahren die ersten jungen Chinesen zum Studium ins Ausland geschickt.

Mit der Gründung der Volksrepublik 1949 wurde dieser Nachhilfeunterricht im Westen, im kapitalistischen Ausland, gestoppt. Man orientierte sich nun Richtung Sowjetunion, dem großen kommunistischen Bruderstaat. Tausende von chinesischen Studierenden gingen in den 1950er Jahren in die UdSSR oder deren osteuropäische Satellitenstaaten. Doch nach dem Bruch mit Moskau Ende der 1950er Jahre endete auch dieser Studentenaustausch. Es dauerte rund zwei Jahrzehnte, bis nach all den Wirren des Großen Sprungs nach vorn und der Kulturrevolution die ersten chinesischen Studierenden wieder ins Ausland durften.

1978 – ein Jahr vor Aufnahme der diplomatischen Beziehungen zwischen beiden Ländern – flogen die Ersten wieder in die USA. Rund 800 jungen Chinesen wurde damals die Ausreise erlaubt. Diese Zahl ist in den folgenden Jahren und Jahrzehnten drastisch gestiegen. Auch deutsche Universitäten profitierten von dem Boom. Etwas mehr als 40 000 Chinesinnen und Chinesen studieren derzeit an deutschen Hochschulen. Doch viel attraktiver als diese waren die Universitäten in den englischsprachigen Ländern Australien, Kanada, Großbritannien und mit weitem Abstand USA. Amerika wurde zum Land der Träume Zehntausender chinesischer Studierender und auch deren Eltern, die für ihr (Einzel-)Kind nur das Beste wollten. Waren 2006 rund 68 000 Chinesen an amerikanischen Universitäten immatrikuliert, so waren es 2020 kurz vor dem Ausbruch von Corona über 370 000. Allein 130 000 davon waren in den sogenannten STEM-Fächern eingeschrieben. Aber nicht nur die Zahl der Studierenden hat sich verändert, sondern auch die Art ihrer Finanzierung. Dominierten früher Stipendien staatlicher Organisationen, so sind derzeit fast alle chinesischen Studierenden – exakt 89 Prozent nach Angaben des chinesischen Bildungsministeriums – auf eigene Rechnung in den USA.

Lange Zeit stellten die Chinesen die größte Ausländergruppe an den amerikanischen Unis, doch 2023 wurden sie erstmals von den Indern überholt. Aber bei der Qualität sind die Chinesen offenbar noch vorn: »Professoren und Administratoren vieler US-Universitäten glauben, dass chinesische Studenten und Wissenschaftler zu den qualifiziertesten Kandidaten der Welt gehören.«[2] So das Urteil in der Studie »Overseas Chinese Students and Scholars in China's Drive for Innovation«, herausgegeben von der U.S.-China Economic and Security Review Commission (USCC).

Die große Frage vor allem für die USA ist: Wie viele von ihnen bleiben nach ihrem Abschluss in den USA, wechseln dort zu Unternehmen, streben eine wissenschaftliche Karriere an oder gründen gar ein Unternehmen? Amerika hat ein großes Interesse daran, dass viele von ihnen im Lande bleiben, denn sie sind häufig in den gefragten technischen und naturwissenschaftlichen Fächern unterwegs, die US-Studenten eher meiden. Lange Zeit blieben die chinesischen Magister oder PhDs auch gerne in den USA, verdienten sie doch dort mehr als zu Hause. Doch vor ein paar Jahren ist die Stimmung unter den chinesischen Absolventen gekippt.

In der Studie »The Great Tech Rivalry: China vs the U.S.« der Harvard Kennedy School rechnen die Autoren vor, dass vor drei Jahrzehnten nur jeder zwanzigste chinesische Student nach seinem Abschluss wieder zurück nach China ging. Aktuell würden aber vier von fünf Absolventen lieber in China arbeiten oder forschen.[3] Diese dramatische Veränderung schadet den USA und nutzt China.

Was sind die Gründe für diesen Stimmungswandel unter den chinesischen Akademikern? Sicher ein Schuss Patriotismus, weil sie glauben, ihrem Heimatland durch eine Rückkehr mehr und besser dienen zu können. Zudem wird in der Volksrepublik mittlerweile auch gut gezahlt. Das Lohngefälle zu den USA vor allem in den Tech-Berufen ist nahezu verschwunden. Und da ist noch ein dritter Grund, nämlich ein verdeckter und manchmal auch offener anti-asiatischer Rassismus, der unter Donald Trump geschürt wurde und eskalierte. Man denke nur an seine hartnäckig vorgetragene Bezeichnung des Corona-Virus als China-Virus.

Unter Trump wurde auch 2018 die »China Initiative« gestartet, die zu einer Generalverdächtigung chinesischer und chinesischstämmiger Studierender und Wissenschaftler in den USA führte.

Unter Generalverdacht in den USA

Es war 6.30 Uhr am Morgen des 14. Januar 2021, als es an der Wohnungstür von Chen Gang in Boston klingelte. Der renommierte Forscher für Nanotechnologie am MIT (Massachusetts Institute of Technology) war gerade bei der Zubereitung seines Kaffees. Er öffnete die Tür und vor ihm standen – so genau kann er sich nicht mehr erinnern – 10 bis 20 FBI-Beamte. Sie bugsierten ihn in eine Ecke, legten ihm Handschellen an, weckten Frau und Kind und nahmen ihn anschließend mit. Stundenlang wurde er verhört. Danach durfte er immerhin wieder nach Hause. Aber in der Folgezeit musste ihn das MIT auf bezahlten Urlaub setzen, er durfte nicht mehr auf den Campus und keine Kontakte mehr zu MIT-Kollegen haben.

Die Anschuldigungen gegen Chen Gang lauteten: Überweisungsbetrug, Nicht-Deklarierung von Bankkonten und Abgabe falscher Erklärungen gegenüber US-Regierungsbehörden. Dadurch hätte sich Chen Gang amerikanische Forschungsgelder erschlichen. Über ein Jahr später, am 20. Januar 2022, wurden die Anschuldigungen fallen gelassen. Chen Gang ist rehabilitiert, aber trotzdem schwer getroffen. In einem Interview mit *The New York Times* sagte er: »Sie arbeiten hart, erzielen gute Ergebnisse und bauen sich einen guten Ruf auf. Die Regierung bekommt, was sie will, oder? Aber am Ende werden Sie wie ein Spion behandelt. Das bricht einem einfach das Herz. Es bricht das Selbstvertrauen.«[4]

Chen Gang wurde Opfer der »China Inititative« des US-amerikanischen Justizministeriums. Und er ist nicht das einzige Opfer dieser Initiative, die 2018 vom damaligen Justizminister Jeff Sessions geschaffen wurde. Sie sollte chinesische oder chinesischstämmige Wissenschaftler in den USA aufspüren, die der Spionage, des Technologieklaus oder ähnlicher Betrügereien verdächtig waren. FBI-Chef Christopher Wray liefert die Begründung für die Initiative: »Kein Land stellt eine umfassendere und schwerwiegendere Bedrohung für unsere Ideen, unsere Innovation und unsere wirtschaftliche Sicherheit dar als China. Die Chinesen […] sind entschlossen, amerikanische Technologie zu erwerben.«[5] Die Initiative mutierte eher zu einer rassistischen Hexenjagd, die an die McCarthy-Ära der 1950er Jahre erinnerte, als gegen linke Umtriebe – oder was die Amerikaner dafür hielten – massiv vorgegangen wurde.

Im Februar 2023 wurde die »China Initiative« eingestellt. Die Autoren eines Artikels in der *MIT Technology Review* fällten ein vernichtendes Urteil über diese Initiative. Sie hätte bei weitem nicht den gewünschten Erfolg gebracht, stattdessen aber ein Klima der Furcht unter chinesischstämmigen Wissenschaftlern in den USA erzeugt. Nach einer Umfrage in Princeton, Harvard und am MIT fühlen sich 70 Prozent der Wissenschaftler chinesischer Herkunft dort nicht mehr sicher. Die Konsequenz: Viele meist grundlos angefeindete Wissenschaftler verließen die USA. Für Huang Yasheng, Professor an der MIT Sloan School of Management, hat das fatale Folgen: »Aufgrund der China-Initiative verlieren die USA einige ihrer talentiertesten Kräfte an andere Länder. Das ist schlecht für die Wissenschaft, und das ist schlecht für Amerika.«[6]

Ob für sie Europa oder Deutschland eine Alternative ist?

... und auch in Europa

Auch in Großbritannien nimmt die Regierung inzwischen Chinesen an den Unis stärker unter die Lupe. Das Außenministerium in London wies 2022 nach einem Bericht von *The Guardian* rund 1 000 chinesische Wissenschaftler zurück, die an britischen Universitäten arbeiten und/oder promovieren wollten. 2017 waren es lediglich 17 gewesen. In den Niederlanden gehen die Universitäten ebenfalls dazu über, chinesische Doktoranden abzulehnen, die von gewissen Organisationen finanziert werden oder von den Seven-Sons-Universitäten kommen (das sind sieben Unis, die enge Beziehungen zum Militär haben sollen; zu ihnen gehören zum Beispiel die angesehenen Institutes of Technology in Beijing und Harbin). Insbesondere an der TU Delft, der niederländischen Vorzeigeuniversität bei Ingenieur- und Naturwissenschaften, wird gesiebt.

In Deutschland startete die Friedrich-Alexander-Universität (FAU) in Erlangen-Nürnberg mit Restriktionen gegenüber Chinesen. Nach einer Recherche von Deutscher Welle und Correctiv kam heraus, dass die Uni keine Doktoranden mehr akzeptiere, die auf dem Ticket des China Scholarship Council (CSC) studieren. Das CSC untersteht dem Bildungsministerium. Andere deutsche Hochschulen werden möglicherweise dem Beispiel der Universität Erlangen-Nürnberg folgen, zumal die Bundesbildungsministerin Bettina Stark-Watzinger höchstpersönlich zur Vorsicht mahnt. In einem Namensbeitrag für die *FAZ* vom 21. August 2023 schreibt die FDP-Politikerin: »Speziell mit Blick auf China ist eine noch kritischere Abwägung von Risiko und Nutzen bei der Zusammenarbeit notwendig. Wir dürfen nicht naiv sein im Umgang mit einem Regime, das das Ziel verkündet, Ergebnisse ziviler Forschung in militärische Anwendungen überführen und eine Dominanz bei kritischen Technologien erreichen zu wollen.«[7] Ende Oktober 2023 wurde sie in einem *Welt-Online*-Interview noch deutlicher – oder darf man sinophober sagen? Da lautete ihr erster Satz: »Hinter jedem chinesischen Forscher kann sich die Kommunistische Partei verbergen, darüber müssen wir uns klar sein.«[8]

An den deutschen Universitäten fragen sich viele Wissenschaftler angesichts dieser ministerialen Warnrufe: Darf ich noch mit chinesischen Kollegen zusammenarbeiten und forschen? Das Präsidium der Hochschulrektorenkonferenz hat deshalb im September 2020 »Leitfragen zur Hochschulkooperation mit der VR China« herausgegeben. Darin wird zunächst positiv festgestellt: »Auf vielen Gebieten ist die wissenschaftliche Kooperation mit China hochattraktiv, in einigen Wissenschaftsfeldern ist sie essenziell.« Aber das Gremium rät auch, die Kooperationen künftig genauer zu prüfen, und hat dazu einen Fragenkatalog entwickelt. Das ist ganz im Sinne von Ministerin Bettina Stark-Watzinger, die sagt: »Deshalb werden wir die Information und Sensibilisierung von Hochschulen und Forschungseinrichtungen gemeinsam mit den zuständigen Behörden wie dem Bundesamt für Wirtschaft und Ausfuhrkontrolle weiter verstärken.«[9]

Dass solche Worte unter den chinesischen Studierenden hierzulande nicht gut angekommen sind, versteht sich von selbst. Sie fühlen sich zunehmend als *personae non gratae*. Das anti-chinesische Klima, das derzeit in Deutschland und in einigen anderen europäischen Ländern herrscht, trägt zusätzlich zu dieser unbequemen Gemütslage der jungen Chinesen bei. Längst gibt es auch hier – wenn auch nicht so ausgeprägt wie in den USA – einen anti-asiatischen Rassismus. Bis vor kurzem hat man diesen nicht als ein Problem gesehen. Im deutschen »Nationalen Aktionsplan gegen Rassismus« tauchen Asiaten gar nicht als schützenswerte Minderheit auf. Dabei herrscht auch hierzulande ein latenter Rassismus gegenüber asiatisch aussehenden Menschen, häufig basierend auf Klischees und Vorurteilen. Inzwischen wird der Hass gegen Asiaten aber auch in Deutschland offenbar ernster genommen. Die Humboldt-Universität und die Freie Universität Berlin haben zusammen mit dem Deutschen Zentrum für Integrations- und Migrationsforschung (DeZIM) ein Forschungsprojekt über anti-asiatischen Rassismus durchgeführt. Ergebnis: Jede zweite befragte Person hat eine Diskriminierung erlitten, häufig »nur« verbal. Und die Betroffenen wehren sich. Sie gründeten noch zu Zeiten der Corona-Epidemie die Bewegung »Ich bin kein Virus«.

Aber es ist kein Wunder, dass angesichts dieser Anfeindungen und dieses versteckten Rassismus in Europa und den USA viele chinesische Studierende und Doktoranden lieber in ihr Heimatland zurückkehren, zumal sie dort häufig mit offenen Armen und offenen (staatlichen) Portemonnaies empfangen werden.

Die Lockrufe der Heimat

Jin Keyu ist Professorin an der London School of Economics. An der renommierten Hochschule hat sie viele Studenten aus China, ihrem Heimatland, unterrichtet und kennen gelernt. Dabei hat sie in den vergangenen Jahren einen Trend festgestellt: »Junge Studenten sagen mir, dass sie heutzutage in China sein müssen, weil es dort eine lebhafte Start-up-Szene gibt. Wissenschaftler und Forscher ziehen dorthin, angelockt von hohen Gehältern, großzügigen Budgets und großen Forschungsteams, das ihnen dabei hilft, ihre Arbeit voranzutreiben.«[10] Wer sehr gut ist und in Technologien unterwegs ist, die der Staat priorisiert, bekommt in der Tat eine Wohnung, ein sehr gutes Gehalt und jede Menge anderer Incentives. Für Gründer gibt es spezielle Entrepreneur-Parks inklusive Startkapital für das geplante Start-up.

Seit den 1990er Jahren hat China verschiedene Programme aufgelegt, um die im Ausland studierenden Landsleute zurück ins Land zu locken. Sie hatten damit aber zu Beginn nur mäßigen Erfolg. Erst 2007 wurde es besser, als sich mit Li Yuanchao ein reformorientiertes Politbüromitglied intensiv der Sache annahm. Unter seiner Ägide wurde 2008 der Tausend-Talente-Plan (TTP) aufgelegt. Die Zahl 1 000 hat dabei nur symbolischen Wert. Es waren viel mehr, die dieses Programm in Anspruch genommen haben. David Zweig und Kong Siqin von der Hongkong University of Science and Technology gehen in ihrer Studie »Americas Challenges China's National Talent Programs« davon aus, dass rund 7 000 Chinesen (und übrigens auch Nicht-Chinesen) durch das TTP gelockt wurden. Bis 2018 gab es dieses Programm, dann wurde es gestoppt. Man hatte offenbar zu viele schlafende Hunde – vor allem in den USA – geweckt. Dort wurde das Programm immer wieder kritisiert. Das Abwerben von Wissenschaftlern ist per se nicht illegal. Aber die Amerikaner haben ein Problem damit, wenn diese Wissenschaftler zuvor mit Unterstützung von US-Staatsgeldern geforscht haben.

Der Tausend-Talente-Plan ist zwar inzwischen eingestellt, läuft aber unter neuem Namen und mit wesentlich weniger Publicity weiter. Er heißt nun *Qiming*, deckte die Nachrichtenagentur Reuters auf. Er werde ziemlich diskret gehandhabt und tauche deshalb auch auf keiner Regierungsseite auf, schreiben die Reuters-Autoren. Sie konnten deshalb nur anonyme Quellen zitieren. Eine gibt preis, auf wen die Talentspäher es abgesehen haben: »Die meisten der für Qiming ausgewählten Bewerber haben an führenden US-Universitäten studiert und verfügen über mindestens einen Doktortitel.«[11] Ganz oben auf der Wunschliste stehen danach Absolventen des MIT und Harvard in Boston sowie Stanford in Kalifornien.

Neben diesen schwergewichtigen Programmen der Zentralregierung haben auch viele Provinzen und Städte Hunderte von Rückholaktionen gestartet. Zhejiang, die wirtschaftlich starke und entsprechend reiche Provinz im Osten des Landes, kam 2019 mit ihrem »Kunpeng Plan« heraus. Ziel ist es, in den ersten fünf Jahren 200 Chinesen anzuwerben. Die Auserwählten bekommen bis zu 15 Millionen Dollar für ihr Forschungsprojekt. Xu Tian ist einer von ihnen. Der renommierte Krebsforscher lehrte und forschte über zwei Jahrzehnte an der Yale School of Medicine in den USA. Nun ist er Vizepräsident an der Westlake University in Hangzhou, der Hauptstadt von Zhejiang.

Nicht ganz so elitär ist das Programm der Stadt Shenzhen. Sie begann schon 2011 mit ihrem »Talent Peacock Plan«. Es vergibt Fördergelder an Spitzenleute in den Hightech-Industrien. Sie reichen von 800 000 bis 1,5 Millionen Yuan, darin sind Mietzuschüsse und die Sozialleistungen für die ganze Familie enthalten. Für Forschungsteams, die jeweils aus einem Leiter und mindestens zwei weiteren Experten bestehen müssen, gibt es als Maximum immerhin 100 Millionen Yuan (13 Millionen Euro). Shenzhen ist bei der Akquise offenbar sehr erfolgreich. David Zweig sagt: »Sie bekommen verdammt viele gute Leute zurück. Und diese sind vor allem an Informationstechnologie, Life Sciences and Biotech interessiert.«[12]

Viele Chinesen mussten freilich gar nicht mit irgendwelchen Programmen geködert werden. Sie kamen aus eigenem Antrieb aus dem Ausland zurück, weil sie im boomenden China eine große Chance als Unternehmer sahen und sehen.

Berühmte Heimkehrer

Die bereits vorgestellten Qian Xuesen und Richard Zhang waren die berühmtesten Heimkehrer aus den USA. Qian kam eher widerwillig Mitte der 1950er Jahre aus den USA zurück und entwickelte sich danach zum Architekten des chinesischen Raumfahrtprogramms. Richard Zhang hingegen kehrte ganz zielstrebig im Jahr 2000 zurück, um seinem Mutterland China zu helfen, eine Chipindustrie aufzubauen. Die beiden mögen die prominentesten Wissenschaftler und Manager gewesen sein, aber sie waren und sind natürlich nicht die einzigen, die in einer Mischung aus Patriotismus und Hoffnung auf eine steile Karriere nach China wechselten.

Die Liste derer, die nach erfolgreichen Jahren des Studiums und Arbeitens in den USA zurückkehrten, ist lang. Die Ersten, die diesen Weg zurück über den Pazifik bestritten, waren Chinesen, die während und nach dem Studium die amerikanische Welt des Internets kennen lernten. So haben drei berühmte chinesische Internetunternehmer eine US-Vergangenheit. Legendär ist Robin Li. Er war schon als Schüler stark in Mathematik und studierte folglich Informatik an der University at Buffalo im US-Bundesstaat New York. Danach arbeitete er in den USA und tauchte bei Infoseek in die Welt der Algorithmen und Suchmaschinen ein. Mit diesem Wissen gründete er 2000 in Beijing die Suchmaschine Baidu, die ein Teil des berühmten BAT-Trio (Baidu, Alibaba, Tencent) geworden ist. Heute ist Baidu viel mehr als nur eine Suchmaschine. Der Konzern beteiligte sich an vielen anderen Onlineunternehmen und hat sich frühzeitig mit Künstlicher Intelligenz beschäftigt, weshalb Baidu bei den Themen autonomes Fahren und Chatbot führend in China ist.

Anderes Beispiel: Colin Huang. Er studierte Informatik an der University of Wisconsin in Madison, machte ein Praktikum bei Microsoft und arbeitete danach bei Google, erst in den USA, dann in China. 2015 gründete er Pinduoduo. Heute ist Pinduoduo der große Konkurrent der beiden E-Commerce-Giganten Alibaba und JD.com. Und da ist noch Jean Liu. Sie legte eine Bilderbuchkarriere hin: Studium der Computerwissenschaften an der Beida, Master in Harvard, dann zwölf Jahre bei der US-Investmentbank Goldman Sachs. 2015 gründete sie in China den Fahrdienstvermittler Didi. Sie wagte anschließend den Kampf mit Uber und boxte den US-Konkurrenten schließlich aus China. Heute ist Didi der Fast-Monopolist, der eine ganze Nation von A nach B befördert.

Neben diesen Internetunternehmern sind die Rückkehrer vor allem in den Branchen oder Technologien unterwegs, die die chinesische Regierung in ihrem »Made in China 2025«-Programm als besonders förderungswürdig eingestuft hat. Aufsehen erregte die 2019 erfolgte Heimkehr des KI-Spezialisten Zhu Songchun, der an der University of California Los Angeles geforscht hat. Nun leitet er das KI-Institut an der Beida.

Es ist auffallend, dass vor allem im Bereich der Biotechnologie viele Chinesen zurückgekommen sind. Viele Start-ups in dieser Branche wurden von Chinesen gegründet, die zuvor im Ausland studiert und häufig dort auch gearbeitet haben. Zum Beispiel Samantha Du, die erfolgreichste Pharmaunternehmerin Chinas. Sie promovierte in den 1990er Jahren in Biochemie an der University of Cincinnati und arbeitete anschließend sieben Jahre lang beim amerikanischen Pharmakonzern Pfizer. Dann kehrte sie 2001 zurück, gründete diverse Unternehmen, darunter 2014 Zai Lab in Shanghai. Es verkauft in Lizenz Krebsmittel, forscht aber auch selbst an offenbar vielversprechenden Medikamenten gegen diverse Krebsarten. Die Liste der heimgekehrten Biotech-Unternehmer ließe sich problemlos verlängern, zum Beispiel um Li Ge – Gründer von WuXi AppTec und heute einer der reichsten Chinesen – oder um den BeiGene-Mitgründer und Biochemiker Wang Xiaodong.

China kann also auf einen enormen Pool an bestens im Ausland ausgebildeten Landsleuten in den verschiedensten Branchen zurückgreifen. Doch dieser reicht ihnen offenbar nicht. Denn Chinas Unternehmen, Universitäten und staatliche Institutionen baggern zudem auch ausländische Talente an.

Ausländische Talente und gestandene Forscher

Laurent Lafforgue ist einer der besten Mathematiker Frankreichs. Er ist dekoriert mit der Fields Medal, in Branchenkreisen auch als der Nobelpreis für Mathematik bekannt. Lange Zeit lehrte und forschte er am Institut des Hautes Études Scientifiques (IHES), einer noblen Forschungsstätte im Süden von Paris. Bis September 2021, dann wechselte er zu Huawei France. Ein – aus Huawei-Sicht – brillanter Einkauf. »Ein Zeichen dafür, dass die aggressive Talentstrategie funktioniert«[13], kommentiert die Harvard-Professorin Shirley Ze Yu in *The South China Morning Post.* Der Hightech-Konzern Huawei gibt nach eigenen Abgaben rund 150 Millionen Dollar aus, um Talente im Ausland zu finden, und ist damit sicher der aggressivste chinesische Headhunter unter den privaten Konzernen Chinas.

Das Beispiel Huawei zeigt: China setzt nicht nur auf einheimische, sondern auch auf ausländische Talente. So haben fast alle staatlichen Programme, die die Rückkehr chinesischer Studenten und Wissenschaftler fördern, auch noch etwas für ausländische Forscher übrig. Der Tausend-Talente-Plan zum Beispiel sprach auch Nicht-Chinesen an. Einer, der schon früh durch dieses Programm nach China kam, war der spanische Genetiker José Pastor-Pareja. Er war Postdoktorand an der amerikanischen Yale University. »Dort waren viele meiner Kollegen und Freunde Chinesen«, erinnert er sich. So kam er auf die Idee, sich um eine Forschungsstelle an der Tsinghua Universität zu bewerben. 2012 wurde er genommen. Er siedelte nach Beijing um, bekam ein großzügiges 150-Quadratmeter-Labor und einen Forschungsetat von 330 000 Dollar. Neben seinem Gehalt versteht sich. »Das Gehalt ist definitiv besser als in Europa, etwa auf dem Niveau von Yale«[14], sagt Pastor-Pareja, der heute noch an der Tsinghua School of Life Sciences forscht.

Aufsehen in der deutschen Forschungscommunity erregte der Fall des Hirnforschers Nikos Logothetis. Der Deutsch-Grieche war Direktor am Max-Planck-Institut für biologische Kybernetik in Tübingen. Das ist kein Job, den man leichtfertig aufgibt. Aber genau das tat Logothetis 2020. Medien berichteten über Versuche an Affen in seinem Laboratorium, bei denen angeblich gegen den Tierschutz verstoßen worden sei. Es gab gegen ihn ein Strafverfahren, das später eingestellt wurde. Logothetis sprach von Rufmord und nahm dankend ein Angebot aus China an, wo ihm die Chinesische Akademie der Wissenschaften den Job des Co-Direktors am International Center for Primate Brain Research in Shanghai anbot. Im Deutschlandfunk wird aus einer Mail von Logothetis zitiert: »Meine Forschung wurde zerstört, ich war verzweifelt, habe Herzprobleme, Schlafstörungen und Depressionen bekommen. Um wieder ein normaler Mensch zu werden, bleibt mir keine andere Wahl, als Tübingen zu verlassen.«[15] Er freue sich nun, dass ihm in China eine neue Perspektive gegeben werde. China sei derzeit auf einem eindrücklichen wissenschaftlich-technischen Weg und unterstütze nachdrücklich die Grundlagenforschung, so wie es früher auch in Deutschland der Fall gewesen sei.

Wie Pastor-Pareja, wie Logothetis stehen erfahrene Wissenschaftler aus aller Welt auf der Wunschliste der Chinesen. Am ambitiösesten in dieser Richtung ist sicher die Stadt Shenzhen. Sie hat vor Jahren zehn Nobelpreisträger mit viel Geld, Personal und Topausstattung angelockt, damit diese dort Labs meist unter ihrem Namen eröffnen. Von Robert Grubbs (Nobelpreis Chemie, 2005) über Andre Geim (Physik, 2013) bis Randy W. Shekman (Medizin, 2012) folgten ausgezeichnete Wissenschaftler dem Ruf der Hightech-Metropole gegenüber von Hongkong und bereichern damit die chinesische Wissenslandschaft, in der es inzwischen einige Topuniversitäten gibt, die es aber noch nicht ganz mit den US-Spitzenunis aufnehmen können.

Hochschulen: Noch dominiert die Ivy-League

Spaziert man über den schönen, weitläufigen Campus der Harvard University kann man noch Gebäude sehen, an denen der Efeu hochrankt. Und man kann zumindest optisch verstehen, dass Harvard zur sogenannten Ivy (englisch für Efeu) League gehört. Acht Universitäten im Nordosten der USA bilden diese Ivy League. Alles alte renommierte Hochschulen: Harvard (1636 gegründet), Princeton (1746), Yale (1701), Columbia (1756), Cornell (1865), Brown (1764), Dartmouth (1769) und Pennsylvania (1682). Mit dieser Tradition und diesem Renommee kann keine chinesische Universität mithalten. Die älteste Uni Chinas nach westlichem Muster ist die berühmte Peking Universität oder auf Chinesisch Beijing Daxue (deshalb kurz: Beida). Sie wurde 1898 gegründet, also in der Endphase der Qing-Dynastie, in der man sich langsam, aber zu spät Richtung Westen öffnete. Während der Kulturrevolution wurde das Hochschulsystem dann nahezu vollständig zerstört. Es musste nach 1978 erst wieder mühsam aufgebaut werden.

»Mit über 40 Millionen Studierenden an über 2 800 Hochschulen besitzt China heute das größte Hochschulsystem der Welt«[16], schreiben Felise Maennig-Fortmann und Katharina Hopp in ihrer Studie »China auf dem Weg zur internationalen Wissenschaftsmacht«. Aber ist Masse auch gleich Klasse? Der Qualitätsunterschied zwischen den verschiedenen Hochschulen ist groß und wird eher noch größer. Denn die staatliche Führung folgt parallel zum US-System zunehmend dem Exzellenz- und Elite-Prinzip: »Das wesentliche Funktionsmerkmal des chinesischen Hochschul- (und Forschungs-) Systems ist das Top-down-Prinzip, das dafür sorgt, dass die besten Hochschulen die meisten Ressourcen erhalten und die besten Hochschullehrkräfte rekrutieren können, um die landesweit besten Studierenden auszubilden«[17], schreibt der Deutsche Akademische Austauschdienst (DAAD) in einer Analyse.

Mehrere Programme wurden im Laufe der Jahre aufgelegt, um die besten Unis herauszufiltern und zu unterstützen. Mitte der 1990er Jahre gab es das Projekt 211, mit dem rund 100 Spitzenunis gefördert wurden, kurze Zeit später dann das Projekt 985, mit dem 39 Universitäten auf Weltniveau getrimmt werden sollten. Neun dieser bevorzugt behandelten Universitäten stiegen dann 2009 nochmals eine Liga höher – in die sogenannte C9 League, die damals gegründet wurde. Sicher kein Zufall: Mit neun hatte die chinesische Topliga ein Mitglied mehr als die amerikanische Ivy League. Der C9 League gehören folgende Hochschulen an: die beiden Beijinger Universitäten Beida und Tsinghua, aus Shanghai die beiden Vorzeige-Universitäten Fudan und Jiaotong, die Zhejiang Universität in Hangzhou, die Nanjing Universität, die Xi'an Jiaotong Universität und die beiden Technischen Universitäten in Harbin und Hefei.

Fast alle dieser neun haben Weltklasseniveau. Das zeigt sich im jährlichen Academic Ranking of World Universities. Unter die besten Hundert haben es immerhin sechs chinesische Unis aus der 9er-Liga geschafft. Als beste schnitt die Tsinghua, die in Gegensatz zur Beida eher auf Technologiefächer spezialisiert ist, auf Platz 22 ab. Zwei Trends fallen in diesem Ranking auf: Die chinesischen Unis klettern stetig von Jahr zu Jahr nach oben. Und es werden immer mehr. Beim aktuellen Ranking sind zehn von ihnen unter den Top 100 vertreten. Zum Vergleich: Aus Deutschland stammen vier (die beiden Münchner Unis, Heidelberg und Bonn), aus Großbritannien acht Unis. Mit Abstand Spitzenreiter sind die USA. Sie stellen mit Harvard, Stanford und MIT auch das Spitzentrio.

Insgesamt sind 38 US-Universitäten unter den besten 100. Diese Bilanz sieht auf dem Papier glänzend aus, aber schaut man ein paar Etagen tiefer im amerikanischen Bildungssystem, sieht es eher düster aus. »Der Mangel an Humaninvestitionen ist die längerfristige Bedrohung für die technologische Dominanz der USA, und es ist ziemlich ironisch, dass wir im Großen und Ganzen die besten Forschungsuniversitäten der Welt haben und dennoch unser Primar-

und Sekundarschulsystem einfach nicht wettbewerbsfähig ist«[18], sagt Norman Augustine, ehemaliger CEO des amerikanischen Rüstungs- und Technologiekonzerns Lockheed Martin.

Bilden Amerikas Universitäten denn überhaupt die richtigen Leute in der nötigen Zahl aus, die das Land in diesem Technologiekrieg braucht?

Der Run auf die STEM-Absolventen

Jedes Jahr treffen sich die besten Mathe-Schüler aus aller Welt zur Internationalen Mathematik-Olympiade. 2023 fand sie im japanischen Chiba statt. Anfang Juli mussten über 600 Schüler aus 112 Nationen Aufgaben lösen, deren Schwierigkeitsgrad weit jenseits des Schulalltags lag. Am Nachmittag des 12. Juli wurden in der Makuhari-Messehalle die Sieger verkündet und geehrt. Gewinner wurden wieder einmal die Chinesen, zum fünften Male hintereinander. Zweiter wurde das amerikanische Team. Die Deutschen landeten auf Platz 20. Warum sind die Chinesen so stark in Mathe? Viele Erklärungen geistern durch die Diskussion. Zum Beispiel linguistische (die chinesischen Zahlwörter sind sehr kurz, und das Zahlensystem ist sehr logisch aufgebaut) oder soziokulturelle (hartes Arbeiten und die konfuzianische Lernmoral).

Da die Mathematik die Basis vieler Natur- und Ingenieurwissenschaften ist, hat China einen qualitativen Vorteil in den sogenannten STEM-Fächern. Es gibt keine einheitliche Definition, was alles unter STEM zu subsumieren ist. In den USA zählt der National Science Board die folgenden sieben akademischen Disziplinen dazu: Life Sciences, Geosciences, Mathematics and Statistics, Computer Science, Physical Sciences, Engineering, Medical Science. In China wird der Begriff etwas weiter und allgemeiner gefasst. Das dortige Bildungsministerium nennt Science, Engineering, Agriculture und Medicine.

Auch wenn es unterschiedliche STEM-Definitionen gibt und die Zahlen deshalb nicht hundertprozentig vergleichbar sind, zeichnet sich doch ein klarer Trend ab: China hat neben dem qualitativen auch einen quantitativen Vorteil. Viel mehr Chinesen studieren und forschen in STEM-Fächern als in den USA. »China hat seit Mitte der 2000er Jahre durchweg mehr STEM-Doktoranden hervorgebracht als die USA«, wird in der Studie »China is Fast Outpacing U.S. STEM PhD Growth« des amerikanischen Thinktanks Center for Security and Emerging Technology (CSET) festgestellt. In Zahlen: China »produzierte« 2020 rund 1,37 Millionen Ingenieure mit einem Bachelor-Abschluss, in den USA waren es lediglich 197 000. Die sechs Autoren des CSET-Reports warnen deshalb: »Die Lücke in der Produktion von STEM-Doktoranden könnte die langfristige wirtschaftliche und nationale Sicherheit der USA gefährden.«[19]

Aber das Problem der Amerikaner fängt schon in den Schulen an. Der Mathematik-Unterricht ist im Vergleich zu anderen Industrienationen unterdurchschnittlich. Zudem fehlen Lehrer in diesem Fach.

Und wie sieht es in Europa aus? »Western Europe is not a STEM hotbed«[20], schreibt die Datenjournalistin Katharina Buchholz in einem Beitrag für das World Economic Forum (WEF). Immerhin: Deutschland ist eine Ausnahme. In der traditionellen Ingenieursnation belegt mehr als jeder dritte Student ein STEM-Fach.

Aber trotzdem ist auch in Deutschland wie im restlichen Europa die Nachfrage nach Ingenieuren und Technikern größer als das Angebot. Und deshalb bemühen sich die europäischen Länder um Nachschub aus dem Ausland.

Erwünscht, aber nicht willkommen

Das Problem zumindest ist erkannt. EU-Kommissionspräsidentin Ursula von der Leyen sprach es in ihrer Rede zur Lage der Union im September 2022 deutlich an: »Europa muss attraktiver werden für die, die etwas können und sich einbringen wollen. Wir wollen deshalb gezielter Fachkräfte aus dem Ausland anwerben.«[21] Schon ein paar Monate zuvor, im April 2022, veröffentlichte die EU-Kommission eine – so der Terminus in der EU-Sprache – Mitteilung mit der Überschrift »Attracting Skills and Talent to the EU«. Darin wird richtig konstatiert: »Um weltweit wettbewerbsfähig zu bleiben, muss die EU für Fachkräfte aus der ganzen Welt attraktiver werden. Derzeit entscheiden sich hochqualifizierte Staatsangehörige aus Drittstaaten eher für Nordamerika oder Ozeanien als für die EU.«[22] In ihrem Papier fordern die EU-Beamten Fachkräftepartnerschaften mit Drittstaaten (erst in Nordafrika, danach Rest-Afrika und Asien) und die Einrichtung eines »EU Talent Pools«. Ein Punktesystem wie in Australien oder Kanada wird in dem Papier nicht vorgeschlagen. Es sei Sache der Mitgliedstaaten, ein solches einführen.

Deutschland zum Beispiel hat sich entschieden, qualifizierte Bewerber mit einem Punktesystem anzulocken. Ein entsprechendes Gesetz wurde im Sommer 2023 verabschiedet. Mindestens sechs Punkte muss man in diesem System erreichen, dann darf man nach Deutschland kommen und einen Job suchen. Drei Punkte bekommt man zum Beispiel, wenn man gute Deutschkenntnisse nachweisen kann. Ein abgeschlossenes Studium (plus eine anschließende mindestens fünfjährige Berufserfahrung) ergibt ebenfalls drei Punkte. Wer unter 35 Jahre alt ist, erhält zwei Punkte, unter 40 Jahren noch einen Punkt. Die Hürden sind also nicht mehr so hoch wie früher. Auch die Initiative »Hand in Hand for International Talents«, die gemeinsam von der Bundesagentur für Arbeit und der DIHK getragen wird, soll Talente anlocken. Der Schwerpunkt der Suche ist derzeit in den Bereichen Elektrotechnik und Informatik.

Das Problem ist: Auch wenn die Bewerber theoretisch die bürokratischen Hürden überspringen, wollen sie denn überhaupt nach Deutschland? Die Organisation InterNations, eine globale Community von im Ausland lebenden und arbeitenden Personen, macht jedes Jahr eine Umfrage unter Expats, wie wohl sie sich in ihrem jeweiligen Gastland fühlen. In der letzten Erhebung kam Deutschland auf einen beschämenden Platz 49 unter 53 Ländern. Rund 30 Prozent der Befragten finden, dass die Deutschen nicht freundlich zu ausländischen Mitbürgern seien.

Bemerkenswert offen war Robert Schlögl, Präsident der Alexander von Humboldt-Stiftung, als er von der *Zeit* gefragt wurde, ob Deutschland im Wettstreit um die besten Nachwuchsforscher konkurrenzfähig sei: »Schwierig! Wir konkurrieren schließlich nicht nur mit den USA, sondern auch mit China.« Für ihn sind das größte Problem die Einwanderungsämter. »Sie erleben (dort) keine Empathie. Sie gelten als Störenfried, lieber Himmel!«[23] Die Bürokratie – ob die Visa-Abteilungen der Botschaften oder die Ämter hierzulande – ist das Nadelöhr, in dem zu viele Bewerber stecken bleiben. Selbst Wirtschaftsminister Habeck klagt. Auf dem Maschinenbau-Gipfel im Oktober 2023 in Berlin sagte er: »Meine größte Sorge ist, wenn ich das so offen sagen darf, dass die Ausländerämter und die Visastellen nicht eingeschworen sind auf das System.«[24] Vielleicht sollte er – nur so ein Vorschlag – mal mit seiner grünen Ministerkollegin Baerbock reden, damit wenigstens die Botschaften und Konsulate schneller und effizienter arbeiten.

Es fehlt hierzulande eine Willkommenskultur, aber auch noch etwas anderes, das sich gerade junge ausländische High Potentials wünschen: Wir haben hierzulande keine Start-up-Kultur wie in den USA und China. Obwohl zwei unterschiedliche politische und wirtschaftliche Systeme, sind sich Amerikaner und Chinesen in diesem Gründerwunsch sehr ähnlich. Sie wittern häufig unternehmerische Chancen, wo Deutsche Risiken sehen. In China wie in den USA steht man nach einem Scheitern wieder auf und versucht es erneut, während gescheiterte Deutsche fast lebenslänglich geächtet sind. Es ist zwar hierzulande besser geworden mit der Start-up-Kultur, aber sie ist trotzdem noch weit von der amerikanischen und chinesischen entfernt.

KAPITEL 11

MILITÄR

Killerroboter an die Front

»Dies ist das zentrale Thema für bewaffnete Konflikte im 21. Jahrhundert: die Supermacht, die KI und Supercomputing beherrscht, wird sich in diesen Konflikten unweigerlich durchsetzen.«

John Allen, US General

Wenn man bislang die militärischen Stärken verschiedener Nationen vergleichen wollte, zählte man die Panzer, die Flugzeuge, die Schiffe und die Soldaten. Doch künftig muss man zusätzliche Rechnungen mit anderen Parametern anstellen. Noch-NATO-Generalsekretär Jens Stoltenberg sagt völlig zu Recht: »Konflikte werden zunehmend durch Bytes und Big Data definiert, mindestens wie durch Kugeln und Kampfschiffe.«[1] Fast alle (in diesem Buch bislang beschriebenen) neuen Technologien – von Künstlicher Intelligenz über die Quantentechnologie bis zur Biotechnologie – haben neben ihrer zivilen auch eine militärische Komponente. Sie können einerseits Menschen auf dem Krankenbett heilen, aber andererseits auch Menschen auf dem Schlachtfeld töten.

Dual Use heißt hierzu das passende Stichwort. Davon spricht man, wenn Technologien oder Produkte sowohl zu zivilen als auch zu militärischen Zwecken eingesetzt werden können. Früher gab es relativ wenig *Dual-Use*-Produkte. Panzer, Raketen und U-Boote zum Beispiel hatten nur eine Bestimmung. Doch in den vergangenen Jahren haben *Dual-Use*-Güter und -Technologien rapide zugenommen. Welche Technologien inzwischen in diese Kategorie fallen, kann man einem Dokument aus dem Weißen Haus entnehmen. Das Executive Office des US-Präsidenten veröffentlichte im Februar 2022 das »Critical and Emerging Technologies List Update«. Darin werden nicht weniger als 19 Technologien aufgelistet, die die Sicherheit der USA gefährden könnten und damit militärisch relevant sind – von Advanced Computing bis zu Space Technologies.

Natürlich haben die USA ein Interesse daran, diese Liste möglichst umfangreich zu gestalten, denn Güter aus dieser Liste können leichter mit einem Exportverbot belegt werden. Das ist vor allem in der Auseinandersetzung mit China wichtig. So begründen die USA fast alle Restriktionen gegenüber China mit dem Argument, dass die sanktionierten Produkte auch militärisch genutzt werden können. So war es auch im Falle des Chipexportverbots.

Wir stehen militär-technologisch an einer Zeitenwende. Für den Hightech-Experten Kai-Fu Lee ist der Einsatz der neuen Technologien die dritte Revolution in der Kriegsführung – nach der Erfindung des Schießpulvers und der Atomwaffen. Deshalb sind die Kontrahenten USA und China so erpicht darauf, bei diesen Technologien an der Spitze zu stehen. Denn: Wer die neuen Technologien schneller entwickelt und militärisch nutzbar macht, hat in einer möglichen kriegerischen Auseinandersetzung – und die ist leider nicht auszuschließen – Vorteile.

Viele dieser Technologien werden die künftigen Kriege verändern. In den Köpfen der Strategen – und das sind leider keine Hirngespinste – schwirren irre Ideen von gezüchteten Supersoldaten und autonom agierenden Killerrobotern. So weit sind wir Gott sei Dank noch nicht, aber wie die modernen Kriege aussehen könnten, sieht man zumindest jetzt schon teilweise im Ukraine-Krieg und auch bei der Attacke der Hamas auf Israel.

Der Einzug der neuen Technologien in das militärische Denken wird auch die Rüstungsindustrie verändern. Die »alten« Rüstungskonzerne sind oft nicht mehr in der Lage, diese neuen komplexen Technologien in ihr Produktportfolio zu integrieren. Es kommt verstärkt zu Kooperationen mit Start-ups und der Wissenschaft. In Europa hinkt man da noch hinterher. Vor allem in Deutschland hält man an der Trennung von militärischer und ziviler Forschung fest. In China und vor allem in den USA hat man diese Zusammenhänge längst kapiert.

Doug Beck war lange Zeit bei Apple, brachte es dort bis zum Vice President und berichtete am Schluss direkt an Apple-Chef Tim Cook. Doch im Frühjahr 2023 wurde er abkommandiert – im wahrsten Sinne des Wortes. Das Pentagon, das US-Verteidigungsministerium rief ihn. Da konnte der Reservekapitän der US-Marine, der einst auch in Afghanistan und dem Iran dem Vaterland diente, nicht Nein sagen. Beck musste aber weder auf ein Kriegsschiff einrücken noch ins Pentagon umziehen. Er konnte im Silicon Valley bleiben. In Mountain View – zehn Kilometer vom Apple-Headquarter in Cupertino entfernt – hat die Defense Innovation Unit (DIU) ihren Sitz.

Beck leitet seit April 2023 diese Einheit. Sie wurde im August 2015 eingerichtet und ist quasi der Horchposten des Pentagon im Silicon Valley. Der damalige Verteidigungsminister Ash Carter nannte als eine wichtige Funktion der Unit, dem Pentagon »bei der Suche nach neuen Technologien zu helfen«[2]. Die Führung im Pentagon hatte eingesehen, dass man von seinem Sitz in Arlington aus nicht alles mitbekommt, was in den Köpfen und Labors junger innovativer Unternehmer und Unternehmen vorgeht. Deshalb hat die DIU das Büro in Mountain View und weitere Beobachtungsposten an den Hightech-Standorten Austin, Boston und Chicago eröffnet.

Die DIU ist ein Symptom dafür, dass der alte militärisch-industrielle Komplex der USA bröckelt. Dieser Begriff beschreibt die engen Beziehungen zwischen politischer und militärischer Führung und den Rüstungskonzernen der USA. Es gab und gibt einen regen personellen Austausch zwischen Politik, Militär und Wirtschaft. Und es gab stets satte Aufträge, insbesondere an die fünf großen amerikanischen Rüstungskonzerne Lockheed Martin (der größte Waffenkonzern der Welt), Northrop-Grumman, Boeing, Raytheon und General Dynamics. Vor allem diese fünf waren die Hoflieferanten für Großwaffensysteme wie Flugzeugträger, Bomber und Raketen. Diese Waffen haben zwar nicht ausgedient, aber sie werden zunehmend ergänzt durch moderne Hightech-Waffen, die immer öfter außerhalb der Rüstungsindustrie entwickelt werden. Das können Start-ups oder auch etablierte Tech-Konzerne sein.

Schon unter der Obama-Administration setzte sich die Erkenntnis durch, dass man stärker auf dieses Know-how zurückgreifen müsste. So wurden neben der eingangs beschriebenen DIU zu Obamas Zeiten auch noch andere Ideen umgesetzt. Zum Beispiel der Defense Digital Service. Durch ihn sollen Mitarbeiter aus Tech-Unternehmen für zwei Jahre im Pentagon arbeiten, um so einen Know-how-Austausch zu ermöglichen. Derzeit arbeiten rund 80 junge Nerds im Ministerium. Doch nicht alle Tech-Konzerne sind bereit, ihre Mitarbeiter dafür abzustellen. Google zum Beispiel macht nicht mit, Amazon hingegen schon.

Ebenfalls unter Obama wurde noch 2016 der Defense Innovation Board (DIB) eingerichtet. Seine Aufgabe: »Dem Verteidigungsminister unabhängige Empfehlungen zu neuen Technologien und innovativen Ansätzen zu geben, die das Pentagon übernehmen sollte, um die technologische und militärische Dominanz der USA sicherzustellen.«[3] Die Mitglieder werden vom Verteidigungsminister ernannt. Vorsitzender ist derzeit Michael Bloomberg, Gründer des gleichnamigen Medienkonzerns. Weitere Mitglieder sind unter anderem: Reid Hoffman, Mitgründer von LinkedIn, die legendäre Internetanalystin Mary Meeker und der pensionierte Admiral Michael Mullen. Sie beraten das Pentagon in technologischen Fragen.

Unter dem aktuellen Verteidigungsminister Lloyd Austin wurde Anfang Dezember 2022 noch eine weitere Institution geschaffen: Office of Strategic Capital (OSC). Es soll privates Kapital für vielversprechende Projekte generieren. »Wir befinden uns in einem globalen Wettbewerb um die Führung bei kritischen Technologien, und das Office of Strategic Capital wird uns dabei helfen, diesen Wettbewerb zu gewinnen und dauerhafte nationale Sicherheitsvorteile aufzubauen«, sagte damals Lloyd Austin, »durch die Zusammenarbeit mit den privaten Kapitalmärkten wird OSC Investitionslücken schließen und dem Ministerium ein neues Instrument hinzufügen.«[4]

Der militärisch-industrielle Komplex besteht also in den USA weiter, aber er ist erweitert um die Tech-Szene und auch um privates Kapital. Diese enge Verzahnung zwischen Wirtschaft und Militär in den USA nahmen sich die Chinesen schon vor längerem zum Vorbild. Dort spricht man aber nicht vom militärisch-industriellen Komplex. Dort heißt es »Military-Civil-Fusion«.

Chinas Kopie: Military-Civil-Fusion

Bis weit in die 1980er Jahre hinein war das chinesische Militär kein ernstzunehmender Gegner. Es war vor allem eine große Landstreitmacht, weil die Feinde der vergangenen Jahrhunderte stets aus den Steppen des Nordens und den Weiten des Westens angegriffen hatten, aber nie vom Meer her. Die chinesische Marine war deshalb eine sogenannte *brown-water navy,* die nur in nahen Küstengewässern agieren konnte. Neben diesem Ungleichgewicht innerhalb der Streitkräfte hat die Volksbefreiungsarmee (VBA oder englisch PLA für People`s Liberation Army) auch noch einen weiteren »Nachteil«: Sie hat seit dem Korea-Krieg Anfang der 1950er Jahre keine Kampferfahrung mehr – sieht man von der kurzen Strafaktion gegenüber Vietnam im Frühjahr 1979 ab. In der *PLA Daily* wurde dieses Manko als »Friedenskrankheit« bezeichnet.

Anders dagegen die Amerikaner, die in ihrer Rolle als selbst ernannter Weltpolizist mehrfach außerhalb ihres Territoriums intervenierten. So auch 1991 im sogenannten Zweiten Golfkrieg, als die USA (mit Billigung des UN-Sicherheitsrates) gegen den Irak in Windeseile die Operation »Desert Storm« durchführten. Die Amerikaner nutzten in der Wüste erstmals Drohnen, Präzisionswaffen und Satellitendaten in Echtzeit. Binnen weniger Wochen war die zahlenmäßig größere Armee des Irak besiegt. In China verfolgte man diesen Kriegsverlauf sehr genau – und war geschockt über diese neue, moderne Art der Kriegsführung. Ähnliche technische Wunderdinge hatten die Chinesen nämlich nicht in ihrem Arsenal.

Der Schock löste in Chinas militärischer Führung heftige Diskussionen aus und führte zu zwei Konsequenzen: Erstens wurde das

Konzept des *informationised warfare* (*xinxihua*) entwickelt. Zwei Männer leisteten dazu mit ihren Büchern den theoretischen Überbau: Generalmajor Wang Pufeng, der 1995 das Paper »The Challenge of Information Warfare« veröffentlichte, und Shen Weiguang mit seinem 1999 erschienenen Buch *The Third World War: Total Information War*. Zweitens kam es zu einer engeren Verzahnung von militärischen und zivilen Institutionen, was seit 2006 unter dem Namen »Military-Civil-Fusion« (MCF) in die Diskussion einging und auch Chinas Rüstungsindustrie massiv veränderte.

China musste sich mangels eigener Produktion lange Zeit beim Kauf von Rüstungsgütern im Ausland bedienen. Größter Lieferant war Russland, aber auch Israel war gut im Geschäft mit dem chinesischen Militär. Doch seit Ende der 1990er Jahre verstärkte China seine Bemühungen, eine eigene starke Rüstungsindustrie aufzubauen, um auch in diesem Bereich unabhängiger vom Ausland zu werden. Das ist offenbar gelungen, bis auf eine allerdings gravierende Schwachstelle: Bei Motoren – ob für Flugzeuge oder Schiffe – ist das chinesische Militär weiterhin auf Importe aus Russland, der Ukraine, Frankreich und auch Deutschland angewiesen. Bei fast allem anderen militärischen Gerät ist China inzwischen nicht nur »Selbstversorger«, sondern exportiert viele Waffen. Nach Angaben des Stockholmer Friedensforschungsinstituts SIPRI ist China zweitgrößter Rüstungsexporteur der Welt nach den USA.

Die wichtigsten Akteure sind dabei staatliche Konzerne. Die Rüstungsindustrie ist voll in ihrer Hand. Diese ist im Vergleich zur westlichen anders strukturiert: »Bei uns bieten Unternehmen wie Lockheed Martin oder BAE Systems eine breite Palette von Waffensystemen an. In China hingegen konzentrieren sich einzelne Unternehmen gezielt auf einen Sektor«[5], sagte Stephanie Blenckner vom SIPRI-Institut gegenüber der *taz*. So produziert AVIC (Aviation Industry Corp. of China) fast ausschließlich Flugwaffen, während sich Norinco (China North Industries Group Corp.) auf Landwaffensysteme (zum Beispiel Panzer) konzentriert. Weitere wichtige Staatsunternehmen auf dem Militärsektor sind CASIC (China Aerospace Science and Industry Corporation) und CETC (China Electronics Technology Group Corporation).

Doch die chinesischen Staatsunternehmen – egal ob in der Rüstung oder im zivilen Bereich unterwegs – gelten nicht als besonders innovativ. Ganz im Gegensatz zu den vielen privaten Unternehmen, die inzwischen viele Branchen der chinesischen Wirtschaft dominieren. Deshalb will Chinas Führung verstärkt private Firmen in den militärischen Beschaffungsprozess integrieren. Denn viele der neuen Produkte oder Technologien – Drohnen, Roboter und KI – werden von den privaten Firmen und nicht von den schwerfälligen staatlichen Rüstungsunternehmen entwickelt und angeboten.

Parteichef Xi Jinping, in Personalunion auch Oberbefehlshaber der Volksbefreiungsarmee, hat das innovative Defizit der staatlichen Rüstungsindustrie erkannt und entsprechend gehandelt. Unter ihm wurde das Thema Military-Civil-Fusion nochmals deutlich forciert. 2015 erklärte er diese zur nationalen Strategie. Und im Januar 2017 schuf er die Central Commission for Integrated Military and Civilian Development, die die Zusammenarbeit zwischen privaten und staatlichen Unternehmen beschleunigen und zur Produktion von mehr *Dual-Use*-Produkten führen soll. Erste organisatorische Ergebnisse sind sogenannte MCF-Industriezonen. Über 35 soll es derzeit geben. Sie werden meist um ein Staatsunternehmen als Anker gebildet. Ein Beispiel ist die »Minhang National MCF Zone« in Shanghai, die auf Luft- und Raumfahrt spezialisiert ist und aus rund 1 700 Unternehmen bestehen soll.

Das langfristige Ziel Chinas sei es – so das Pentagon in seinem jährlichen Bericht an den Congress über Chinas Militär – »eine völlig eigenständige Militärindustrie zu schaffen, die – verbunden mit einem starken zivilen Industrie- und Technologiesektor – den Bedarf der PLA an modernen militärischen Fähigkeiten decken kann.«[6]

China und auch die USA richten also ihre Rüstungspolitik neu aus, indem sie die neuen Technologien und deren zivile Anbieter in ihr Beschaffungswesen integrieren. Gelingt das auch den Europäern?

Europas Rüstungsindustrie – ein Flickenteppich

»Die europäische Verteidigungsindustrie ist nach wie vor ein Flickenteppich«. Das schreibt Isabella Antinozzi in dem Beitrag »Das Rüsten der Anderen« für die Zeitschrift *Internationale Politik*. Sie ist Militärexpertin am britischen Thinktank Royal United Services Institute (RUSI). Der Grund für diese Zersplitterung: Jedes Land päppelt seine Rüstungsunternehmen und bestellt lieber zu Hause als bei einem europäischen Nachbarn. Nochmals Antinozzi: »Die Autonomie und die Wettbewerbsfähigkeit der Verteidigungsunternehmen werden vom Staat penibel geschützt.«[7] So favorisiert – um ein paar Beispiele zu nennen – Frankreich bei der Auftragsvergabe seine Rüstungskonzerne Dassault und Thales, Großbritannien BAE Systems, Italien Leonardo, Schweden Saab und Deutschland Rheinmetall. Durch diese politisch gewollte Begrenzung ihrer Märkte sind die europäischen Unternehmen im Nachteil gegenüber der chinesischen und amerikanischen Konkurrenz, die jeweils einen Riesenmarkt zu Hause haben. In der SIPRI-Liste der 100 größten Rüstungskonzerne der Welt dominieren deshalb die chinesischen und vor allem die amerikanischen Unternehmen. Unter den Top Ten sind fünf Amerikaner und vier Chinesen. Nur die britische BAE Systems konnte in diese Phalanx einbrechen.

Mehr Zusammenarbeit könnte die europäischen Rüstungsunternehmen effizienter, innovativer und stärker machen (und damit auch die Staatshaushalte entlasten). Es gibt auch hehre Ziele, die Kooperation zu intensivieren. So haben die EU-Staaten im Rahmen der Europäischen Verteidigungsagentur (englisches Kürzel: EDA) vereinbart, 25 Prozent ihrer militärischen Investitionen gemeinsam zu tätigen. Erreicht wurden gerade mal 11 Prozent.

Aber es gibt doch das Airbus-Projekt, wird jetzt sicher der eine oder andere einwenden und auf dessen militärische Produkte wie das Transportflugzeug A400M oder den Eurofighter verweisen. Aber Airbus, das Konstrukt aus vier europäischen Unternehmen aus Deutschland, Frankeich, Großbritannien und Spanien, ist die große Ausnahme. Die Regel ist eher der mangelnde Wille zur Kooperation.

Man schaue sich nur das deutsch-französische Hickhack um das gemeinsame Panzerprojekt »Main Ground Combat System« (MGCS) an. Dort wird bis heute um die Größe des Kanonenrohrs – 130 oder 140 Millimeter – gestritten.

Dabei ist das Problem der mangelnden Kooperation längst erkannt. Seit 2004 gibt es die Europäische Verteidigungsagentur mit Sitz in Brüssel und 140 Mitarbeitern. Sie sollen und wollen die Auftragsvergabe koordinieren. Auf der EDA-Homepage wird an einem Beispiel verständlich erklärt, warum diese Organisation gebraucht wird: »In den EU-Ländern gibt es zwölf Kampfpanzertypen, in den USA nur einen.«[8] Doch die Erfolge sind eher bescheiden, die Bremser sitzen in den Mitgliedsstaaten, denn für sie gilt Verteidigungs- und damit auch Rüstungspolitik trotz aller Sonntagsreden weiterhin als nationale Angelegenheit.

Europas Flickenteppich bleibt also trotz diverser Flickschustereien bestehen und somit selbstverschuldet hinter seinen Möglichkeiten zurück. Und das gilt auch für die Zusammenarbeit zwischen ziviler und militärischer Forschung.

Da ist insbesondere Deutschland gefragt. Denn dort gilt die sogenannte Zivilklausel. Das ist kein Gesetz, sondern eine Selbstverpflichtung von Universitäten und anderen wissenschaftlichen Einrichtungen, ausschließlich für zivile Zwecke zu forschen. Rund 70 Unis haben eine solche Zivilklausel. Doch vonseiten der Wissenschaft, aber auch der Politik – insbesondere aus Reihen der CDU/CSU und FDP – wird sie zunehmend infrage gestellt.

Im EFI-Gutachten 2023 wird gefordert, »die strikte Trennung von militärischer und ziviler Forschung«[9] zu überwinden. Der EFI-Vorsitzende Uwe Cantner, Professor an der Universität Jena, sagt zur Begründung: »Fakt ist, dass in anderen Ländern Forschungsaktivitäten im Militärsektor wichtige Impulse für Innovationen im zivilen Sektor liefern und umgekehrt. Das heißt, durch die strikte Trennung der beiden Sektoren entgehen Deutschland fortlaufend Synergieeffekte und Innovationsimpulse.«[10] Unterstützung bekommt Cantner von der Bundesforschungsministerin Bettina Stark-Watzinger, die in einem *FAZ*-Artikel argumentiert, dass die Grenze zwischen ziviler und militärischer Forschung mit dem technologischen Fortschritt immer stärker verschwimme. Deshalb sei es nötig, zu einer Neubewertung zu kommen: »Länder wie Israel und die USA setzen erfolgreich in einem zivil und militärisch geprägten Ökosystem Forschung in technologische Innovation um.«[11]

Europas Hinterherhinken hat zwei Folgen. Erstens ist Europa weiterhin auf den militärischen Schutzschirm der USA angewiesen und damit außen- und verteidigungspolitisch nur eingeschränkt handlungsfähig. Und zweitens muss Europa im Ernstfall auf das moderne Gerät anderer Nationen zurückgreifen.

Das kann man im Ukraine-Krieg beobachten.

Drohnen im kriegerischen Einsatz

Seit Februar 2022 tobt nach dem russischen Überfall der Krieg in der Ukraine. Kurz danach twitterte der ukrainische Vizepremier Mychajlo Fedorow optimistisch: »Wir werden Russland im Technologiekrieg besiegen.«[12] Mit dem Besiegen lag er (noch) nicht richtig, aber mit dem Terminus Technologiekrieg schon. Viele Militärexperten pflichten ihm bei. Im amerikanischen *National Defense Magazine* heißt es, die Ukraine sei »ein Labor, in dem die künftige Form der Kriegsführung geschaffen wird«[13]. Und die Militärexpertinnen Ulrike Franke und Jenny Söderström schreiben: »Viele der technologischen Fortschritte, die die Welt in den letzten Jahrzehnten gemacht hat, sind in diesen Konflikt eingeflossen, darunter Drohnen, software-definierte Kriegsführung und KI sowie Weltraumtechnologie und Cyberkriegsführung.«[14]

Aber wie passt das zusammen mit den Bildern von Schützengräben an der Front, die eher an die Schlachtfelder in Flandern des Ersten Weltkrieges erinnern? Frank Sauer, Politikprofessor an der Universität der Bundeswehr München, gibt gegenüber dem Bayerischen Rundfunk folgende Antwort: »Ich würde diesen Krieg beschreiben als einen sehr konventionellen Krieg, zum Teil mit fast archaischen Elementen wie Artillerieduellen, der allerdings überwölbt und durchdrungen ist von einer zusätzlichen Ebene von Hochtechnologie.«[15]

Drohnen spielen dabei eine wichtige Rolle. Der Ukraine-Krieg ist ein Drohnenkrieg. Nicht der erste Drohnenkrieg, aber sicher derjenige mit dem höchsten Einsatz von Drohnen. Mit dabei an vorderster Front sind chinesische Drohnen der Marke DJI (Da Jiang Innovations). Das 2006 von dem damals 26-jährigen Frank Wang gegründete Unternehmen ist mit weitem Abstand der größte zivile Drohnenhersteller der Welt.

In den ersten Wochen des Ukraine-Kriegs benutzten beide Parteien – Russen und Ukrainer – die chinesischen Drohnen. Der ukrainische Vizepremier Mychajlo Fedorow beschwerte sich per Twitter bei DJI-Chef Frank Wang: »Sind Sie sicher, dass Sie an diesen Morden beteiligt sein wollen? Blockieren Sie Ihre Produkte, die Russland helfen, die Ukrainer zu töten!«[16] Im April 2022 kam dann die Zusage von DJI, dass sie keine Drohnen mehr in die Ukraine und auch nicht nach Russland liefern werden. Ihre Produkte seien schließlich für »zivile Zwecke« gebaut worden.

Ein Jahr später begaben sich zwei britische Reporter – einer von der BBC, der andere von *The Guardian* – auf Recherche in die Ukraine. Der BBC-Reporter besuchte in der Nähe von Kiew ein Trainingscamp für Drohnenpiloten. Der *Guardian*-Kollege wagte sich weiter vor und stieg in Bakhmut auf das Dach eines neunstöckigen Gebäudes, wo Drohnenpiloten ihre Arbeit verrichteten. Sie schickten von dort Drohnen über die Frontlinie, um das Gelände auszuspähen. Was beide Journalisten berichteten: Die Drohnen, die sowohl im Camp als auch an der Front zum Einsatz kamen, waren Drohnen aus dem Hause DJI.

Wie kann das sein, wo doch DJI nicht mehr an die Kriegsparteien liefert? Es gibt eine internationale »Army of Drones«, die in einer Art Crowdfunding Geld für den Drohnenkauf sammelt. Und kaufen kann man sie überall in Europa und den USA. Fundraising Ambassador ist der amerikanische Schauspieler Mark Hamill, der einst in den *Star-Wars*-Filmen den Luke Skywalker spielte. Immer mal wieder landet so eine Ladung der gespendeten DJI-Drohnen in Kiew. Einmal posierte Vizepremier Fedorow, der einst DJI attackierte, vor einem solchen Geschenk: 300 sauber aufgereihte und aufgetürmte DJI-Drohnen der Bauart Mavic 3 T (Stückpreis: 5780 Dollar).

Übrigens sind DJI-Drohnen seit Ende 2020 auf der schwarzen Liste der USA. Keine US-Firma darf mehr an die chinesischen Drohnenbauer liefern. Das hat freilich DJI nicht davon abgehalten, weiter hochwertige Drohnen zu bauen, von denen eine nicht unbeachtliche Zahl, auf welchen krummen Wegen auch immer, in der Ukraine landet und dort Amerikas Verbündete unterstützt.

Aber es sind nicht nur DJI-Drohnen im Ukraine-Krieg im Einsatz, sondern eine ganze Armada – darunter auch die türkische Kampfdrohne Bayraktar TB2 (Preis 2 bis 5 Millionen Dollar). Ulrike Franke und Jenny Söderström ziehen zwei neue Erkenntnisse aus diesem Drohnenkrieg in der Ukraine. Erstens stellen sie einen »umfangreichen Einsatz nichtmilitärischer Drohnen« fest, und zweitens den »Einfluss von Freiwilligen und Hobby-Drohneneinheiten«[17]. Besonders wichtig ist dabei Aeroroswidka. Das ukrainische Unternehmen wurde 2014 während des Krim-Krieges von einer Gruppe junger Drohnen- und IT-Freaks gegründet. Der Atlantic Council nennt sie ein »War Start-up«. Inzwischen ist sie in die militärischen Kommandostrukturen integriert.

In der Ukraine werden erstmals unter Kampfbedingungen Drohnenschwärme eingesetzt. »Massenschwärme kleiner, unbemannter Drohnen können schnell zusammengestellt, eingesetzt und in den Kampf integriert werden – wir sehen, wie ukrainische Truppen das heute auf dem Schlachtfeld tun«[18], schwärmt Ex-Admiral James Stavridis.

Ende August 2023 kündigte Kathleen Hicks, stellvertretende US-Verteidigungsministerin, eine Drohnenschwarm-Initiative mit dem Namen Replicator an. Dazu sollen in den nächsten zwei Jahren Tausende von Drohnen erworben werden. In zwei Wellen sollen die Drohnen dann angreifen. Der erste Schwarm – bestehend aus Zehntausenden von Drohnen – soll das Angriffsfeld auskundschaften und dann Millionen an Daten und Bildern zurück an den zweiten

Schwarm senden, der aus größeren mit Waffen besetzten Drohnen besteht. Die US-Pläne sind – daraus macht Hicks keinen Hehl – eine Antwort auf Chinas Aufrüstung mit Drohnen: »Wir können die Masse der chinesischen Armee so mit unseren eigenen Massen kontern. Aber unsere Masse wird härter zuschlagen und schwerer zu besiegen sein.«[19]

China ist – so scheint es – in der Drohnentechnologie weiter als die USA und viel weiter als Europa. Aber die USA holen auf. Im Silicon Valley produzieren Start-ups wie Skydio oder BRINC inzwischen Drohnen, die von der amerikanischen Polizei eingesetzt werden. Europa hingegen fliegt hinterher: Die Eurodrohne – entwickelt von Unternehmen aus Deutschland, Frankreich, Italien, Spanien – ist derzeit fünf Jahre hinter dem Zeitplan. Sie wird wohl erst um das Jahr 2030 kampfbereit sein. In der Zwischenzeit schafft China Fakten. Es stellt immer wieder neue Entwicklungen vor. Kürzlich berichteten chinesische Forscher der Zhejiang Universität, dass ihre Drohnenschwärme – wie Vögel – durch den dichten (Bambus-) Wald fliegen konnten. Auch der erste Flugzeug-, pardon, Drohnenträger namens »Zhu Hai Yun« wurde in China gesichtet. Nicht nur die dort stationierten rund 50 Drohnen sind unbemannt, auch das Schiff fährt ohne Crew. Es sei nur ein Forschungsschiff beschwichtigt China.

Aber es sind nicht nur Drohnen, die im Ukraine-Krieg zum Ersteinsatz kommen, sondern auch eine andere, möglicherweise viel gefährlichere Waffe.

Hyperschall – überschätzte Wunderwaffe?

Anfang März 2022 schlugen in einem unterirdischen Waffenlager sowie einem Treibstofflager in der Ukraine zwei russische Raketen ein. Es waren keine gewöhnlichen Raketen, sondern Raketen des Typs »Kinschal« (deutsch: Dolch). Es sind sogenannte Hyperschallwaffen, die mit rasender Geschwindigkeit auf ihre Ziele zusteuern.

Russland behauptet, dass sie mit zehnfacher Schallgeschwindigkeit (Mach 10) fliegen, was rund 12 350 Kilometer in der Stunde wären. Die NATO-Strategen bestreiten das, sie konzedieren »nur« fünffache Schallgeschwindigkeit.

Tatsache ist: Diese Hyperschallwaffen sind extrem schnell, extrem manövrierbar, weil sie während des Fluges noch gesteuert werden und so der Flugabwehr ausweichen können. Sie sind somit gegenüber den herkömmlichen ballistischen Interkontinentalraketen im Vorteil, denn diese bewegen sich auf einer vorhersehbaren Flugbahn und sind somit von der Luftabwehr leichter auszuschalten.

Russland soll die acht Meter langen Geschosse schon häufiger gegen die Ukraine eingesetzt haben. Bereits im März 2018 hatte Wladimir Putin die Entwicklung von Hyperschallwaffen angekündigt. Dies löste unter den führenden Militärmächten eine hektische Betriebsamkeit aus. Die USA gaben im August 2018 einen Auftrag an Lockheed Martin, eine Hyperschallrakete zu entwickeln. Ihr Name: AGM-183A. Mehrere Testflüge scheiterten, so dass im Frühjahr 2023 entschieden wurde, das Programm einzustellen. Das bedeutete aber nicht den Ausstieg Amerikas aus der Hyperschallentwicklung. Unter anderem forschen und entwickeln zwei andere Rüstungskonzerne, Raytheon und Northrop Grumman, weiter an einem anderen Programm. Dass die Amerikaner weiter dabeibleiben, hat damit zu tun, dass auch die Chinesen auf diese Technologie setzen. Sie präsentierten bereits 2019 bei der Parade zum 70. Jahrestag der VR China ihre Hyperschallrakete – die DF-17 mit dem Gefechtskopf DF-ZF: spitze weiße Nase, schlanker mattgrün lackierter Körper.

Zwischen China, Russland und den USA tobt also weiter ein Wettkampf um diese neue Waffe. Aber auch Länder wie Indien, Japan, Frankreich und Deutschland forschen an Hyperschallwaffen, die manche einen Gamechanger oder gar eine Wunderwaffe nennen. Doch ist sie das? Das fragt sich die Militärexpertin Dominika Kunertova von der ETH Zürich in einem Beitrag für die *NZZ*. »Wunderwaffe oder überschätzte Technologie?« lautet die Überschrift ihres Artikels. Ihre relativierende Antwort: »Die Politik neigt dazu, die Fähigkeiten dieser Waffen zu überschätzen.«[20] Sie bringt vor allem zwei Argumente ein. So würden die Raketen an Geschwindigkeit verlieren, während sie im Sinkflug auf ihr Ziel zusteuern, so dass sie beim Einschlag deutlich langsamer seien und somit von bestehenden Raketenabwehrsystemen eventuell doch erkannt werden könnten. Außerdem sei der vielgepriesene Vorteil der guten Manövrierbarkeit von Hyperschallwaffen nicht so zuverlässig, wie gemeinhin vermutet.

Noch kritischer äußerten sich die beiden US-Wissenschaftler David Wright (Physik) und Cameron Tracy (Materialwissenschaft) in einem Beitrag für *Spektrum*. In dem Artikel mit dem Titel »Der Hype um den Hyperschall« kamen sie zu folgendem Fazit: Die Waffe sei nicht, wie ihre Befürworter behaupten, unglaublich flink und praktisch unsichtbar. Sie stelle deswegen keineswegs eine Revolution dar. Ihrer Meinung nach sind deshalb Hyperschallwaffen keine Gamechanger in der modernen Kriegsführung.[21]

Aber schon kommt der nächste Hype um die Ecke – der Hype um den Hyperwar oder: Wie die KI die Kriege der Zukunft verändert.

Der Supersoldat aus der Retorte

Steve Rogers war von seiner Statur her ein Schwächling, gerade mal 163 Zentimeter groß und 41 Kilogramm leicht. Trotzdem wollte das Leichtgewicht seinem Land, den USA, als Soldat dienen. Aber er fiel mehrmals durch die Musterung zur U.S. Army. Doch über diverse Umwege landete er in einem geheimen Labor in Brooklyn, wo aus ihm ein großgewachsener muskulöser Supersoldat gezüchtet wurde, der erfolgreich für sein Vaterland in den Krieg zog. Fiktion oder Realität? Natürlich Fiktion und Stoff eines Comics, der später für den US-Action-Film *Captain America* als Vorlage diente.

Doch was diesem Leinwandhelden widerfuhr, könnte bald Realität werden – in China. Das glaubt jedenfalls John Ratcliffe, ehemaliger Director of National Intelligence (DNI). In einem Meinungsbeitrag für *The Wall Street Journal* sprach er Ende 2021 ein eher seltenes Thema an, als er China vorwarf, die CRISPR-Methode zur

Genveränderung bei Soldaten einzusetzen, um diese zu Supersoldaten zu machen. Beweise legte er nicht vor. Aber US-Geheimdienstinformationen würden belegen, dass »China sogar Menschentests an Mitgliedern der Volksbefreiungsarmee in der Hoffnung durchgeführt hat, Soldaten mit biologisch verbesserten Fähigkeiten zu entwickeln.«[22]

Was Ratcliffe freilich nicht erwähnte, ist, dass nicht nur in China (und Russland), sondern auch im Westen ähnliche Versuche am lebenden Objekt, am Soldaten, vorgenommen werden. Da diese Versuche sehr brisant und ethisch sehr bedenklich sind, erfährt man über sie nur sehr wenig bis gar nichts. Und folglich blüht die Fantasie. Es ist die Rede von Chips, die in die Gehirne der Soldaten gepflanzt werden, damit sie wortlos untereinander kommunizieren können. Die amerikanische DARPA (Defense Advanced Research Projects Agency) soll Implantate entwickeln, damit Soldaten gewisse Krankheiten nicht bekommen. Außerdem werde dort an Möglichkeiten der Schmerzminderung geforscht. Ganz offen plauderte hingegen Russlands Präsident Wladimir Putin im August 2022 bei einer Konferenz in Moskau aus, dass Russlands Supersoldaten »unfähig wären, Schmerz oder Angst zu empfinden.«

Ansonsten gelangen nur ab und zu Informationen und offizielle Papiere an die Öffentlichkeit, die ahnen lassen, was die Militärs in irgendwelchen Labors austüfteln. In den USA erschien 2019 der Report »Cyborg Soldier 2050: Human/Machine Fusion and the Implications for the Future of DOD«. Der Bericht nimmt im Titel Bezug auf den Action-Film *Cyborg Soldier* aus dem Jahr 2008. Unter strengster Geheimhaltung haben Wissenschaftler in einem US-Militärlabor eine Kreatur halb Mensch, halb Roboter geschaffen. Sie soll als perfekte Kampfmaschine die amerikanische Überlegenheit auf den Schlachtfeldern der Zukunft sichern. Was damals auf der Leinwand gezeigt wurde, könnte nach diesem Report in den nächsten Jahren und Jahrzehnten Wirklichkeit werden.

Die Französische Ethikkommission des Militärs legte im Dezember 2020 einen Bericht vor. In ihm wurde ausgeführt, unter welchen Bedingungen Implantate oder andere technologische Hilfsmittel benutzt werden können, um die Kampfkraft der Soldaten zu steigern. Die damalige Verteidigungsministerin Florence Parly sagte, Frankreich habe »keine unmittelbaren Pläne, invasive Technologie für Soldaten zu entwickeln«. Aber sie sagte auch: »Wir müssen uns den Tatsachen stellen. Nicht jeder teilt unsere Skrupel und wir müssen auf alles vorbereitet sein, was die Zukunft bringt.«[23] Großbritannien etablierte 2021 die Advanced Research and Invention Agency (ARIA) und stattete sie mit 800 Millionen Pfund aus. Dort soll an einem »Super Soldier« geforscht werden.

Die Frage ist nicht mehr, ob die Zeugung solcher Supersoldaten möglich ist, sondern lediglich wann. Das bestätigte Fyodor Urnov, Zellbiologe an der UC Berkeley, mit seiner Aussage: »Wir wissen, wie man einen Menschen herstellt, der mit vier Stunden Schlaf auskommt – ich kann Ihnen sagen, welche Mutation wir vornehmen müssen. Zweitens: Wir wissen, welches Gen wir verändern müssen, um das Schmerzempfinden zu verringern. Wenn ich ein Schurkenstaat wäre, der eine nächste Generation von quasi schmerzfreien Soldaten der Spezialeinheiten herstellen will, weiß ich genau, was zu tun ist. Es ist alles veröffentlicht.«[24]

Aber vielleicht braucht man bald gar keine (Super-)Soldaten mehr, denn die Killerroboter sind im Anmarsch.

Killerroboter und Killerwaffen

Ein Soldat kann nicht 24 Stunden am Tag, sieben Tage die Woche im Einsatz sein. Eine Maschine wohl. Ein Soldat macht im Eifer des Gefechts Fehler. Eine Maschine (meist) nicht. Ein Soldat überlegt vor einer Entscheidung. Eine Maschine überlegt nicht lange, sondern handelt.

Sehen so die Kriege der Zukunft aus? Kämpfen künftig statt Soldaten Killerroboter mit Killerwaffen gegeneinander? Ein Krieg der Maschinen fast ohne menschliche Mitwirkung – eine Horrorvorstellung.

Künstliche Intelligenz macht diese Szenarien möglich. Manuela Lenzen beschreibt das in ihrem Buch *Künstliche Intelligenz* so: »Die eigenen Soldaten können mithilfe solcher Waffen aus dem unmittelbaren Kampfgeschehen herausgehalten werden, autonome Waffen ermüden nicht, brauchen weder Pausen noch Urlaub, sie sehen, rechnen und steuern schneller und präziser als die Soldaten.«[25]

Bislang gilt noch die militärische Entscheidungskette: Observe – Orient – Decide – Act. Kurz: OODA. Auf Deutsch: Beobachten – Orientieren – Entscheiden – Handeln. Die vier Phasen folgen hintereinander, sie brauchen also Zeit. Und ganz wichtig: Der Mensch entscheidet. Wenn der Mensch noch eingeschaltet ist, wenn er also entscheidet, ob und wann abgefeuert wird, spricht man in der Fachsprache von *Human-in-the-loop*-Waffen. Ist er nicht mehr involviert, nennt man das *Human-out-of-the-loop*. Und dann wird es hochgefährlich und ethisch höchst bedenklich.

Diese Waffen, die selbstständig handeln, heißen *Lethal Autonomous Weapon* (LAW), auf Deutsch: tödliche autonome Waffen. Oder im Boulevard-Jargon: Killerwaffen. Das können Drohnen sein, Panzer oder U-Boote – alle sind unbemannt. Sie handeln autonom, suchen also ohne Beteiligung des Menschen ihre Ziele aus und führen entsprechende Angriffe aus.

Alle großen Militärmächte forschen und entwickeln in diese Richtung. KI hat längst in diesem strategischen Denken Einzug gehalten. China verfolgt seit längerem ein *Intelligentized-Warfare*-Konzept, in dem KI eine große Rolle spielt. Schon 2018 prophezeite Zeng Yi, Manager des Rüstungskonzerns Norinco: »Auf zukünftigen Schlachtfeldern wird es keine Menschen mehr geben, die kämpfen.«[26] Schon 2025 würden LAWs zum Einsatz kommen. Der militärische Gebrauch von KI sei unvermeidlich. Das sei die Zukunft. China sieht die Chance, durch den Einsatz von KI aufzuholen. Buchautor Nigel Inkster schreibt: »Für die PLA scheint KI einen Weg zu bieten, die Kluft zwischen den militärischen Fähigkeiten der USA und Chinas zu verringern und möglicherweise die USA zu überholen.«[27]

Die USA halten dagegen. Das Pentagon hat über 700 KI-Projekte laufen. Unter Biden wurden die National Artificial Intelligence Research Resource Task Force und im Pentagon ein Chief Digital and Artificial Intelligence Officer etabliert (es ist seit April 2022 Craig Martell, der zuvor bei Lyft, Dropbox und LinkedIn war). Martell leitet auch die im August 2023 neu geschaffene Task Force Lima, die den militärischen Einsatz von generativer KI planen soll. US-Militärexperten kritisieren aber, das sei alles zu wenig und zu langsam – vor allem vor dem Hintergrund der chinesischen Aktivitäten.

Und Europa? Auch seine Rüstungsfirmen arbeiten an KI-Versionen, aber letztendlich versucht sich die Politik – wie meist – als Regulator. Aber wie schwierig es ist, diese Entwicklung einzudämmen oder gar zu stoppen, zeigen die multilateralen Versuche. Seit 2017 wird in Genf über die neuen autonomen Waffen verhandelt. Zweimal im Jahr treffen sich die Vertreter verschiedener Länder. Bislang ergebnislos. Die Blockierer sind vor allem – wen wundert`s – die Staaten, die solche Waffen in ihrem Arsenal haben (werden): China, Russland und die USA. Es sei noch zu früh, darüber zu verhandeln, argumentieren sie. Oder sie sagen auch: Das bestehende Völkerrecht reiche aus. 2021 empfahl die US National Security Commission on AI, die USA sollten Forderungen nach einem Verbot autonomer Waffen nicht nachgeben.

Die deutsche Politik eiert etwas herum. Der Bundestag hat sich auch schon mit den Killerrobotern beschäftigt, aber eine Ächtung abgelehnt. Im Januar 2020 wurden zwei diesbezügliche Anträge der Grünen und Linken mit der damaligen Mehrheit der großen Koalition abgeschmettert. Aber im Koalitionsvertrag der neuen Regierung wird hingegen eine verbindliche internationale Ächtung gefordert. Doch Diplomaten in Genf geben zu bedenken, dass eine solche Ächtung wenig bringt, wenn die Staaten, die diese Waffen entwickeln und nutzen, sich gar nicht beteiligen.

KAPITEL 12

INDUSTRIEPOLITIK

Die Renaissance des Staates

»Sowohl die Vereinigten Staaten als auch China verfolgen derzeit aktiv eine Industriepolitik um Kontrolle über die Schlüsseltechnologien zu gewinnen. Das erfordert eine Reaktion Europas, um im Wettlauf um diese Technologien des 21. Jahrhundert nicht auf der Strecke zu bleiben.«

Sebastian Dullien und Jonathan Hackenbroich

Das neoliberale Zeitalter ist vorbei. Angeführt von Maggie Thatcher und Ronald Reagan begann dieses in den 1970er und 1980er Jahren. Ihr Credo lautete: Der Staat solle sich gefälligst aus der Wirtschaft raushalten. Der Markt werde es schon allein richten. In diesem Sinne richteten die USA und viele andere westliche Staaten ihre Wirtschaftspolitik aus. Und via Internationaler Währungsfonds (IWF) und Weltbank versuchte der Westen, die neoliberale Idee in die Welt hinauszutragen. Weil die beiden genannten Institute in Washington ihr Domizil haben, spricht man auch vom »Washington Consensus«. Dessen Apologeten predigten Steuersenkungen und Staatsferne und hofften (vergeblich) auf den *Trickle-down*-Effekt, wonach der Wohlstand von oben nach unten durchsickert. Sie vertrauten nicht auf die lenkende Hand des Staates, sondern auf die unsichtbare Hand des Marktes, die auf wundersame Weise – so Adam Smith, der Vater des Gedankens – Angebot und Nachfrage zusammenführt und ins Gleichgewicht bringt. Leider haben aber noch andere ihre Hände im Spiel, zum Beispiel Banker und gierige Finanzjongleure, weshalb es häufiger zu Ungleichgewichten kam.

Spätestens die globale Finanzkrise, die 2007 ihren Ursprung in den USA hatte, führte zu der Erkenntnis, dass der ungezügelte Kapitalismus gebändigt werden muss. Und zwar vom Staat. Das Versagen des Marktes führte in den Folgejahren zu einer Renaissance des Staates, der einspringen und Banken retten musste. Doch der ganz große Push Richtung staatlicher Interventionen kam ein paar Jahre später. Das hatte zum einen mit der Corona-Pandemie zu tun, aber vor allem mit dem Auftreten des neuen Konkurrenten China. Während der Pandemie mussten viele Staaten milliardenschwere Hilfsprogramme für Bürger und Unternehmen auflegen. Und kaum war Corona vorbei, kamen der Ukraine-Krieg und die Angst im Westen vor der Abhängigkeit, erst von Russland und dann von China.

Mit der Angst wuchs die Bereitschaft sowohl in den USA als auch in der EU, viel Geld in die Hand zu nehmen, um heimische Tech-Industrien zu stützen und zu stärken – vor allem gegenüber dem aufstrebenden China. So wurden in den USA und der EU in den vergangenen Jahren gigantische Investitionsprogramme aufgelegt. Man hatte fast den Eindruck, die beiden wollten sich gegenseitig überbieten. Tyson Barker (früher DGAP, jetzt Berater im US-Außenministerium) spricht von einer »New Renaissance in Tech-Industrial Policy«[1].

Der Westen macht damit das, was er lange Zeit China vorgeworfen hat: eine Unterstützung ausgewählter heimischer Industrien mit Subventionen – in der Fachsprache Industriepolitik genannt. Das war vor allem in Deutschland ein verpöntes Wort, denn eine Industriepolitik sei mit einer Marktwirtschaft nicht vereinbar. Die Franzosen, aber auch die Amerikaner waren da nie so puristisch. Von den Franzosen weiß man, dass sie traditionell dem Staat auch in der Wirtschaft eine starke Rolle zugestehen. Von den Amerikanern weiß man das nicht, weil sie gerne die Mär von ihrem liberalen Wirtschaftsmodell erzählen, dabei aber unerwähnt lassen, wie eng Politik, Wirtschaft und Wissenschaft sehr erfolgreich seit Jahrzehnten kooperieren.

Die weltweite Renaissance der Industriepolitik geht einher mit einer Zunahme des Protektionismus. Und das ist irgendwie logisch: Wer seine Industrien intern päppelt, muss sie nach außen schützen. So griffen die Staaten des Westens wie auch China in den vergangenen Jahren immer häufiger in den protektionistischen Instrumentenkasten, um Exportkontrollen, Strafzölle, Investitionsverbote und Sanktionen anzuwenden. Wir leben im Zeitalter der Geoökonomie, in der handels- und wirtschaftspolitische Instrumente zu Waffen im Tech-Krieg geworden sind.

China habe in dieser Auseinandersetzung einen strategischen Vorteil, sagt der ehemalige Investmentbanker und jetziger Yale-Fellow Stephen Roach. Ihre Führer würden – so Roach – in anderen Zeiträumen denken: »In Amerika geht es vor allem um kurzfristige Vorteile, aber China spielt ein langfristiges Spiel.«[2] 2035 will China ein »moderatly prosperous nation« sein. Aber das ganz große Ziel ist 2049. Dann wird die Volksrepublik 100 Jahre alt, und spätestens dann will das Land wieder eine respektierte Weltmacht sein.

Ein weiterer Vorteil Chinas bei dieser Langfristplanung ist, dass die Politiker dort nicht in vier- oder fünfjährigen Legislaturperioden denken (müssen). Außerdem versteht Chinas Führung etwas von Technologie, denn viele Politiker haben einen entsprechenden Hintergrund. Harvard-Professor Graham Allison sagt etwas neidvoll: »Chinas Vorteile beginnen mit einer zentralen Führung, die die Interessen der Technologieunternehmen versteht.«[3]

Ingenieure statt Juristen

Jeden Sommer geht Chinas Führung geschlossen baden. Seit der Zeit des großen Schwimmers Mao Zedong zieht sich die Parteispitze im August in den Badeort Beidahe zurück. So war es auch im Sommer 2023. Sieben Tage lang weilten Chinas Mächtige in Beidahe. Es wurde geschwommen, aber noch mehr diskutiert. Thema diesmal: Wie sich China bei den neuen Technologien unabhängig von anderen Nationen behaupten kann. Knapp 60 Wissenschaftler waren geladen – darunter die KI-Expertin Qiao Hong oder der Radar-Spezialist Long Teng. Sie stießen in Partei und Regierung auf kompetente Gesprächspartner. Denn in China haben wie gesagt viele der führenden Köpfe einen technologischen Hintergrund – im Gegensatz zu deutschen oder auch amerikanischen Regierungsmitgliedern. Dort dominieren Juristen und Sozialwissenschaftler.

Anders in China. Viel wurde über die neue chinesische Führungsriege nach dem 20. Parteitag im Herbst 2022 geschrieben. Schnell waren die Zhongnanhai-Astrologen – so nennt man die China-Watcher in Analogie zu den einst orakelnden Kreml-Astrologen – mit dem Urteil parat: Sie seien alle Claqeure, ihrem Chef Xi Jinping stets treu ergeben. Wenig wurde dagegen über ihren Werdegang geschrieben oder ihre Herkunft. Die beiden Forscher Ruihan Huang und Joshua Henderson vom US-Thinktank MacroPolo haben es getan und kamen dabei zu folgendem interessanten Ergebnis: Mehr als ein Drittel des neuen 205-köpfigen Zentralkomitees sind – wie sie es nennen – »STEM-Technokraten« und 8 der 24 Politbüromitglieder sind Ingenieure. Interessant ist auch die Dominanz der Technokraten auf Provinzebene. Nach MacroPolo-Angaben hat in 25 der 31 Provinzen entweder der Gouverneur oder der Parteichef einen Tech-Background.[4]

Ein hoher Ingenieursanteil hat Tradition in der chinesischen Führung. Vor allem in der Ära von Hu Jintao und Wen Jiabao, der Vorgängeradministration von Parteichef Xi Jinping, waren Ingenieure stark vertreten. Aber es waren Ingenieure der alten Disziplinen aus der Welt der großen Infrastrukturprojekte. Der damalige Parteichef Hu Jintao war zum Beispiel Wasserbau-Ingenieur, Ex-Premierminister Wen Jiabao Geologe.

Anders sieht der Background bei den acht Ingenieuren des aktuellen Politbüros aus. Huang und Henderson titulieren sie als die »elite technocratic eight«. Sie haben alle in Technologiefeldern der Zukunft studiert und zum Teil auch promoviert. Hier ihre Namen und ihr Studienfach in alphabetischer Reihenfolge: Chen Jining (Umwelt)), Ding Xuexiang (Maschinenbau), Li Ganjie (Atom), Liu Guozhong (Systems Engineering), Ma Xingrui (Luftfahrt), Yin Li (Medizin), Yuan Jiajun (Luftfahrt) und Zhang Guoqing (Militär).

Wichtigster Mann unter den acht ist Ding Xuexiang. Er arbeitete 17 Jahre lang im Shanghai Research Institute of Materials, ehe er in der Partei Karriere machte, die meiste Zeit davon in Shanghai. Dort fiel er wohl Xi Jinping auf, als dieser Parteichef in Shanghai war. Später machte ihn Xi zu seinem Stabschef und damit zu seinem engsten

Mitarbeiter. Ding Xuexiang ist derzeit der Tech-Zar in der chinesischen Politik. Er besitzt sehr viel Macht. Insbesondere nach der Neuorganisation der Technologiepolitik im Frühjahr 2023, als das Ministry of Science and Technology (MOST) entmachtet wurde und einem neu gegründeten Parteigremium, der Zentralen Wissenschafts- und Technologiekommission, quasi unterstellt wurde. Dies war auch ein Ausdruck der Unzufriedenheit der Parteiführung mit dem MOST, von dem die Führung mehr disruptive Innovationen einforderte.

Das neue Gremium koordiniert zentral die Technologiepolitik des Landes und versucht dabei den Spagat zwischen Plan und Markt, der dieses System bestimmt.

Chinas hybrides System zwischen Plan und Markt

China assoziieren viele mit Fünfjahresplänen. Sie wurden, als die Sowjetunion noch das große Vorbild war, in den 1950er Jahren eingeführt. Der erste Plan wurde 1953 erstellt. Aktuell gilt seit 2021 der 14. Fünfjahresplan. Wer angesichts dieser Historie und dieses Vorbilds allerdings glaubt, dass Chinas Wirtschaftsmodell eine Kopie des sowjetischen sei, der irrt gewaltig. Das stimmte noch in den 1950er Jahren. Aber nach 1978 – dem Beginn der Reform- und Öffnungspolitik – wurde in China ein einmaliges Wirtschaftssystem geschaffen, bei dem sich die westlichen Ökonomen mit einer Einordnung oder Klassifizierung schwertun. Es passt nicht in deren simples antagonistisches Muster von Markt- versus Planwirtschaft.

Chinas Wirtschaft ist ein Mischsystem, das in keinem Lehrbuch des Westens vorkommt. Entsprechend kursieren verschiedene Bezeichnungen. Die einen nennen es eine Sozialistische Marktwirtschaft, die anderen Staatskapitalismus (ein Begriff, der einst von Lenin geprägt wurde). Die Chinesen bezeichnen ihr System offiziell als sozialistische Marktwirtschaft mit chinesischen Elementen. Die deutsche, in den USA lehrende Ökonomin Isabella M. Weber beschreibt die Entwicklung Chinas als »graduelle Vermarktlichung«[5].

So gibt es Branchen, wo die Marktkräfte wirken. Bei ihnen hält sich der Staat unternehmerisch (nicht aber regulatorisch) raus. Zum Beispiel dominieren im gesamten Handelsbereich– ob stationär oder online – private Unternehmen. Ebenso in fast allen Konsumgüterindustrien – von Bekleidung über Elektronik bis zu Nahrungsmitteln.

Daneben gibt es nach wie vor die Staatsunternehmen – die sogenannten SOEs (State-Owned Enterprises). Sie stehen unter der Aufsicht der Mammutbehörde State-Owned Assets Supervision and Administration Commission (SASAC). Sie dominieren den Finanzsektor (Banken und Versicherungen), den Telekombereich (China Mobile, China Telecom und China Unicom), mehrheitlich die Luftfahrt (Air China, China Eastern und China Southern), die Bahn, die Rüstungsindustrie und den Energiesektor. Sie werden staatlich gepäppelt und bekommen Subventionen der unterschiedlichsten Art, wie zum Beispiel günstigere Kredite von den Staatsbanken. Gesamtwirtschaftlich gesehen sind die Staatsfirmen inzwischen in der Minderheit. Die Privatwirtschaft dominiert ziemlich eindeutig: Sie trägt 60 Prozent zum Sozialprodukt bei und ist Arbeitgeber für 80 Prozent der städtischen Bevölkerung.

Privat- wie Staatsunternehmen orientieren sich aber an den Vorgaben der Regierung. In vielen Plänen gibt die Regierung vor, welche Industrien und Technologien sie präferiert und entsprechend auch mit Geldern unterstützt. Neben den Fünfjahresplänen existieren viele weitere Pläne. Max J. Zenglein, Chefökonom des Berliner Thinktanks Merics, nennt sie »industriepolitische Makropläne«[6]. Sie sind meist auf eine oder mehrere Industrien oder Technologien fixiert, zum Beispiel Internet Plus (2015) oder New Generation AI Development Plan (2017). Flankiert werden diese Programme von massiven staatlichen Finanzspritzen, vor allem durch die milliardenschweren Government Industrial Guidance Funds.

Das berühmteste Strategiepapier ist das viel zitierte »Made in China 2025«-Programm. Es wurde im Mai 2015 veröffentlicht und ist für die chinesische Führung die Roadmap auf dem Weg zur Technologiemacht. Darin werden zehn Industrien definiert, in denen das Land aufholen und stark werden will. Solche Programme hat es in der Vergangenheit immer wieder gegeben. Was aber neu ist, ist die Dimension. So umfassend war noch kein Plan. So viele Branchen waren noch in keinem Plan integriert. »Made in China 2025« deckt alle Hightech-Industrien ab.

Neu ist auch der Führungsanspruch in diesen Branchen: Bislang gab man sich mit der Bildung nationaler Champions zufrieden, aber nun will man globale Champions kreieren. Die zwei entscheidenden Schlagworte, die im englischen Text des Plans häufig vorkommen, sind *indigenous innovation* (was man mit einheimischen Innovationen übersetzen kann) und *self sufficiency*, also Selbstversorgung. Man will bei vielen Produkten und Technologien nicht mehr auf ausländische Firmen angewiesen sein, man will sie selber entwickeln und herstellen.

Das Programm war für viele im Westen ein Weckruf. Allerdings haben die Chinesen damit schlafende Hunde geweckt. Plötzlich wurde den Verantwortlichen im Westen bewusst, dass China sich zur Technologiemacht entwickeln will, nachdem man dort China lange als Kopierer eingestuft hat. Das Echo im Westen war selbst den Chinesen zu viel. Im Juni 2018 wies die Regierung die Staatsmedien an, das Papier nicht mehr zu erwähnen. Es ist deswegen aber nicht verschwunden.

Im Gegenteil: Gerade unter Xi setzt China massiv auf die Themen Innovation, Technologie und Wissenschaft. Auf dem 20. Parteitag im Oktober 2022 forderte er die Bildung eines »nationalen Innovationssystems« und gab den Slogan aus »rettet die Nation durch Wissenschaft und Bildung.«[7] In diesem Sinne betreibt China weiterhin eine konsequente, auf Hightech-Branchen ausgerichtete Industriepolitik – und setzt dabei auch auf eine recht erfolgreiche Cluster-Strategie.

Das Cluster als Muster

Offiziell heißt die Straße Yunfei Road, doch in Hefei kennt man sie vor allem unter ihrem inoffiziellen Namen: Quantum Avenue. Links und rechts der Straße stehen nämlich viele Gebäude, in denen zum

Thema Quantentechnologie geforscht wird. Hefei, die Hauptstadt der Provinz Anhui, ist ein Zentrum dieser Zukunftstechnologie. Rund 500 Kilometer westlich von Shanghai im Landesinneren gelegen, waren die Stadt und die Provinz lange Zeit eine rückständige Gegend, die wenig vom Boom in den Regionen des Ostens abbekommen hat. Aber das hat sich in den vergangenen Jahren geändert. In chinesischen Medien wird bereits vom »Hefei-Modell« gesprochen.

Was zeichnet das Modell aus? Da ist zunächst die USTC zu nennen – die University of Science and Technology of China. Sie hat eine interessante Historie. Gegründet wurde sie 1958 von der Chinesischen Akademie der Wissenschaften in Beijing. Während der Kulturrevolution wurde sie in die etwas ruhigere Provinz nach Hefei verlagert, wo sie bis heute geblieben ist und inzwischen zu den Elite-Unis des Landes zählt. Manche titulieren sie auch als das Caltech Chinas in Anspielung auf das legendäre California Institute of Technology in Pasadena. Die USTC »produziert« permanent Nachschub für die vielen Tech-Unternehmen der Stadt, aber auch für deren Bürokratie. Deshalb hat Hefei eine äußerst technologieaffine Stadtverwaltung. Diese hat zwölf Technologien ausgewählt, die sie unterstützt. Jeder wird ein sogenannter *chain boss* zugeordnet, der die zentrale Anlaufstelle für die Unternehmen der jeweiligen Technologien ist und alles unternimmt, um diese zu unterstützen.

Hefei ist kein Einzelfall, aber derzeit sicher das erfolgreichste und prominenteste Beispiel für eine lokale Industriepolitik.

»Mayor Economy«[8] – Bürgermeister-Wirtschaft – nennt das die Ökonomin Keyu Jin in ihrem Buch *The New China Playbook*. Sie sieht eine effiziente und produktive Arbeitsteilung zwischen Zentrum und Peripherie: »Die Zentralregierung entwickelt den strategischen Plan und die Kommunalverwaltung wird zur Umsetzung aufgefordert.« Viele Bürgermeister studieren die Pläne aus Beijing und versuchen dann, eine Hightech-Zone zu bilden. Nicht alle sind erfolgreich. In den vergangenen Jahren entstand viel Wildwuchs, es kam zu vielen Doppelungen und zur Verschwendung von Ressourcen, auch weil Beijing dem Treiben viel zu lange zugesehen hat und erst seit kurzem näher hinschaut.

Gleichwohl gibt es erfolgreiche Cluster-Bildungen, zum Beispiel das Optics Valley in Wuhan, das Nanopolis in Suzhou, das sich der Nanotechnologie widmet, das schon traditionelle Hightech-Zentrum Zhongguancun im Nordwesten Beijings, die südliche Metropole Shenzhen oder den Korridor Chengdu-Chongqing in der Provinz Sichuan.

Die WIPO (World Intellectual Property Organization) gibt jedes Jahr den Bericht »World's Top 100 Science & Technology Cluster« heraus. Darin beurteilen die WIPO-Analysten Hightech-Regionen nach der Anzahl der dort ansässigen Forscher sowie deren Patenten und veröffentlichten Papieren. In der aktuellen 2023er-Liste ist dort China mit 24 Clustern vertreten, die USA mit 21 (Deutschland liegt übrigens mit beachtlichen 9 Clustern auf Platz drei des Länder-Rankings). Allein unter den Top fünf ist China dreimal vertreten, und zwar mit den Hightech-Regionen Shenzhen-Hongkong-Guangzhou, Beijing und Suzhou-Shanghai. Das erste amerikanische Cluster ist San Francisco-San José auf Platz sechs – besser bekannt unter dem Namen Silicon Valley.

Für viele – auch in China – ist das originale Silicon Valley immer noch das Maß aller Dinge.

Wer hat das Internet erfunden? Bill Gates? Steve Jobs? Nein, DARPA

Um das Silicon Valley ranken sich viele Mythen. Ein Mythos ist, dass dort in Garagen von Tüftlern revolutionäre Produkte erfunden werden. Sicher, es gab eine weltberühmte Garage, die in Palo Alto unweit der Stanford University stand. In der bastelten 1938 Bill Hewlett und David Packard einen Tongenerator zusammen und begründeten damit den Weltkonzern Hewlett-Packard. Aber die Regel war die Garagennummer im Silicon Valley nicht. Ein anderer Mythos: Da sitzen geniale Erfinder im stillen Kämmerlein und treten eines Tages ans Tageslicht und verkünden unter der kalifornischen Sonne: Heureka!

Nein, weder Garage noch Kämmerlein im Silicon Valley waren Geburtsstätten der revolutionären Produkte aus dem Silicon Valley wie die Chips oder das Internet. Der konservative Ökonom Clyde Prestowitz, der einst unter Ronald Reagan diente, ist inzwischen über 80 Jahre alt und hält nach wie vor viele Vorträge. Dabei erlaubt er sich ab und an eine gemeine Frage: »Manchmal frage ich das Publikum, wer das Internet erfunden hat. Die Antworten lauten meist Steve Jobs, Bill Gates oder Jeff Bezos. Aber nein, es war DARPA.«

DARPA who? Bei der Antwort müssen selbst viele Amerikaner passen, Europäer erst recht. DARPA ist, wie bereits im vorherigen Kapitel erwähnt, das Kürzel für Defense Advanced Research Projects Agency. Sie ist ein kleines, aber höchst effizientes organisatorisches Anhängsel des Pentagon mit Sitz in Arlington nahe Washington. Sie wurde 1958 vom damaligen US-Präsidenten Dwight D. Eisenhower geschaffen. Er stand damals unter Schock, dem Sputnik-Schock. Eine solche Demütigung sollte nicht wieder vorkommen, schwor sich Eisenhower und initiierte die ARPA, wie die DARPA zuerst hieß.

Die Agentur hat derzeit 220 Mitarbeiter. Davon sind rund 100 sogenannte Programmmanager, die rund 250 Forschungsprogramme betreuen. Diese Manager sind hochqualifizierte Leute, die aus der Wissenschaft, Wirtschaft und Politik kommen und meist zwischen drei und fünf Jahren bei der DARPA arbeiten. Ihr Etat betrug für 2023 etwas mehr als 4,1 Milliarden Dollar. Diese Gelder bekommen Wissenschaftler an Unis, in Start-up-Unternehmen oder etablierten Firmen, die an einem bestimmten förderwürdigen Forschungsprojekt arbeiten. Dabei wird nicht zwischen Grundlagenforschung und angewandter Forschung unterschieden.

Die Erfolgsquote der DARPA ist relativ hoch, die Liste der Innovationen beeindruckend: Natürlich ist an erster Stelle das Internet zu nennen, das aus dem Arpanet hervorging. Dann das GPS, Drohnen und selbstfahrende Autos. Und immer wieder militärische Innovationen wie zum Beispiel der Tarnkappenbomber, der für Radar unsichtbar ist. Dank DARPA-Geldern kamen auch heute erfolgreiche Konzerne wie der Chiphersteller Nvidia und der Impfstoffhersteller Moderna ans Laufen.

Europa hat (noch) keine DARPA. Aber manch europäischer Politiker träumt schon länger davon, vor allem in Paris.

Französische Träume, deutsche Wirklichkeit

Ende September 2017 hielt Frankreichs Staatspräsident Emmanuel Macron eine seiner vielen programmatischen Reden. Titel damals: »Initiative pour l'Europe«. Darin ging es auch darum, wie Europa technologisch mit China und den USA mithalten kann. Er forderte damals: »Lassen Sie uns in den kommenden zwei Jahren eine Europäische Agentur für radikal neuartige Innovationen gründen, so wie es die USA mit der DARPA getan haben.«[9] Die zwei Jahre sind längst um, aber ein europäisches DARPA gibt es nicht.

Das zentralistische Frankreich neigt seit den Zeiten eines Jean-Baptiste Colbert zu staatlichen Interventionen in den Wirtschaftskreislauf. Colbert, der dem Sonnenkönig Ludwig XIV. als Finanzminister diente, gilt als Gründer des Merkantilismus. Später im 19. Jahrhundert wurde in Frankreich der Begriff des Etatismus geprägt. Nach dem Zweiten Weltkrieg folgte die »Planification«, übrigens eingeführt von Jean Monnet, einem der Gründerväter der EU, die damals als EWG gestartet war. Es gab dann unter Charles de Gaulle den »Plan Calcul« zum Aufbau einer französischen Computerindustrie. Ein Vorhaben, das scheiterte. Im Gegensatz zum Projekt Airbus, das ein allerdings teuer erkaufter Erfolg wurde. Wenn also Macron eine europäische DARPA fordert, steht er in der französischen Tradition lenkender Staatseingriffe in die Wirtschaft.

Macrons Sorbonne-Rede blieb nicht ganz folgenlos. Die DARPA-Idee wurde partiell aufgegriffen. In Frankreich zum Beispiel von André Loesekrug-Pietri mit seiner Joint European Disruptive Initiative (JEDI). Eine lobenswerte private Initiative. Und in Deutschland wurde noch unter der Merkel-Regierung die Bundesagentur für Sprunginnovationen (SPRIND) gegründet. Sie hat ihren Sitz in Leipzig, ihr Gründungsdirektor ist Rafael Laguna de la Vera. 155 Millionen Euro spendierte das Bundesministerium für Bildung und Forschung (BMBF), magere 10 Millionen (!) kamen vom Bundesministerium für Wirtschaft und Klimaschutz (BMWK). Das ist natürlich viel zu wenig.

Die deutsche Zurückhaltung hat auch damit zu tun, dass anders als in Frankreich Industriepolitik hierzulande lange Zeit bei Christ- und Sozialdemokraten ein verpönter und sehr ideologisch aufgeladener Begriff war, und bei den Liberalen sowieso. Der Staat solle sich gefälligst aus dem Wirtschaften heraushalten, war das Unisono-Credo. In früheren Zeiten leistete sich die SPD immerhin eine Diskussion über staatliche Eingriffe. Es galt lange der schwammige Satz des Godesberger Programms aus dem Jahre 1959: »Soviel Markt wie möglich, soviel Planung wie nötig.« In den 1970er Jahren diskutierten die Genossen gar ausgiebig das Thema (staatliche) Investitionslenkung, ehe es in den folgenden Jahrzehnten in der ökonomischen Mottenkiste verschwand.

Begleitet wurde die industriepolitische Aversion vom zustimmenden Nicken der deutschen Wirtschaftswissenschaftler, die sich als lupenreine Marktwirtschaftler gerierten. Wenn einer – wie der Ex-Weise Peter Bofinger – mal abwich und anregte, zumindest mal über eine aktivere Industriepolitik nachzudenken, wurde er als exotischer Abweichler abgestempelt.

Doch inzwischen sieht man es in der deutschen Politik nicht mehr so puristisch. Ende November 2019 legte der Christdemokrat und damalige Bundeswirtschaftsminister Peter Altmaier eine »Industriestrategie 2030« vor. Ein Wunschkatalog über 40 Seiten.

Sein Nachfolger als Bundeswirtschaftsminister ist der grüne Robert Habeck. Und der ist noch weniger ideologisch vorbelastet. Für ihn ist Industriepolitik kein Teufelszeug, zumal er eine Autorin verehrt, die eine Protagonistin einer solchen Politik ist.

Roberts Liebling Mariana

Robert Habeck hatte schon einiges von ihr gelesen. Aber beim Weltwirtschaftsforum 2022 in Davos hat er sie zum ersten Mal gesehen und auch mit ihr gesprochen. Danach war der Bundeswirtschaftsminister hin und weg: »Im direkten Gespräch war die Frau eine Macht, eine Autorität«. Dem Frauenmagazin *Myself* verriet Habeck wenig später, dass die Frau, die er in Davos getroffen habe, eine von sieben Frauen sei, die sein Leben verändert hätten. Wer die sechs anderen Frauen sind, bleibt ungeklärt, die siebte hingegen ist namentlich bekannt: Mariana Mazzucato, in Rom geboren, in den USA aufgewachsen, in London derzeit lehrend. Sie sei Habecks Lieblingsökonomin, schreibt die *FAZ*. Aber nicht nur er hört auf sie. Sie sei »die aktuell einflussreichste Ökonomin der Welt«[10] glorifiziert sie *Der Spiegel*.

Warum wird Mazzucato so hochgelobt? Weil ihre Thesen in den aktuellen Mainstream passen. Sie plädiert für eine stärkere unternehmerische Rolle des Staates. *Das Kapital des Staates – eine andere Geschichte von Innovation und Wachstum* heißt daher auch eines ihrer erfolgreichen Bücher. Darin erinnert sie: »Bei den meisten radikalen, revolutionären Innovationen, die den Kapitalismus vorangetrieben haben – von Eisenbahnen über das Internet bis aktuell zur Nanotechnologie und Pharmaforschung – kamen die frühesten, mutigsten und kapitalintensivsten unternehmerischen Investitionen vom Staat«. Und als Beispiel aus der neuesten Zeit zitiert sie das Kultprodukt aus dem Hause Apple – das iPhone: »All die Technologien, die (Apple-Gründer Steve) Job`s iPhone so smart machten (Internet, GPS, Touchscreen-Displays) wurden vom Staat finanziert.«[11]

Aufgrund dieser staatlichen Erfolgsbilanz wünscht Mazzucato dem Nachtwächterstaat eine gute Nacht und plädiert stattdessen für einen hellwachen Staat, der Geld für zukunftsversprechende Technologien zur Verfügung stellt. Sie warnt aber: »Der Staat sollte nicht wie eine Private-Equity- oder Venture-Capital-Firma handeln, weil er selbst dann anfängt, nur kurzfristig an finanzielle Rendite zu denken.«[12]

Einige Regierungen scheinen ihr zu folgen. Auf die Star-Ökonomin Mazzucato beruft sich die »Hightech-Strategie« der Bundesregierung ebenso wie das EU-Projekt »Horizon Europe«, ein bis 2027 laufendes und mit 100 Milliarden Euro dotiertes Forschungsprogramm. Und Mazzucato war sicher zumindest ideelle Patin beim Papier »Industriepolitik in der Zeitenwende«, das Habecks Ministerium Ende Oktober 2023 veröffentlichte. Darin wird dem Staat »eine aktive Rolle über das Setzen von Rahmenbedingungen hinaus« verordnet. Und für bestimmte Zukunftstechnologien sei es im besten Sinne gute Wirtschaftspolitik, »wenn wir hier in Deutschland den Innovationsprozess bis hin zur Marktreife vorantreiben.«[13] Das zeugt von einem unverkrampften Umgang Habecks mit dem einst verpönten Begriff Industriepolitik. Aber sonst enttäuscht das Papier: zu energielastig, zu viel Eigenlob, zu viel Kleinklein, zu wenig große Linien, vor allem für die Zukunftstechnologien.

Mazzucato dürfte sich über Habecks Schwenk zu einer Industriepolitik gefreut haben, aber auch über die vielen milliardenschweren staatlichen Programme, die diesseits und jenseits des Atlantiks in den vergangenen zwei Jahren aufgelegt wurden.

Amerikas und Europas Milliardenprogramme

Im August 2022 setzte US-Präsident Joe Biden seine Unterschrift unter zwei Gesetze, die den amerikanischen Staat viel Geld kosten werden. Am 9. August 2022 unterzeichnete er erst den CHIPS and Science Act und eine Woche später den Inflation Reduction Act (IRA). Beides sind gigantische Investitionsprogramme für bestimmte Industrien. Durch den CHIPS and Science Act soll der Chipindustrie mit 280 Milliarden Dollar geholfen werden, durch den IRA bekommen die grünen Industrien 369 Milliarden Dollar.

Der IRA hat einen etwas irreführenden Namen. Es geht nur am Rande um eine Reduzierung der Inflation. Es geht um viel mehr. Mit diesem Gesetz soll vor allem die Cleantech-Industrie subventioniert werden – Windkraft-, Solarpanel-, Batterie- und Elektroautohersteller. Das ist angesichts des Klimawandels ein lobenswerter Schritt, aber er diskriminiert ausländische Firmen, die nicht in den Genuss der Subventionen, meist in Form von Steuererleichterungen, kommen, es sei denn, sie produzieren in den USA. Mit dieser lupenreinen Industriepolitik machen die USA genau das, was sie den Chinesen stets vorgeworfen haben – die Subventionierung ganzer Branchen. Für den Asienkenner Stephen Roach haben deshalb die USA von China abgekupfert: »Mit der jüngsten Verabschiedung des CHIPS and Science Act von 2022 haben die USA eine Seite aus Chinas industriepolitischem Playbook gestohlen.«[14]

Eine sektorale Industriepolitik, die auf einzelne Branchen abzielt, gab es lange Zeit in den USA nicht. Erst durch den Druck Chinas, das eine doch recht erfolgreiche Industriepolitik betreibt, fühlte sich die US-Regierung gezwungen, Ähnliches zu versuchen. Vor allem der IRA war eine Kampfansage an China, das ja bei den erneuerbaren Energien und der Produktion von E-Autos weltweit führend ist. Es war aber auch ein Affront gegenüber der EU, denn ihre grünen Unternehmen haben es nun schwerer auf dem US-Markt. Die EU musste darauf reagieren, was sie auch tat. Im Februar 2023 stellte die EU-Kommission ihren eigenen »Green Deal Industrial Plan« vor. Zur Begründung hieß es damals: »Ein regelrechter Clean-Tech-Wettlauf ist bereits in vollem Gange: Die größten Wirtschaftsmächte der Welt investieren bereits massiv in grüne Innovationen. Um Schritt halten zu können, müssen wir daher unsere eigene Industrie stärker fördern.«[15]

Die EU hat sich nicht nur bei Cleantech in den Subventionswettlauf mit China und den USA begeben. Schon seit Jahren legt die EU industriepolitische Programme auf, um bei den Technologien der Zukunft mit China und den USA mitzuhalten. Immer wieder fällt der Begriff der technologischen Souveränität Europas. Schon 2019 forderte die damals neue EU-Kommissionspräsidentin Ursula von der Leyen: »Wir müssen Schlüsseltechnologien in Europa beherrschen und besitzen.«[16] Unter ihrer Ägide wurde die Liste industriepolitischer EU-Programme immer länger. Hier ein Auszug: The Chips for Europe Initiative, Europäische Batterieallianz, NextGeneration EU, InvestEU Programm, Digital Compass 2030 und STEP (Plattform für strategische Technologien für Europa). Schon länger gibt es die Important Projects of Common European Interests (ICEPs).

Ökonomen wie Sebastian Dullien (Hans-Böckler-Stiftung) und Jonathan Hackenbroich (ECFR) halten diese Aktionen im Prinzip für richtig und wichtig. In einem Policy-Brief mit dem Titel »European Industrial Policy: A crucial Element of Strategic Autonomy« schreiben sie: »Sowohl die Vereinigten Staaten als auch China verfolgen nun aktiv eine Industriepolitik und versuchen, die Kontrolle und Produktion von Schlüsseltechnologien zu sichern, was es für Europa notwendig macht, seine Strategien zu verfeinern, um im Wettlauf um die wirtschaftliche und technologische Wettbewerbsfähigkeit des 21. Jahrhunderts nicht ins Hintertreffen zu geraten.«[17]

Aber gleichzeitig bemängeln die beiden Autoren die Ineffizienz der europäischen Industriepolitik. Sie sei nach wie vor eine Domäne der Mitgliedsstaaten. Deshalb gebe es eine Vielzahl nationaler industriepolitischer Projekte. Ihre Analyse: »Eine solche schlechte Koordination kann im geostrategischen Wettbewerb um Technologie, Wertschöpfungsketten und Arbeitsplätze ein erheblicher Nachteil sein.« Ihre Forderung deshalb: »Die EU braucht eine viel umfassendere und koordiniertere Strategie. Die Industriepolitik wird daher eindeutig eine größere – und andere – Rolle in der Wirtschaftspolitik der EU spielen müssen als bisher.«[18]

Der Staatenverbund EU hat also aufgrund seiner Struktur auch bei der Industriepolitik einen Nachteil gegenüber den nationalstaatlichen Konkurrenten USA und China, die einfach schneller und effizienter reagieren können. Das zeigt sich ebenso bei einem weiteren staatlichen Betätigungsfeld, das in den vergangenen Jahren (wieder-)entdeckt wurde: der Kontrolle von Exporten und Investitionen.

Kontrollen, Verbote und Sanktionen

Im amerikanischen Handelsministerium gibt es eine Abteilung, die nach langen Jahren des Schattendaseins in jüngster Zeit immer häufiger ins Rampenlicht der Öffentlichkeit rückte: das Bureau of Industry and Security (BIS). Seit 1997 kann das BIS Personen, Unternehmen oder wissenschaftliche Einrichtungen auf eine sogenannte »Entity List« stellen, wenn diese die Sicherheit der USA gefährden. Anfangs ging das BIS spärlich mit diesem Instrument um. Erst in den vergangenen Jahren wurden immer mehr solcher Entity-Listen erstellt, und es tauchten darauf – wen wundert's – vor allem chinesische Unternehmen auf. Nach aktuellem Stand befinden sich dort rund 600 Firmen, Personen und Universitäten aus China. Sie alle dürfen in den USA keine Waren mehr kaufen oder verkaufen. Prominentestes Opfer ist der Telekomkonzern Huawei, der seit Mai 2019 auf der schwarzen Liste des BIS steht.

Es wurde damit von den USA eine Waffe wiederentdeckt, die aus dem Arsenal des ersten Kalten Krieges stammt: die Exportkontrolle. Ältere Semester werden sich noch an die berühmte Cocom-Liste erinnern, die in den 1970er und 1980er Jahren immer mal wieder in die Schlagzeilen geriet. Cocom stand für Coordinating Committee on Multilateral Export Controls. Mitglieder waren die NATO-Staaten und Japan. Vertreter dieser Länder trafen sich hinter verschlossenen Türen in Paris, wo Cocom ein Büro hatte, um zu entscheiden, welche Produkte nicht in die UdSSR und deren Satellitenstaaten geliefert werden durften.

Diese Cocom-Liste war unter den Teilnehmern häufig umstritten. Die USA plädierten meist für eine längere Liste, die anderen – vor allem auch Deutschland – eher für eine kürzere. Als der Kalte Krieg beendet war, kam auch für Cocom 1994 das Aus. Es gab zwar später mit dem Wassenaar-Abkommen ein Nachfolgekonstrukt, aber das blieb wegen der Heterogenität seiner Mitglieder (auch Russland ist dabei) und des Einstimmigkeitsprinzips weitgehend zahnlos.

Aber es mehren sich die Stimmen diesseits und jenseits des Atlantiks, die wieder ein gemeinsames westliches Vorgehen bei Exportkontrollen gegenüber China fordern. Chad P. Brown vom Peterson Institute for International Economics in Washington fordert in einem Artikel für *Foreign Affairs* mit dem Titel »The Return of Export Controls – A Risky Tactic That Requires Cooperation From

Allies«: »Um wirksam zu sein, müssen sich Washington und seine Verbündeten darauf einigen, die Exportkontrollen zu harmonisieren und durchzusetzen.«[19]

Die Diskussion wird in Europa aufgegriffen. Tobias Gehrke und Julian Ringhof vom Thinktank European Council on Foreign Relations (ECFR) konstatieren in ihrem Papier »Caught in the crossfire: Why EU states should discuss strategic export controls«, dass »Exportkontrollen eines der wichtigsten geoökonomischen Instrumente Washingtons zur strategischen Abkopplung von China werden«. Dies zwinge auch die EU zum Handeln: »Die EU-Mitgliedsstaaten müssen Exportkontrollen dringend auf ihre geopolitischen und geoökonomischen Tagesordnungen setzen.«[20] Es ist also zu erwarten, dass auch die EU wieder stärker zum Mittel der Exportkontrolle gegenüber China greifen und mit den USA (und auch asiatischen Partnern wie Japan) in dieser Frage kooperieren wird.

Die deutsche Regierung ist jetzt schon aktiv und überprüft penibel gewisse Hightech-Exporte nach China. In praxi macht das das Bundesamt für Wirtschaft und Ausfuhrkontrolle (BAFA) in Eschborn. Das ist eine sogenannte Bundesoberbehörde, die dem BMWK unterstellt ist. Angesichts der etwas unklaren Lage, was denn nun nach China exportiert werden darf oder was nicht, müssen sich die BAFA-Beamten häufig bei den Kollegen im BMWK rückversichern. Diese wiederum wollen auch keine Fehler machen und fragen lieber im US-Handelsministerium nach, wie sie es dort handhaben. Die Folge ist monatelanges Nicht-Entscheiden. Der Maschinenbauer Trumpf berichtet, dass Waren im Wert von 85 Millionen Euro – bildlich gesprochen – an der deutschen Grenze festgehalten werden. Und wir reden hier nicht von *Dual-Use*-Gütern. Die von den USA gewünschten und den deutschen Behörden treu durchgeführten Exportkontrollen schaden also der deutschen Wirtschaft.

Zudem droht weiterer, noch viel größerer Schaden durch diese Politik. Denn China wird sicher mit Vergeltung reagieren und hat dabei ein großes Pfand in der Hand: China hat die Rohstoffe, die gerade auch Deutschland braucht, um seine Energiewende zu vollziehen. So schränkte China erst den Export von Gallium und Germanium ein (braucht man unter anderem für Solarzellen, aber auch Chips), dann von Graphit (steckt in Elektrobatterien) und bald wohl auch von Seltenen Erden.

Es herrscht mittlerweile Wildwest – oder besser: Wildost – im globalen Handel. Jeder macht, was er will. Die Welthandelsorganisation WTO, eigentlich als Schiedsrichter vorgesehen, fällt in dieser Rolle mittlerweile aus. Das ist von den USA so gewollt, denn schon seit Trumps Zeiten weigern sich die USA, frei gewordene Stellen im WTO-Gremium zur Streitschlichtung (*Appellate Body*) wieder zu besetzen. Damit ist die WTO quasi handlungsunfähig. Die USA wollen, obwohl Biden wie auch die deutsche Außenministerin Baerbock gerne und häufig von der *rule-based international order* reden, nicht von einer internationalen Organisation gemaßregelt werden. Denn einige der Exportkontrollen sind nicht WTO-konform.

Aber nicht nur den Warenverkehr nach China wollen die USA stärker kontrollieren, sondern auch die Investitionen – und zwar in beide Richtungen. Die Investitionen chinesischer Unternehmen in den USA und der EU werden inzwischen strenger überwacht und seltener genehmigt. Dafür wurde das Instrumentarium des Committee on Foreign Investment in the United States (CFIUS) verschärft und die EU zieht mit ähnlichen Restriktionen nach. Im Rahmen ihrer »Strategie der Wirtschaftssicherheit« hat die EU-Kommission zehn Bereiche – darunter Chips, KI, Quantencomputer und Biotech – genannt, in denen sie ausländische – sprich: chinesische – Investitionen intensiver unter die Lupe nehmen will.

Auch Investitionen in der Gegenrichtung geraten zunehmend unter Beobachtung. In den USA wurde schon seit Jahren diskutiert, ob und wie man Investitionen amerikanischer Unternehmen in chinesischen Tech-Unternehmen unterbinden soll. Im August 2023 verfügte Joe Biden dann endlich eine sogenannte Executive Order. US-Investitionen in Hightech-Branchen wie Chips, Quantentechnologie oder KI in »countries of concern« sind damit verboten. Obwohl der allgemeine Terminus »countries of concern« benutzt wird, ist klar, wer der Adressat dieser Order ist: China.

Über dieses sogenannte »Outbound Investment Screening« denkt man auch in der EU nach. Im Rahmen ihrer Europäischen Strategie für wirtschaftliche Sicherheit hat die EU-Kommission angekündigt, die Einführung eines solchen Instruments zu überprüfen. Derzeit befindet sie sich in Abstimmung mit den Mitgliedsstaaten. In Berlin ist man sich nicht einig, ob man Investitionen deutscher Firmen in China »überwachen« soll. Wirtschaftsminister Habeck ist offenbar dafür, Kanzler Scholz skeptisch. Deshalb steht im China-Strategie-Papier die nichtssagende Formulierung: »Die Bundesregierung wird sich konstruktiv in diesen EU-Prozess einbringen.«[21]

Weniger Investitionen in China, weniger Handel mit China, überhaupt weniger Zusammenarbeit mit China – wohin soll all dies führen? Manche fürchten zu einer Zweiteilung der Welt oder – noch schlimmer – zu einer kriegerischen Auseinandersetzung.

SCHLUSS

KOOPERATION STATT KONFRONTATION

»Fragmentierung ist schon in normalen Zeiten kostspielig und macht nahezu unmöglich, die enormen globalen Herausforderungen zu bewältigen, mit denen die Welt jetzt konfrontiert ist: Krieg, Klimawandel, Pandemien.«

Kristalina Georgiewa, Direktorin des Internationalen Währungsfonds (IWF)

Es ist die hohe Zeit der D-Wörter: De-Coupling, De-Risking und letztlich auch De-Globalisierung. Seit Donald Trump den Handelskrieg mit China gestartet hat, ist das Wort Decoupling in der China-Diskussion präsent. Auf Deutsch heißt das Abkoppeln, also letztendlich sich trennen. Wenn ein Waggon von der Lokomotive abgekoppelt wird, sind die beiden getrennt. Auf die wirtschaftlichen Beziehungen zu China übertragen, würde das bedeuten, es gäbe keinerlei Austausch mehr zwischen China und den USA. Keinen Handel, keine Investitionen. So weit will natürlich auch der härteste amerikanische China-Kritiker nicht gehen. Deshalb fahndete man nach einem alternativen Begriff und fand ihn in »De-Risking«. Das klingt irgendwie freundlicher. So sagt Bates Gill (Asia Society Policy Institute): »Es ist ein smarterer Begriff als Entkopplung. Denn wer möchte nicht Risiken reduzieren?«[1] Inzwischen spricht fast jeder Politiker im Westen von einem De-Risking gegenüber China, ohne allerdings konkret zu sagen, was das bedeutet. Im Grunde will man einfach unabhängiger von China werden, weniger dort investieren, weniger Handel treiben und Lieferketten raus aus China verlagern.

Die wirtschaftliche Loslösung von China geht einher mit einer strategischen Einhegung Chinas. Drei »Bündnisse« sind auf Betreiben der USA in den vergangenen Jahren entstanden: Zum einen der Quad (Quadrilateral Security Dialogue) mit den vier Ländern Australien, Indien, Japan und USA. Zum anderen gibt es das Dreierbündnis AUKUS, das sich aus den Initialen der Länder Australien, United Kingdom und USA zusammensetzt. Es wurde im September

2021 geschmiedet. Und im August 2023 kam relativ überraschend ein Dreier-Bündnis zwischen den USA, Japan und Südkorea zustande. Überraschend deshalb, weil Japan und Südkorea aus historischen Gründen nicht die allerbesten Freunde sind.

Neben diesen drei eher strategisch-militärisch motivierten Kooperationen schwirren weitere Vorschläge zur eher technologischen westlichen Eindämmung Chinas durch die Diskussion. So haben die beiden ehemaligen Mitarbeiter des US-Außenministeriums Jared Cohen und Richard Fontaine in *Foreign Affairs* eine T-12 vorgeschlagen, in der zwölf »Techno-Democracies« – von USA über Deutschland und Finnland bis Israel – kooperieren und sich in ihrem Verhalten gegenüber China abstimmen sollen. Für einen größeren Kreis an »like-minded countries« plädiert der amerikanische Handelsexperte Clyde Prestowitz. Bei einem Hearing im April 2022 präsentierte er die Idee einer E-NATO. E steht für Economy, also eine Wirtschafts-NATO. Auf bilateraler Ebene sind sich die USA und die EU bereits nähergekommen. Die beiden mächtigen Wirtschaftsblöcke installierten einen Trade and Technology Council (TTC).

Noch zeichnet sich nicht ab, ob und welche Allianz oder Kooperation sich durchsetzt oder ob es mehrere parallele Zusammenschlüsse geben wird. Aber allen Versuchen ist eines gemeinsam: Es geht gegen China. Vor allem die USA wollen Chinas Aufstieg verhindern, und ihre Verbündeten – ob in Europa, Asien oder Ozeanien – machen in diesem zweiten Kalten Krieg mehr oder weniger bereitwillig mit. So hat sich inzwischen eine gefährliche Frontstellung zwischen dem Westen und China aufgebaut – und zwar wirtschaftlich, technologisch und zunehmend militärisch.

Die Folge: Die Welt steht vor einer Teilung oder zumindest einer Fragmentierung. Zwei einflussreiche Frauen warnen vor den Gefahren für die Weltwirtschaft. Die Generalsekretärin der Welthandelsorganisation (WTO) Ngozi Okonjo-Iweala schreibt im Jahresbericht ihrer Organisation: »Bei der WTO beobachten wir einen starken Anstieg der Zahl einseitiger Handelsmaßnahmen. Wenn diesem Trend nicht Einhalt geboten wird, könnte er letztendlich die Weltwirtschaft fragmentieren.«[2] Kristalina Georgiewa, Chefin des

Internationalen Währungsfond (IWF), beklagt in ihrem *Foreign-Affairs*-Artikel »The Price of Fragmentation«: »Die internationale Zusammenarbeit ist auf dem Rückzug«. Sie sieht einen »Anstieg der Fragmentierung«[3].

Eine wirtschaftlich fragmentierte Welt hätte allerdings gravierende Folgen. Weltweit würden die Preise steigen. Es käme zu Wachstums- und Wohlfahrtseinbußen. Das globale Sozialprodukt könnte um bis zu 7 Prozent zurückgehen, errechneten Volkswirte des IWF. Es kommt zwar zu keiner vollständigen De-Globalisierung, aber zu einer *Slowbalisation*, eine Wortkombination aus *Slower* und *Globalisation*, die von den Kollegen des *Economist* kreiert wurde.

Neben der wirtschaftlichen droht eine technologische Fragmentierung. Es kann durchaus sein, dass zwei unterschiedliche Tech-Welten entstehen, eine amerikanische und eine chinesische. Beim Internet haben wir das ja schon. Aber es könnte auch bei der neuen Mobilfunktechnik 6G, der Künstlichen Intelligenz und anderen Technologien Ähnliches passieren. Getrennte Tech-Welten kommen in der Regel Konsumenten wie Unternehmen teuer zu stehen, denn es müssen für die beiden Tech-Sphären jeweils eigene Produkte entwickelt und hergestellt werden, was die Kosten erhöht. Gefährlich ist auch die zunehmende, von politischer Seite geforderte Entkoppelung der *scientific communities.* Wenn Wissenschaftler nicht mehr grenzüberschreitend kooperieren (dürfen), leidet die Innovationsfähigkeit. Denn gerade die Wissenschaft lebt vom internationalen Austausch.

Das gilt auch für die Kooperation mit chinesischen Wissenschaftlern. Die Londoner Ökonomieprofessorin Keyu Jin schreibt: »Nur wenn wir die wettbewerbliche Zusammenarbeit zwischen zwei Giganten wie den USA und China nutzen, können wir schneller und besser Impfstoffe, fortschrittliche Biowissenschaften und den Übergang zu sauberer und sicherer Energie finden.«[4]

Die deutsche Hochschulrektorenkonferenz stellt zurecht fest: »Die chinesischen Studierenden und Wissenschaftlerinnen und Wissenschaftler sind Teil der globalen wissenschaftlichen Gemeinschaft. Der Austausch mit ihnen stellt eine fachliche und interkulturelle Bereicherung dar und ohne ihren Beitrag werden keine entscheidenden Fortschritte zur Lösung globaler Herausforderungen zu erzielen sein.«[5]

Und globale Probleme haben wir derzeit wahrlich genug. Wir stehen vor der Lösung großer Menschheitsfragen: Klimawandel, Energie, Gesundheit, Ernährung, Migration. Globale Themen, die alle miteinander zusammenhängen. Wir können diese Probleme nur gemeinsam lösen. Josef Braml und Mathew Burrows machen in ihrem Buch *Die Traumwandler* dazu einen interessanten, aber leider wohl weltfremden Vorschlag: »Warum können wir nicht ein internationales Modell der Darpa schaffen, das sich nicht auf die Verbesserung der Kampffähigkeiten konzentriert, sondern auf die Entwicklung grüner Technologien?[6]« In der Tat: Warum nicht weltweit gemeinsam forschen, nicht nur bei der Bekämpfung des Klimawandels, sondern auch zum Beispiel beim möglichen Besiegen des Krebses, einer Geißel der Menschheit? Warum nicht gemeinsam Sonnenenergie im All nutzen?

Wir brauchen mehr Kooperation statt Fragmentierung oder gar Konfrontation. Doch was machen wir stattdessen? Wir erlauben uns eine stetige Eskalation in diesem zweiten Kalten Krieg. Erst der Handels-, dann der Technologiekrieg. Und bald ein heißer Krieg? Das Wettrüsten zwischen den USA (plus Japan) und China geht munter weiter. Das Gebiet des westlichen Pazifiks hat sich zu einem gigantischen Truppenübungsplatz entwickelt, wo Beinahe-Zusammenstöße zu Luft und zu Wasser zunehmen. Die Gefahr eines unbeabsichtigten kriegsauslösenden Moments wächst.

Droht ein pazifisches »Sarajewo«? Wiederholt sich 1914?

Wie China und die USA in einen neuen Weltkrieg schlittern, heißt der Untertitel des Buches von Braml und Burrows. Der deutsche Amerikaexperte und der ehemalige CIA-Mitarbeiter vergleichen die aktuelle Situation mit der vor 1914, als die führenden Mächte schlafwandelnd in den Ersten Weltkrieg gerieten. Damals war eine ähnliche Konstellation wie heute: Führungsmacht Großbritannien traf auf Herausforderer Deutschland. Heute sind es die USA und China, die diese Rollen einnehmen. Es ist eine Konstellation, die in der Geschichte häufiger vorkam. Harvard-Historiker Graham Allison hat sie in seinem Buch *Destined for War* untersucht und kam zu folgendem besorgniserregendem Befund: In 12 von 16 Fällen kam es zum Krieg.[7]

Kann er diesmal verhindert werden?

Ja, wenn die führenden US-Politiker zur Einsicht kommen, dass China durch die amerikanischen Sanktionen nicht vom Globus verschwinden wird, sondern aufgrund seiner Größe und Stärke und trotz eines anderen Systems einen legitimen Platz auf dieser Welt hat. Ja, wenn Chinas Führung begreift, dass ihre aggressive Politik gegenüber Taiwan und im Südchinesischen Meer nicht friedensfördernd ist. Und ja, wenn zwischen China und den USA permanent auf den verschiedensten Ebenen geredet wird. Das Beleidigtsein auf beiden Seiten, wenn mal wieder irgendein Zwischenfall passiert, ist eher kindisch als staatsmännisch. Dreimal Ja, dem allerdings ein Nein entgegensteht: Weder China noch die USA sind derzeit um eine De-Eskalation bemüht. Im Gegenteil: In den USA überbieten sich Demokraten und Republikaner gegenseitig in ihrem *China-Bashing*, und in China will der starke Mann Xi Jinping keine Schwäche zeigen.

Vielleicht wäre in dieser Phase ein vermittelnder Dritter nicht schlecht. Und damit kommt Europa ins Spiel. Die EU-Kommissionspräsidentin Ursula von der Leyen sprach davon bei ihrer Antrittsrede im Dezember 2019, dass die EU künftig als geopolitischer Akteur auftreten will. Gut gebrüllt, niedersächsische Löwin. Eine (außen-)politisch starke EU ist richtig und wünschenswert, aber keine, die als unkritischer Follower der USA auftritt. Klar, wir haben gemeinsame Werte mit den USA, aber nicht immer die gleichen Interessen – weder wirtschaftlich noch politisch-strategisch. So sind amerikanische und europäische Unternehmen knallharte Wettbewerber, was zu unterschiedlichen Wirtschafts- und Handelspolitiken diesseits und jenseits des Atlantiks führt. Auch strategisch liegen die beiden auseinander: »Die USA wollen Macht, die EU will Frieden«, schreibt der ehemalige SPD-Außenpolitiker und Transatlantiker Klaus von Dohnanyi in seinem Buch *Nationale Interessen*. Er fordert europäische Zurückhaltung: »Die USA wollen Europa als

Teil einer westlichen Wertegemeinschaft in ihren Weltmachtkonflikt mit dem erstarkenden China hineinziehen. Das kann jedoch schon aus wirtschaftlichen Überlegungen weder europäisches noch deutsches Interesse sein.«[8]

Warum scheinen dies nur ehemalige und keine aktuellen Politiker zu erkennen? Ein Blick auf die Zahlen müsste ihnen doch die Augen öffnen. Europa ist viel exportabhängiger als die USA. Eine deutliche Reduzierung des Handels mit China hätte gravierende Folgen vor allem für die deutsche Wirtschaft, die eh schon am Rande der Rezession taumelt. In dieser Phase noch den wichtigsten Handelspartner China zu verprellen und sich von ihm loszusagen, wäre unverantwortlich. Nebenbei bemerkt brauchen wir – ob es uns passt oder nicht – China bei der Bekämpfung des Klimawandels. China hat nun mal viele Rohstoffe, die man für erneuerbare Energien benötigt. Einen schnellen Ersatz zu versprechen – wie es deutsche und europäische Politiker tun –, ist bloße Schönfärberei.

Die Europäische Union steht also vor einer schwierigen Wahl: Will sie weiter als Kombattant der USA in den Kalten Krieg mit China ziehen und damit in den Strudel von Sanktionen und Gegensanktionen geraten, was letztendlich unseren Wohlstand gefährdet? Oder will die EU eine neutrale Position einnehmen und schlichtend versuchen, diesen gefährlichen Streit der beiden Weltmächte zu deeskalieren? Zu Letzterem bräuchte es aber eine selbstbewusste, starke und – ja – auch eigennützige EU, die endlich begreift, dass sie – wie dieses Buch aufzeigen soll – bei vielen Technologien nicht mehr vorn mitspielt und deshalb einen ambitiösen milliardenschweren Masterplan braucht, um technologisch gegenüber China und den USA aufzuholen.

Man wird ja wohl noch träumen dürfen. Und nach dem Träumen kommt ja manchmal ein hoffnungsfrohes Erwachen.

In diesem Sinne: Europa, erwache!

LITERATUR

Ausgewählte Bücher

Allison, Graham: *Destined for War – Can America and China Escape the Thucydides' Trap?*, London 2017

Ben-Atar, Doron: *Trade Secrets: Intellectual Piracy and the Origins of American Industrial Power*, New Haven 2004

Bradford, Anu: *The Brussels Effect: How the European Union Rules the World*, New York 2020

Braml, Josef: *Die transatlantische Illusion*, München 2022

Braml, Josef und **Burrows, Mathew**: *Die Traumwandler – Wie China und die USA in einen neuen Weltkrieg schlittern*, München 2023

Chang, Gordon G.: *The Great U.S. – China Tech War*, New York 2020

Chen, Lulu Yilun: *Influence Empire – Inside the Story of Tencent & China's Tech Ambition*, London 2022

Dohnanyi, Klaus von: *Nationale Interessen – Orientierung für deutsche und europäische Politik in Zeiten globaler Umbrüche*, Berlin 2022

Hillman, Jonathan E.: *The Digital Silk Road – China's Quest to Wire the World and Win the Future*, London 2021

Inkster, Nigel: *The Great Decoupling: China, America, and the Struggle for Technological Supremacy*, London 2020

Jin, Keyu: *The New China Playbook – Beyond Socialism and Capitalism*, New York 2023

Kaku, Michio: *Wettlauf um die Zukunft – Wie der Quantencomputer die Probleme der Menschheit lösen wird*, Hamburg 2023

Lee, Kai-Fu und Qiufan Chen: *KI 2041 – Zehn Zukunftsvisionen*, Frankfurt 2022

Marshall, Tim: *Die Geografie der Zukunft – Wie der Kampf um Vorherrschaft im All unsere Welt verändern wird*, München 2022

Mazzucato, Mariana: *Das Kapital des Staates – Eine andere Geschichte von Innovation und Wachstum*, München 2013 / Frankfurt 2023

Miller, Chris: *Chip War – The Fight for the World's Most Critical Technology*, New York 2022

Müller, Wolfgang: *China: neuer Hauptfeind des Westens?*, Hamburg 2023

Münkler, Herfried: *Welt in Aufruhr – Die Ordnung der Mächte im 21. Jahrhundert*, Berlin 2023

Prestowitz, Clyde: *The World Turned Upside Down: America, China and the Struggle for Global Leadership*, New Haven 2021

Roach, Stephen: *Accidental Conflict – America, China, and the Clash of False Narratives*, New Haven 2023

Rudd, Kevin: *The Avoidable War – The Dangers of a Catastrophic Conflict Between the US and Xi Jinping's China*, New York 2022

Servan-Schreiber, Jean-Jacques: *Die amerikanische Herausforderung*, Hamburg 1968

Weigelin-Schwiedrzik, Susanne: *China und die Neuordnung der Welt*, Wien 2023

ANMERKUNGEN

Einleitung

1 Joe Biden: »Why American Must Lead Again«, *Foreign Affairs*, März/April 2020
2 *Bericht der Bundesregierung zur Hightech-Strategie 2025*
3 Zitiert nach »Wirtschaft fordert spürbare Entlastungen«, *tagesschau.de*, 26. August 2023
4 Bettina Stark-Watzinger: Rede im Deutschen Bundestag vom 8. September 2022
5 European Round Table for Industry (ERT): *Securing Europe's place in a new world order*, ERT Vision Paper 2024–2029, Oktober 2023
6 Australian Strategic Policy Institute (ASPI): *Critical Technology Tracker*, https://techtracker.aspi.org.au/

1 Der Tech-Krieg

1 Zitiert nach Theo Sommer: »Codename Polo«, *Die Zeit Online*, 13. Juli 2021
2 Zitiert nach »In trade wars of 200 years ago, the pirates were Americans«, *Associated Press (AP)*, 28. März 2019
3 Doron Ben-Atar: *Trade Secrets: Intellectual Piracy and the Origins of American Industrial Power*, New Haven 2004, Seite XV
4 Daron Acemoğlu und Simon Johnson: *Macht und Fortschritt*, Frankfurt 2023, Seite 43
5 Keyu Jin: *The New China Playbook*, New York 2023, Seite 31
6 Zitiert nach Jonathan D. Spence: *Chinas Weg in die Moderne*, München 2001, Seite 157
7 William C. Kirby u.a.: »Why China Can`t Innovate«, *Harvard Business Review*, März 2014
8 Zitiert nach »Carly Fiorina says the Chinese don't innovate«, *Fortune*, 26. Mai 2015
9 Zitiert nach Graham Allison: *The Great Tech Rivalry: China vs. the US*, Belfer Center for Science and International Affairs, Harvard Kennedy School, Dezember 2021

10 *China-Strategie der Bundesregierung*, Berlin 2023

11 Dan Wang: »China's Hidden Tech Revolution«, *Foreign Affairs*, März/April 2023

12 Dan Breznitz und Michael Murphree: *Run of the Red Queen*, New Haven 2011, Seite 4

13 Alexander Gerschenkron: *Economic Backwardness in Historical Perspective*, Cambridge MA 1962, Seiten 5 ff.

14 Zak Dychtwald: »China's New Innovation Advantage«, *Harvard Business Review*, Mai/Juni 2021

15 Zitiert nach *Die Lissabon-Strategie*, Wissenschaftliche Dienste des Deutschen Bundestages, 27. Juni 2006

16 Europäische Kommission: *Green Paper on Innovation*, 1995

17 Rede zur Lage der Union am 13. September 2023

18 Guntram Wolff: »Europe may be the world's AI referee, but referees don't win«, *Politico*, 17. Februar 2020

19 Zitiert nach »Wirtschaftliche Stärke ist eine Grundvoraussetzung für Demokratie«, *Süddeutsche Zeitung*, 27. Juni 2023

20 Renate Köcher: »Die Deutschen fürchten die Künstliche Intelligenz«, *FAZ*, 27. Juli 2023

2 Künstliche Intelligenz

1 Zitiert nach Herbert A. Simon: *UBS Nobel Perspectives*, o. J.

2 Zitiert nach »Meet Shakey, the first electronic person«, *Life Magazine*, 20. November 1970

3 Sundar Pichai in einem Interview mit Kara Swisher auf der Code Conference, 16. September 2020

4 Demis Hassabis auf Twitter, 30. Mai 2023

5 Kai-Fu Lee und Quifan Chen: *KI 2041 – Zehn Zukunftsvisionen*, Frankfurt 2021, Seite 10

6 Nigel Inkster: *The Great Decupling: China, America and the Struggle for Technological Supremacy*, London 2020, Seite 200

7 State Council of the People's Republic of China: *Next Generation Artificial Intelligence Plan*, 2017

8 U.S. Congress: »The National AI Initiative Act«, 12. März 2021

9 European Parliament: *Report on artificial intelligence in a digital age*, 5. April 2022

10 Ebd.

11 Zitiert nach »Strukturwandel mit enormem Potential«, *Die Presse*, 12. November 2019

12 Zitiert nach »Der Intelligenzverlust«, *Der Spiegel*, 2. September 2023

13 Zitiert nach »Die KI hält sie nachts wach«, *Die Zeit*, 19. März 2023

14 Ebd.

15 Zitiert nach »SAP AI Lead: Europe has fallen behind in AI commercialisation«, *Silicon Republic*, 22. Juni 2022

16 Zitiert nach »Die KI hält sie nachts wach«, *Die Zeit*, 19. März 2023

17 Ebd.

18 Zitiert nach »European VCs and tech firms sign open letter warning against over-regulation of AI in draft EU laws«, *TechCrunch*, 30. Juni 2023

19 Ebd.

20 Hannah Ruschemeier: »Regulierung von KI – Ansätze, Ideen, Pläne«, *aus politik und zeitgeschichte*, 14. Oktober 2023

21 Zitiert nach »In einer Liga mit den Tech-Größen«, *tagesschau.de*, 8. Februar 2023

22 Zitiert nach »Lidl-Konzern investiert Millionen in KI-Start-up Aleph Alpha«, *Der Spiegel*, 6. November 2023

23 Zitiert nach »Tesla CEO Elon Musk unveils prototype humanoid Optimus robot«, *The Verge*, 1. Oktober 2022

24 Zitiert nach »Roboter-Revolution: Wo steht die Robotik-Szene in Deutschland?«, *Automationspraxis*, 31. Mai 2022

25 Ebd.

26 Ebd.

27 Martin Beraya u.a.: *Exporting the Surveillance State via Trade in AI*, Brookings Research, Januar 2023

28 U.S. Goverment Accountability Office (GAO): *Facial Recognition Technology: Current and Planned Uses by Federal Agencies*, 24. August 2021

29 Sascha Lobo: »Godot ist da«, *Der Spiegel*, 16. August 2023

30 Zitiert nach »So wollen Chinas Techriesen europäische Städte erobern«, *Der Spiegel*, 29. Januar 2023

31 Zitiert nach »Tech giants may be huge, but nothing matches big data«, *The Guardian*, 23. August 2013

32 Europäische Kommission: *Eine europäische Datenstrategie*, 19. Februar 2020

33 Bundesregierung: *Fortschritt durch Datennutzung*, August 2023

3 Chips

1 Wolfgang Müller: *China: neuer Hauptfeind des Westens?*, Hamburg 2023, Seite 38

2 Chris Miller: *The Chip War*, New York 2022, Seite 167

3 Morris Chang in einem Interview mit SEMI und dem Computer History Museum, 24. August 2007

4 Zitiert nach »TSMC-Founder: In the Chip sector, globalization is dead«, *CommonWealth Magazine*, 19. März 2023

5 Morris Chang in einem Interview mit SEMI und dem Computer History Museum, 24. August 2007.

6 Ebd.

7 *Biden vows to protect Taiwan in event of Chinese attack*, CNN, 22. Oktober 2021

8 »The Chip Titan Whose Life's Work Is at the Center of a Tech Cold War«, *The New York Times*, 4. August 2023

9 Liu, Mark, in: *60 Minutes,* CBS, 2. Mai 2021

10 Carina Rother: »Systemrelevant für die Welt«, Deutschlandfunk, 18. Oktober 2022

11 Peter van den Hurk: *Farewell to a big family of top-class people*, ASML, 13. April 2021

12 Tijs van den Boomen im Interview mit Lucette Mascini: »ASML Veldhoven: the Dutch Silicon Valley for lonely expats«, *innovation origins*, 27. August 2019

13 Zitiert nach »So prägen die Halbleiterforscher in Belgien unsere Zukunft«, *Handelsblatt,* 19. Dezember 2022

14 Zitiert nach »US further restricts China from AI chips to hinder military development«, *South China Morning Post*, 17. Oktober 2023

15 Rede zur Lage der Union, 15. September 2023

16 European Commission: *Commission proposes New European Industrial Strategy for Electronics,* 23. Mai 2013

17 The White House: *Remarks by President Biden at Signing of H.R. 4346 The CHIPS and Science Act of 2022*, 9. August 2022

18 The White House: *The Spirit of Camp David: Joint Statement of Japan, the Republic of Korea, and the United States*, 18. August 2023

19 Zitiert nach »Unser Ziel ist, dass bis 2030 im Silicon Saxony 100 000 Menschen arbeiten«, *Sächsische.de,* 18. August 2023

20 Bundesregierung: *Weiterer großer Chiphersteller kommt*, 8. August 2023

21 Bundesregierung: Rede von Bundeskanzler Olaf Scholz anlässlich der Ankündigung der Kooperation der Unternehmen Wolfspeed und ZF am 1. Februar 2013 in Ensdorf

22 Zitiert nach »Fast zehn Milliarden Euro Subventionen für Intel«, *tagesschau.de*, 19. Juni 2023

23 Chris Miller: »Globaler Kampf um Computerchips«, Interview mit *Neue Zürcher Zeitung (NZZ)*, 19. Oktober 2022

24 Zitiert nach »Tech war: US opposes China's metal export controls, saying they justify supply chain moves«, *South China Morning Post*, 7. Juli 2023

25 »Pekings Exportkontrollmaßnahmen verdeutlichen Dringlichkeit Abhängigkeit zu reduzieren«, Pressemitteilung BDI, 4. Juli 2023

26 Zitiert nach »China verhängt Ausfuhrkontrollen für wichtige Rohstoffe Gallium und Germanium«, *Merics China Essentials*, 5. Juli 2023

27 Zitiert nach »Former vice minister of commerce: China has more tools for counter measures against US export controls«, *China Daily*, 5. Juli 2023

28 Zitiert nach »Der globale Kampf um Rohstoffe der Zukunft«, Deutschlandfunk, 10. Oktober 2022
29 Ebd.

4 Digitalisierung

1 Zitiert nach »Wie künstliche Intelligenz Wachstum und Jobs beeinflusst«, *Süddeutsche Zeitung*, 17. September 2023
2 Werner Zorn im Gespräch mit dem Autor
3 Ebd.
4 J. P. Morgan: *Global E-Commerce Trends Report*, September 2023
5 Lulu Yilun Chen: *Influence Empire – Inside the Story of Tencent & China's Tech Ambition*, London 2022, Seite XV
6 »Rubio, Gallagher introduce bipartisan legislation to ban TikTok,« Press Release Office Rubio, 13. Dezember 2022
7 Zitiert nach »FBI is extremely concerned about China's influence through TikTok on U. S. users«, CNBC, 15. November 2022
8 Siehe www.shutdownshein.com
9 Zitiert nach »Elon Musk tells employees he wants Twitter to be more like WeChat and TikTok«, *The Verge*, 16. Juni 2022
10 Lulu Yilun Chen, a. a. O., Seite 92
11 Lulu Yilun Chen, a. a. O., Seite 53
12 Rajesh Bansal und Somaya Singh: *China's Digital Yuan*, Carnegie Endowment for Peace, August 2021
13 Ebd.
14 The White House: *Executive Order on Ensuring Responsible Development of Digital Assets*, 9. März 2022
15 Mike Orcutt: »Is the digital dollar dead?«, *MIT Technology Review*, 21. Juli 2023
16 Andrew Stokols: *China's techno-natural utopia: A deep dive into Xiong'an*, The China Project, 3. April 2023
17 Pressemitteilung des Bundesministeriums für Digitalisierung und Verkehr, 31. August 2022
18 Michael Resch: »Den Teufelskreis der Digitalisierungsangst durchbrechen«, *Tagesspiegel Background*, 12. September 2022
19 Positionspapier des Nationalen Normenkontrollrats zum Entwurf eines Gesetzes zur Änderung des Onlinezugangsgesetzes sowie weiterer Vorschriften, 9. Februar 2023
20 Zitiert nach »Brauchen erkennbaren Kurswechsel«, *tagesschau.de*, 29. August 2023
21 Zitiert nach »Gesetz über digitale Dienste und Märkte«, Bundesregierung.de, 28. November 2022
22 Herfried Münkler: *Welt in Aufruhr*, Berlin 2023, Seite 404

23 Michael Sauga: »Die Europäer machen die Regeln – und die anderen das Geschäft«, *Der Spiegel*, 22. Dezember 2021

24 Graham Allison u. a.: *The Great Tech Rivalry: China vs. U. S.*, The Belfer Center for Science and International Affairs, Harvard Kennedy School, Dezember 2021

25 Zitiert nach »6G: USA und China kämpfen um die Vormachtstellung«, *it-daily.net*, 12. Februar 2021

26 Zitiert nach »Huawei arbeitet an einer 6G-Technologie«, *DigitalPhabet*, 4. Februar 2020

27 Zitiert nach »Apple CEO praises China's innovation, long history of cooperation on Beijing visit«, *Reuters*, 26. März 2023

28 Robert D. Atkinson: »Who lost Lucent?«, *American Affairs*, Vol. IV, Number 3, Fall 2020

29 Scott Gallaway: *The Four – Die geheime DNA von Amazon, Apple, Facebook und Google*, Kulmbach 2018, Seite 51

30 *Meet Gaia X – Europe's answer to the power of U. S. and Chinese cloud giants*, CNBC, 16. Juli 2020

31 Jonathan E. Hillman: *The Digital Silk Road*, London 2021, Seite 225

32 »Gaia X: Ein neuer Datenraum für Europa«, Pressemitteilung BMBF, 29. Oktober 2019

33 Josef Braml: *Die transatlantische Illusion*, München 2022, Seite 138

34 Joe Brock: »U. S. and China wage war beneath the waves – over internet cables«, *A Special Reuters Report*, 24. März 2023

5 Quantentechnologie

1 Bundesregierung: *Handlungskonzept Quantentechnologien*, April 2022

2 »Denners View: Aus Quantenphysik wird Technik fürs Leben«, Bosch.com, 12. Februar 2021

3 European Quantum Industry Consortium (QuIC): *Strategic Industry Roadmap*, Dezember 2022

4 Zitiert nach »US guru says China's supercomputer power may exceed all countries but flies under the radar because of sanctions«, *South China Morning Post*, 14. September 2023

5 Ebd.

6 Michio Kaku: *Wettlauf um die Zukunft*, Hamburg 2023, Seite 112

7 Darío Gil: *What's Next: The Future of Quantum Computing*, IBM Research, YouTube, 8. Mai 2020

8 Michio Kaku, a. a. O., Seite 125

9 European Quantum Industry Consortium (QuIC): *Strategic Industry Roadmap*, Dezember 2022

10 Kai-Fu Lee, a. a. O., Seite 370

11 Michiko Kaku, a. a. O., Seite 223

12 Zitiert nach Michiko Kaku, a. a. O., Seite 223

13 Duncan Earl, *Why the US needs a quantum Oppenheimer to beat China in the quantum race*, Physicsworld, 8. Mai 2023

14 Zitiert nach »Quantumentanglement: How US-led sanctions are turning Russia's genius scientists to China for collaboration«, *South China Morning Post*, 22. Juli 2023

15 Ebd.

16 Duncan Earl, »Why the US needs a quantum Oppenheimer to beat China in the quantum race«, *Physics World*, 8. Mai 2023

17 Sophia Stahl und Till Eckert: »Der Quanten-Coup: Wie die Uni Heidelberg Teil von Chinas Quantenstrategie wurde«, *Correctiv*, 23. Juni 2023

18 Henning Kagermann u. a.: »Innovationspotenziale der Quantentechnologien der zweiten Generation«, *acatech Impuls*, März 2020

19 Zitiert nach »Quantentechnologien: Deutschland will zu USA und China aufschließen«, *Euractiv*, 11. Mai 2023

20 Henning Kagermann u. a.: »Innovationspotenziale der Quantentechnologien der zweiten Generation«, *acatech Impuls*, März 2020

21 Jens Stoltenberg: Speech at the Copenhagen Quantum 2023 Conference, www.nato.int, 29. September 2023

22 Michio Kaku, a. a. O., Seite 17

6 Energie und Verkehr

1 The State Council Information Office of The People's Republic of China, 23. September 2020

2 Zitiert nach »Can US and EU unseat China as the dominant supplier of green energy tech globally? Highly unlikely, experts say«, *South China Morning Post*, 17. August 2023

3 Zitiert nach Graham Allison: *The Great Tech Rivalry: China vs. the US*, Belfer Center for Science and International Affairs, Harvard Kennedy School, Dezember 2021

4 Zitiert nach »Is China really leading the clean energy revolution? Not exactly.« *The Guardian*, 6. Juli 2023

5 Jan C. Breitinger u. a: *Weltklassepatente in Zukunftstechnologien*, Bertelsmann-Stiftung, 2020

6 Zitiert nach »Nachhaltigkeit gibt es nicht umsonst«, *Die Zeit*, 1. März 2023

7 Zitiert nach Scholz: *Wir kommen wohl durch diesen Winter*, ntv, 13. September 2022

8 Bettina Stark-Watzinger: »Wir wollen Deutschland zur Wasserstoffrepublik machen«, Pressemitteilung BMBF, 21. Juli 2022

9 Zitiert nach *Habeck: Die nächste große Geschichte*, ZDF, 26. Juli 2023

10 Bundesregierung: Rede von Bundeskanzler Scholz zur feierlichen Einweihung der Siemens Energy Gigafactory für Elekrolyseure am 8. November 2023
11 Dawud Ansari u. a.: *Elektrolyseure für die Wasserstoff-Revolution*, Stiftung Wissenschaft und Politik (swp), September 2022
12 Zitiert nach »Chance is high that China will take over global hydrogen electrolyser market in similar way to solar sector«, *Recharge*, 2. Juni 2022
13 Dawud Ansari u. a.: *Elektrolyseure für die Wasserstoff-Revolution*, Stiftung Wissenschaft und Politik (swp), September 2022
14 Zitiert nach »In 100 Jahren ist China die führende Forschungsnation«, *Die Zeit*, 16. Dezember 2013
15 Zitiert nach *ITER live: Start of Machine Assembly*, YouTube, 28. Juli 2000
16 Kailash Agarwal u. a.: *Near Term and Promising Long Term Options for the Deployment of Thorium Based Nuclear Energy*, Internationale Atomenergieagentur, 2022
17 Zitiert nach »Could China's molten salt nuclear reactor be a clean, safe source of power?«, *South China Morning Post*, 19. Juli 2021
18 Kailash Agarwal, u. a.: *Near Term and Promising Long Term Options for the Development of Thorium Based Nuclear Energy*, Internationale Atomenergieagentur, 2022
19 Zitiert nach *How solar farms in space might beam electricity to earth*, BBC, 29. November 2022
20 Zitiert nach »Eine IAA der Chinesen«, *Börsen-Zeitung*, 1. September 2023
21 Zitiert nach »Heilig's Blechle«, *Süddeutsche Zeitung*, 8. September 2023
22 Zitiert nach *China's automakers take the world by storm with electric vehicle push*, CNN, 8. September 2023
23 Zitiert nach »Heilig's Blechle«, *Süddeutsche Zeitung*, 8. September 2023
24 Rede von Präsidentin Ursula von der Leyen zur Lage der Union, 13. September 2023
25 Agnes Chang und Keith Bradsher: »Can the world make electric cars battery without China?«, *The New York Times*, 23. Mai 2023
26 Ebd.
27 Zitiert nach »The Rise and Precarious Reign of China's Battery King«, *Wired*, 28. Juni 2022
28 Zitiert nach »Maglev trains seen as faster than flying«, *China Daily*, 19. Juli 2021
29 Zitiert nach »US-Unternehmer will Reisende in die Highspeed-Röhre schicken«, *Der Spiegel*, 13. August 2013
30 Kersten Heineke u. a.: *Advanced air mobility in 2030*, McKinsey, 19. November 2021
31 Zitiert nach »Ready for Takeoff: Wir testen die autonome Taxi-Drohne von Ehang«, *Red Bulletin*, 18. September 2019
32 Ebd.
33 Zitiert nach »Will we able to fly from Paris to New York in less than an hour without contributing to global warming?«, *El Pais*, 19. Mai 2023

7 Biotech und Medizin

1 The White House: *Remarks by National Security Advisor Jake Sullivan at the Special Competitive Studies Project Global Emerging Technologies Summit*, 16. September 2022

2 Scott Moore und Abigail Coplin: »Closing the U.S. to China Biotech Would Do Far More Harm Than Good«, *ChinaFile*, 8. April 2022

3 The White House: *Fact Sheet: President Biden to Launch a National Biotechnology and Biomanufacturing Initiative*, 12. September 2022

4 »China competition spurs Biden push for domestic biotech subsidies«, *The Washington Post*, 13. September 2022

5 Zitiert nach »UK and Europe are falling behind US and China in bioetch, says AstraZeneca boss«, *The Guardian*, 27. April 2023

6 Verband der forschenden Arzneimittelhersteller (vfa) und Kearney: *Pharma-Investitionsstandort Deutschland*, Juli 2023

7 Harald Katzmair: »Netzwerke: Der Schlüssel für globale Wettbewerbsfähigkeit«, *FAZ*, Verlagsbeilage zur Zukunft der Krebsforschung, 2020

8 Carl Janssen: *Wollen wir Innovator oder Importeur sein? Deutschland und Europa stehen an einem Scheideweg*, Pfizer Newsroom, 5. Februar 2020

9 zitiert nach »EU und USA wollen bei Krebsbekämpfung zusammenarbeiten«, *Euractiv*, 19. Mai 2023

10 Zitiert nach »US-China partnerships bring strength in numbers to big science projects«, *Nature*, 9. März 2022

11 Zitiert nach »Managing China's growing oncology burden«, McKinsey, 26. August 2020

12 Zitiert nach »Bremse oder Vollgas in der Pflanzen-Gentechnik«, *Spektrum*, 7. Januar 2020

13 Siehe www.mosa-met.com

14 Siehe www.meatable.com

15 Zitiert nach »Kultiviertes Fleisch: In Europa erfunden, in den USA zugelassen«, *Wirtschaftswoche*, 23. Juni 2023

16 Zitiert nach »Jimi Biotech sammelt drei Millionen Dollar ein, um die Entwicklung von kultiviertem Fleisch zu beschleunigen«, *Vegconomist*, 16. Januar 2023

17 Zitiert nach »CellX pilots lab-grown meat production eyes U.S. market«, *Reuters*, 10. August 2023

18 Citibank: *Asia as a Time Machine to the Future*, Mai 2023

19 Zitiert nach »AI and prevention healthcare: Diagnosis in the blink of an eye«, *Microsoft Features*, 17. September 2018

20 Christian Heinrich: *Wie KI die Medizin revolutioniert*, Helmholtz-Gemeinschaft, 24. Januar 2022

21 Zitiert nach »China sets the pace in adoption of AI in healthcare technology«, *Financial Times*, 31. Januar 2022

22 Zitiert nach »Die KI wird nicht müde«, *Süddeutsche Zeitung*, 23. August 2023

23 Zitiert nach Christian Heinrich: *Wie KI die Medizin revolutioniert*, Helmholtz-Gemeinschaft, 24. Januar 2022

24 Zitiert nach »Was bringt Ihnen die personalisierte Medizin?«, *Die Welt*, 4. Februar 2021

25 Nisar Malek: *Personalisierte Medizin: Exzellenz in der Forschung – in Verantwortung für die Zukunft*, Universität Tübingen, o. J.

26 Zitiert nach »Lab Monkeys Are the Latest Covid Shortage«, *Bloomberg*, 28. September 2022

8 Raumfahrt

1 Zitiert nach »Wie Jeff Bezos seine Weltraumpläne finanziert«, *manager magazin*, 20. Juli 2021

2 Ingo Baumann u. a.: *Deutschland und der New Space – Chancen und Herausforderungen: Bedeutung der rechtlichen und regulatorischen Rahmenbedingungen für die Transformation des Raumfahrtsektors*, Expertenkommission Forschung und Innovation (EFI), 2023

3 Tim Marshall: *Die Geografie der Zukunft – Wie der Kampf um Vorherrschaft im All unsere Welt verändern wird*, München 2023, Seiten 137 f.

4 The State Council Information Office of the People's Republic of China: *China's Space Program: A 2021 Perspective*, 28. Januar 2022

5 Zitiert nach »Asteroiden – Rohstoffquelle von morgen«, *Die Debatte*, 17. Dezember 2020

6 Kai-Uwe Schrogl: »Anarchie im Weltraum«, *Internationale Politik*, September 2020

7 Zitiert nach »Amerikas Anspruch auf den Mond«, *Der Spiegel*, 19. Mai 2020

8 Bundesverband der Deutschen Industrie (BDI): *Wir machen New Space*, o. J.

9 Ingo Baumann u. a.: *Deutschland und der New Space – Chancen und Herausforderungen: Bedeutung der rechtlichen und regulatorischen Rahmenbedingungen für die Transformation des Raumfahrtsektors*, Expertenkommission Forschung und Innovation (EFI), 2023

10 Zitiert nach »Unabhängige Beratergruppe präsentiert der ESA einen Bericht zur europäischen Weltraumrevolution«, Pressemitteilung ESA, 23. März 2023

11 Tim Marshall, a. a. O., Seite 219

12 Zitiert nach »New Space als Chance für die Wirtschaft«, *tagesschau.de*, 17. Oktober 2023

13 Zitiert nach »Wie Europa mit kleinen Raketen nach den Sternen greift«, *Spektrum*, 26. Februar 2023

14 Zitiert nach *Space Force: Trump officially launches new US military service*, BBC, 21. Dezember 2019

15 Zitiert nach »Ein bisschen Science-fiction schwingt mit«, *Tagesspiegel*, 13. Juli 2021

16 David H. Millner u. a.: »Beidou: China's GPS Challenger Takes Its Place On World Stage«, *Joint Force Quarterly*, Issue 105, 2022

9 Patente und Standards

1 Zitiert nach »Normen und Standards: Internationale Kooperation, neue Konkurrenz«, *gtai*, 26. April 2022
2 Sabrina Weithmann: »Die Modernisierung des chinesischen Normungssystems«, in: Joachim Freimuth u. a.: *Normungs- und Standardisierungsstrategien in China und Indien*, Wiesbaden 2022
3 Tim Rühlig: *Chinas unsichtbare Macht technischer Standards*, Friedrich-Naumann-Stiftung für die Freiheit, September 2022
4 *China-Strategie der Bundesregierung*, Juli 2023
5 European Commission: *EU-US Joint Statement of the Trade and Technology Council*, 5. Dezember 2022
6 Giulia Neaher u. a.: *Standardizing the Future*, Atlantic Council Geotech Center, Oktober 2021
7 Tim Rühlig: *The Shape of Things to Come: The Race to Control Technical Standardisation*, European Chamber and the Swedish Institute of International Affairs, 2021
8 Giulia Neasher u. a.: *Standardizing the Future*, Atlantic Council Geotech Center, Oktober 2021
9 *China-Strategie der Bundesregierung*, Juli 2023
10 Jan C. Breitinger, u. a.: *Weltklassepatente in Zukunftstechnologien*, Bertelsmann Stiftung, 2020
11 Ebd.
12 Zitiert nach »China overtakes the US in scientific research output«, *The Guardian*, 11. August 2022
13 Zitiert nach »China leads world in top scientific papers, new study finds«, *South China Morning Post*,12. März 2022
14 Zitiert nach »China now publishes more high-quality science than any other nation«, *Ohio State News*, 20. Januar 2023

10 Talente

1 Eric Schmidt: »To Compete with China on Tech, America Needs to Fix Its Immigration System«, *Foreign Affairs*, 16. Mai 2023
2 U.S.-China Economic and Security Commission (USCC): *Overseas Chinese Students and Scholars in China's Drive for Innovation*, Oktober 2020
3 Graham Allison: *The Great Tech Rivalry: China vs the U.S.*, Belfer Center for Science and International Affairs, Harvard Kennedy School, Dezember 2021

4 Zitiert nach »In the End, You're Treated Like a Spy, Says M. I. T. Scientist«, *The New York Times*, 24. Januar 2022
5 Zitiert nach »China's Quest for Economic, Political Domination Threatens American Security«, *FBI News*, 1. Februar 2022
6 Yasheng Huang: »The China Initiative, US crackdown on Chinese economic espionage is a mess. We have the data to show it«, *MIT Technology Review*, 2. Dezember 2021
7 Bettina Stark-Watzinger: »Wir müssen unsere Forschung besser vor China schützen«, *FAZ*, 21. August 2023
8 Bettina Stark-Watzinger: »Hinter jedem Forscher kann sich die Partei verbergen«, Interview mit *Welt Online*, 31. Oktober 2023
9 Bettina Stark-Watzinger: »Wir müssen unsere Forschung besser vor China schützen«, *Frankfurter Allgemeine Zeitung*, 21. August 2023
10 Keyu Jin: a. a. O., Seite 285
11 Zitiert nach »Insight: China quietly recruit overseas chips talent as US tightens rules«, *Reuters*, 24. August 2023
12 David Zweig und Siqin Kang: *Americas Challenges China's National Talent Programs*, CSIS Report, Mai 2020
13 Zitiert nach »The US-China tech race is really a chip talent war and America isn't winning«, *South China Morning Post*, 24. August 2022
14 Zitiert nach »Looking to China for scientific careers«, *Science*, 15. November 2013
15 Zitiert nach »Nikos Logothetis: Meine Forschung wurde zerstört, ich war verzweifelt«; Lennart Pyritz im Gespräch mit Ralf Krauter, Deutschlandfunk, 3. Februar 2020
16 Felise Maennig-Fortmann und Katharina Hopp: *China auf dem Weg zur internationalen Wissenschaftsmacht*, Konrad-Adenauer-Stiftung. o. J.
17 Deutscher Akademischer Austauschdienst (DAAD): *China – kurze Einführung in das Hochschulsystem und die DAAD-Aktivitäten*, 2020
18 Zitiert nach Graham Allison: *The Great Tech Rivalry: China vs the U. S.*, Belfer Center for Science and International Affairs, Harvard Kennedy School, Dezember 2021
19 Remco Zwetsloot u. a.: *China is Fast Outpacing U. S. STEM PhD Growth*, Center for Security and Emerging Technology (CSET) Data Brief, August 2021
20 Katharina Buchholz: *Which countries' students are getting most involved in STEM?*, World Economic Forum, 20. März 2023
21 Rede von Ursula von der Leyen zur Lage der Union, 14. September 2022
22 European Commission: *Attracting Skills and Talent to the EU*, April 2022
23 Zitiert nach »Wie ein scheues Reh«, *Die Zeit*, 31. Mai 2023
24 Zitiert nach »Habeck sorgt sich um abweisende Haltung in Ausländerämtern«, *Der Spiegel*, 7. November 2023

11 Militär

1 *Remarks by NATO Secretary General Jens Stoltenberg at the public launch of the NATO 2030 Expert Group`s Report*, 3. Dezember 2020

2 Zitiert nach » At Stanford Secretary of Defense Ashton Carter unveils cyber strategy, calls for renewed partnership with Silicon Valley«, *Stanford News*, 24. April 2015

3 Zitiert laut Homepage www.innovation.defense.gov/about

4 U.S. Department of Defense: *Secretary of Defense establishes Office of Strategic Capital*, 1. Dezember 2022

5 Zitiert nach »Auf dem Weg zur Nummer 1«, *taz*, 27. Januar 2020

6 U.S. Department of Defense: *Military and Security Developments Involving the Peoples's Republic of China 2023*, Oktober 2023

7 Isabella Antinozzi: »Das Rüsten der anderen«, *Internationale Politik Special*, Februar 2023

8 www.eda.europa.en/what-we-do/eda-in-short

9 Expertenkommission Forschung und Innovation (EFI): *Gutachten zur Forschung, Innovation und technologischer Leistungsfähigkeit Deutschlands 2023*

10 Zitiert nach »Synergien zwischen militärischer und ziviler Forschung schaffen«, Pressemitteilung Stifterverband für die Deutsche Wissenschaft, 15. Februar 2023

11 Bettina Stark-Watzinger: »Wir müssen unsere Forschung besser vor China schützen«, *FAZ*, 21. August 2023

12 Mychajlo Fedorow, Twitter, 26. Dezember 2022

13 Zitiert nach »Ukraine A Living Lab for AI Warfare«, *National Defense Magazine*, 24. März 2023

14 Ulrike Franke und Jenny Söderström: *Star tech enterprises: Emerging technologies in Russia's war on Ukraine*, ECFR Policy Brief, 5. September 2023

15 Zitiert nach »Welche Rolle künstliche Intelligenz im Krieg spielt«, *tagesschau.de*, 21. August 2023

16 Zitiert nach »Warum Ukrainer deutsche Drohnen-Hacker um Rat bitten«, *Der Spiegel*, 27. April 2022

17 Ulrike Franke und Jenny Söderström: *Star tech enterprises: Emerging technologies in Russia's war on Ukraine*, ECFR Policy Brief, 5. September 2023

18 James Stavridis: »The US Military is getting smaller, cheaper and smarter«, *Bloomberg Opinon*, 1. September 2023

19 Zitiert nach »Pentagon unveils Replicator drone program to compete with China«, *Defense News*, 28. August 2023

20 Dominika Kunertova: »Wunderwaffe oder überschätzte Technologie? Die neuen Hyperschall-Systeme der Großmächte schaffen zusätzliche Risiken«, *Neue Zürcher Zeitung*, 5. Juli 2021

21 David Wright und Cameron Tracy: »Der Hype um den Hyperschall«, *Spektrum*, 21. März 2022

22 John Ratcliffe: »China is National Security Threat No. 1«, *The Wall Street Journal*, 3. Dezember 2020
23 Zitiert nach *France to start research into enhanced soldiers*, BBC, 9. Dezember 2020
24 Zitiert nach »Dangerous Designs«, *The New Yorker*, 2. September 2023
25 Manuela Lenzen: *Künstliche Intelligenz*, München 2018, Seite 212
26 Zitiert nach Gregory Allen, Testimonial vor dem USCC, 13. April 2023
27 Nigel Inkster, a. a. O., Seite 205

12 Industriepolitik

1 Tyson Barker und Kaan Sahin: *Europe's Capacity to Act in the Global Tech Race*, DGAP Report, April 2021
2 Stephen Roach: *The Sino-American Tech-Trap*, Project Syndicate, 24. Januar 2023
3 Graham Allison: *The Great Tech Rivalry: China vs the U. S.*, Belfer Center for Science and International Affairs, Harvard Kennedy School, Dezember 2021
4 Ruihan Huang und Joshua Henderson: *The Return of the Technocrats in Chinese Politics*, MacroPolo Analysis, 3. Mai 2022
5 Isabella M. Weber: *Das Gespenst der Inflation – Wie China der Schocktherapie entkam*, Berlin 2023, Seite 15
6 Max J. Zenglein: *Auswirkungen der Umwelt- und Industriepolitik auf die deutsche und europäische Industrie – Chinas 14. Fünfjahresplan*, Stiftung Arbeit und Umwelt der IGBCE, Januar 2022
7 Xi Jinping: *Bericht auf dem XX. Parteitag der Kommunistischen Partei Chinas*, 16. Oktober 2022
8 Keyu Jin, a. a. O., Seiten 124 ff.
9 »Initiative für Europa – die Rede von Staatspräsident Macron im Wortlaut«, Französische Botschaft in Berlin, 26. September 2019
10 Zitiert nach »Auf die sanftere Tour«, *Der Spiegel*, 30. Dezember 2022
11 Mariana Mazzucato: *Das Kapital des Staates – eine andere Geschichte von Innovation und Wachstum*, München 2014, Seite 13
12 Zitiert nach »Der Staat als erfolgreichster Tech-Investor«, *manager magazin*, 9. Juli 2021
13 Bundesministerium für Wirtschaft und Klimaschutz: *Industriepolitik in der Zeitenwende*, Oktober 2023
14 Stephen Roach: *The Sino-American Tech-Trap*, Project Syndicate, 24. Januar 2023
15 European Commission: *The Green Deal Industrial Plan*, 1. Februar 2023
16 Rede vor dem Europäischen Parlament, 27. November 2019
17 Sebastian Dullien und Jonathan Hackenbroich: *European Industrial Policy: A Crucial Element of Strategic Autonomy*, IMK Policy Brief, September 2022
18 Ebd.

19 Chad Bown: »The Return of Export Controls – A Risky Tactic That Requires Cooperation From Allies«, *Foreign Affairs*, 24. Januar 2023
20 Tobias Gehrke und Julian Ringhof: *Caught in the crossfire: Why EU states should discuss strategic export controls*, ECFR Commentary, 11. Januar 2023
21 *China-Strategie der Bundesregierung*, Juli 2023

Schluss Kooperation statt Konfrontation

1 Zitiert nach »How Decoupling From China Became De-risking«, *The New York Times*, 20. Mai 2023
2 WTO Annual Report 2023: Message from Director-General Ngozi Okonjo-Iweala
3 Kristalina Georgiewa: »The Price of Fragmentation, Foreign Affairs«, September/Oktober 2023
4 Keyu Jin, a. a. O., Seite 226
5 Hochschulrektorenkonferenz: *Leitfragen zur Hochschulkooperation mit der Volksrepublik China*, September 2022
6 Josef Braml und Mathew Burrows: *Die Traumwandler*, München 2023, Seite 139
7 Graham Allison: *Destined for War – Can America and China Escape Thucydides's Trap?*, London 2017
8 Klaus von Dohnanyi: *Nationale Interessen*, München 2022, Seite 46